APUNTES DE INTRODUCCIÓN AL MARKETING

Alicia Blanco González

Alberto Prado Román

Créditos

ISBN 978-84-9981-583-1

DL M-15835-2011

Impreso en España / Printed in Spain

Impreso por Bubok

ÍNDICE

Capítulo 7. Capital de marca y estrategia de posicionamiento

Capítulo 8. Las relaciones con la competencia

Capítulo 9. Desarrollo de las estrategias de productos

Capítulo 10. Diseño y gestión de servicios

Capítulo 11. Estrategias de precios

Capítulo 1.
¿Qué es el Marketing?

1.1. ¿Es importante el marketing?

La importancia del marketing podemos ilustrarla en dos aspectos fundamentales. En primer lugar, hablar de éxito empresarial es hablar de éxito comercial y de marketing en tanto que la función comercial de la empresa consiste en atraer a los consumidores y si no hay consumidores no hay beneficios para la empresa. En segundo lugar, todos los días podemos comprobar la existencia de una infinidad de artículos en la prensa Internacionales sobre las estrategias comerciales de las empresas.

Sin embargo, el proceso de toma de decisiones de Marketing es un proceso muy complejo, ya que son múltiples las decisiones que debemos tomar, como por ejemplo, el diseño del envase, si fabricar un nuevo producto, fijar un precio según los clientes a los que esté destinado el producto, decidir en qué lugares resulta más idóneo la venta del producto o diseñar el etiquetado del mismo.

En este punto, debemos preguntarnos, ¿El marketing funciona?

Aunque a simple vista resulte una pregunta sencilla se trata de una cuestión bastante controvertida ya que no hay unanimidad ante su respuesta y surgen dos grandes teorías contrapuestas.

La primera de ellas, señala que el marketing no funciona debido a que el comportamiento de los individuos se realiza por instinto, es decir, que los individuos precisan de satisfacer sus necesidades; (si tiene sed, busca saciarla). Teoría con la que no estamos de acuerdo ya que, por ejemplo, un individuo puede precisar sólo un par de zapatos que pueda usar todos los días y sin embargo, pueda tener seis pares de zapatos, o, en otras palabras, para sobrevivir nos bastaría con un puñadito de arroz.

La segunda, señala que el marketing es un método de captación de clientes potenciales, en los que ha supuesto el éxito de muchas empresas y que alguna de ellas lo considera el motor de la empresa. *Por ejemplo, el Banco Santander tras patrocinar al Equipo Ferrari de Fórmula 1 consiguió no sólo recuperar su inversión sino atraer a un gran número de clientes. Otro ejemplo de que las estrategias de Marketing funcionan se encuentra en que empresas como Puma invierten un 15% de su facturación en estas políticas.*

Ejemplo de algunas empresas en las que la gestión de marketing ha supuesto el éxito son *Swatch, Levi's, Abercrombie & Fitch o Iberia; y en las que ha supuesto su fracaso son Aquarius Cola o Galerías Preciado que al no adaptarse a las necesidades del consumidor fue absorbida por el Corte Inglés en los años 90.*

Es necesario señalar que dentro de las teorías que defienden que el marketing funciona encontramos a quienes afirman que el marketing funciona demasiado bien, hasta el punto de relacionarlo con fraudes, trampas, persecuciones a las personas, etc. Sin embargo, esto se relaciona con malas prácticas empresariales, carentes de ética y no en el marketing entendido como el estudio de la satisfacción del consumidor.

En definitiva, partimos de la idea de que las estrategias de marketing funcionan y que el desafío consiste en que nuestro plan de marketing funcione en una situación determinada y bajo unas circunstancias concretas, con el fin último de mejorar el rendimiento empresarial de nuestra empresa. Rendimiento que se puede comprobar a través de una serie de indicadores económicos de la empresa como la cuota de mercado, el análisis de ventas, el ratio de rentabilidad o el nivel de abandono de nuestros clientes.

1.2. ¿Qué significa marketing?

El Marketing consiste en identificar y satisfacer las necesidades de los individuos y la sociedad. Desde el punto de vista los directores comerciales, el Marketing se puede entender como el arte y la ciencia de seleccionar los mercados objetivo y lograr conquistar, mantener e incrementar el número de clientes mediante la generación, comunicación y entrega de un mayor valor para el cliente.

La definición más relevante de marketing es la aportada por la Asociación Estadounidense de Marketing (AMA):

> *PLANIFICAR Y EJECUTAR EL CONCEPTO, EL PRECIO, LA PROMOCIÓN Y LA DISTRIBUCIÓN DE IDEAS, BIENES Y SERVICIOS PARA CREAR INTERCAMBIOS QUE SATISFAGAN LOS OBJETIVOS DE LAS PERSONAS Y LAS ORGANIZACIONES.*

1. ELEMENTOS FUNDAMENTALES DEL MARKETING

A partir de la definición de marketing destacamos el concepto de intercambio como elemento esencial que debe darse, sin el cual los directores de marketing no podrían trabajar (si no existe una relación en la que un individuo le da algo a otro a cambio de otra cosa no tendríamos trabajo). Ahora bien, a la hora de obtener un producto, servicio o idea, hay cuatro opciones distintas de obtenerlo que son fabricarlo, pedirlo, robarlo u ofrecer algo a cambio (intercambio).

Por regla general el individuo a la hora de obtener algo ofrece algo a cambio (lo intercambia), por lo que vamos a centrarnos en este concepto. Un intercambio es el proceso que consiste en conseguir de otro el producto que uno desea ofreciendo algo a cambio. Para que sea posible el intercambio, deben cumplirse cinco condiciones:

- Debe haber al menos, dos partes.
- Cada parte debe tener algo que la otra valore.
- Cada parte sea capaz de comunicarse y proporcionar valor.
- Cada parte debe ser libre de aceptar/rechazar la oferta de intercambio.
- Cada parte debe considerar adecuado/deseable negociar con la otra parte.

El que el intercambio se consolide depende de que las dos partes lleguen a un acuerdo sobre los términos de intercambio y que mejore su situación de partida (*es decir, si se pagan 50 céntimos por una botella de agua, se considera que la situación mejora para el establecimiento que se embolsa el dinero y para el consumidor que sacia su sed*). En definitiva, el intercambio es un proceso de creación de valor, porque ambas partes se encontrarían en una situación mejor de la que estaban.

Una vez el intercambio se ha efectuado, y se alcanza un acuerdo, decimos que se produce una transacción o una transferencia en relación a si se recibe una contraprestación tangible o intangible. Por un lado, una transacción constituye un intercambio de valores tangibles entre dos o más partes. Pero no es necesario que haya dinero de por medio para cambiar valores (*un trueque también es un intercambio tangible, es decir, una transacción*).

Una transacción implica varias dimensiones: al menos dos productos valorados, un acuerdo sobre las condiciones, el plazo temporal y el lugar donde tendrá lugar el acuerdo. Normalmente, existe un sistema legal que respalda y refuerza el cumplimiento de las partes. Sin una legislación sobre contratos, la gente desconfiaría de las transacciones.

Por otro lado, encontramos una serie de intercambios en los que no se recibe nada tangible, es decir, lo que denominamos como transacción (*si un individuo le hace un regalo a un amigo no espera nada tangible a cambio, solo un gracias; o si se colabora con una ONG la contraprestación es sentirse bien y por eso los profesionales de la búsqueda de fondos tratan de proporcionar beneficios a los donantes a través de notas de agradecimiento*).

2. TIPOS DE INTERCAMBIO

En un principio, hablar de intercambio hace pensar conseguir algo material, tangible, o al menos, monetario, pero es un error, como se verá posteriormente, además de bienes (materiales o monetarios), también es posible realizar otros tipos de intercambio. Todo aquello que sea valorado por otra persona puede constituir un intercambio.

Los distintos tipos de intercambio son los siguientes:

- Bienes: *alimentos frescos o congelados, automóviles.*

- Servicios: *Aerolíneas, hoteles, bancos.*

- Acontecimientos: *grandes ferias comerciales, espectáculos, aniversarios de empresas, acontecimientos deportivos.*

- Experiencias: *parque de atracciones, tablao flamenco, café concierto* (combina el consumo de un producto con una vivencia).

- Personas: *famosos, actores, cantantes, políticos.*

- Lugares: *ciudades, regiones, sedes olímpicas, ciudad europea de la cultura.*

- Derechos de propiedad: *activos físicos (bienes inmuebles), financieros (acciones, obligaciones), empresas de inversión.*

- Organizaciones: *Movistar, Apple* (muy útil para fortalecimiento de imagen).

- Información: clases, cursos

- Ideas: *eslóganes ("Tengo una corazonada"), patentes.*

3. ACTORES INTERVINIENTES

Son tres los actores que intervienen en el marketing y son: los vendedores, el público objetivo, y los mercados (dentro de los mercados cada día está ganando más relevancia el mercado electrónico).

Consideramos vendedor a cualquier persona que busque generar una respuesta de un tercero. Siendo esta tercero o comprados, el denominado como público objetivo al que se ofrece el bien o servicio, es decir, al que va dirigida la acción. Para ello, el vendedor debe influir sobre él y por lo tanto, influir sobre la demanda.

Para que el vendedor sea capaz de influir sobre la demanda, es preciso conocer el tipo de demanda que se trata. A continuación, se señalan los diferentes tipos de demanda:

- Demanda negativa. Hace referencia al conjunto de individuos no quiere adquirir el producto, e incluso, estaría dispuesto a pagar por no demandarlo. *El precio que estaría dispuesto a pagar un preso por su libertad o el precio que estarían dispuestos a pagar los alumnos por no examinarse de una materia*

- Demanda inexistente. Cuando el público objetivo puede no sentir ningún interés o sentir indiferencia hacia el producto. *La compra de un producto en desuso, como un vídeo Beta actualmente.*

- Demanda latente. Cuando un grupo de consumidores comparte una necesidad que actualmente no está satisfecha por ningún producto. *La adquisición de un secador silencioso.*

- Demanda en declive. Cuando el número de consumidores desciende. *La caída de demanda de los vídeos VHS tras la incorporación al mercado de los DVD o la demanda decreciente de cámaras de fotos con carrete.*

- Demanda irregular. En este caso, la demanda varía estacionalmente, diariamente e incluso por horas. *La venta de paraguas, en la época de invierno la demanda aumenta, mientras que en verano disminuye.*

- Demanda completa. Cuando la oferta y la demanda coinciden. Es a lo que toda empresa aspira ya que su cálculo exacto es muy complejo de calcular. En este caso la empresa deberá mantener o mejorar su nivel de calidad y medir continuamente la satisfacción de sus consumidores para asegurarse que continúa haciendo un buen trabajo.

- Demanda excesiva. El nivel de demanda superior del que pueden o les gustaría atender. *El lanzamiento por primera vez del libro de Harry Potter, en el que la demanda es mucho mayor a la oferta, por lo que habría consumidores que estarían dispuestos a pagar más por tener primero el bien. Los bienes de colección, donde un único bien es demandado por muchos consumidores.*

- Demanda indeseable. Hace referencia al arraigo en el consumo de algunos productos considerados perjudiciales requiere de esfuerzos para erradicarlos. *El tabaco o el alcohol.*

El mercado vendría definido como el conjunto de compradores y vendedores que negocian con un producto o productos concretos. Hablar de mercados consiste en hablar de un concepto muy global, por lo que se hace necesario dar un perfil más detallado clasificando los distintos tipos de mercados con las características que cada uno conlleva.

Podemos hablar de cinco tipos de mercados que a continuación se detallan.

- Mercado de consumidores. Las empresas que venden bienes y servicios de consumo, (*refrescos, pasta de dientes, televisión*) invierten gran parte de su tiempo en intentar crear una imagen de marca superior. Es necesario tener una idea clara de a qué consumidores se dirige la oferta, qué necesidades tiene que satisfacer el producto, y cómo comunicar la posición de la empresa con fuerza y de forma creativa. Son mercados que se caracterizan por una gran competitividad en los que es imprescindible innovar constantemente. Asimismo para informar a los clientes la oferta se utilizan los medios de comunicación masiva (publicidad, promociones).

- Mercado de empresas (mercados industriales u organizativos). Las empresas que venden bienes y servicios a otras se enfrentan a un mercado de profesionales bien formados e informados, por lo que se requiere el uso de herramientas de comunicación personales (fuerza de ventas y marketing directo). Las empresas compran bienes en función de la utilidad que proporcionan para permitir hacer o revender los productos a terceros.

- Mercados globales. Las empresas que venden sus productos y servicios en un mercado global tienen que resolver problemas y decisiones adicionales. Tienen que decidir en qué países van a estar presentes; cómo entrar en cada mercado, cómo adaptar las características de sus productos y servicio; cómo establecer el precio del producto en los diferentes países con la suficiente precisión como para evitar crear posibilidades de arbitraje entre los países; y cómo adaptar sus sistemas de comunicación para adecuarse a las prácticas culturales de cada país.

- Mercados no lucrativos y sector público. Las empresas que venden sus productos a organizaciones no lucrativas como iglesias, universidades, organizaciones caritativas o agencias públicas tienen que tener cuidado a la hora de establecer el precio, porque estas organizaciones tienen un limitado poder de compra y su objetivo no es rentabilidad.

- Mercados on line. Es el mercado que crecimiento está registrando en los últimos tiempos, por lo que las previsiones de crecimiento del comercio electrónico son optimistas. Para hacernos una idea general, 2.143 millones de euros fueron los que generó el comercio electrónico en 2005. 495 € de media es el gasto anual por internauta comprador (productos más comprados: viajes, entradas espectáculos y libros); 46 € de media por familia es el gasto en compras electrónicas dedicadas a productos de gran consumo en el primer trimestre de 2007; pero todavía quedan 11,7 millones de internautas que aún no han comprado en Internet.

1.3. Los enfoques de la gestión de marketing

Cinco son los diferentes tipos de enfoques en la gestión de marketing que han evolucionado a lo largo de la historia, y son los siguientes.

Figura 1.1. Enfoques de gestión de marketing

Enfoque producción

Surge sobre 1920 en Estados Unidos y sostiene que los consumidores favorecerán aquellos productos fáciles de conseguir y de bajo coste. Los directores de organizaciones con un enfoque de producción concentran sus esfuerzos en alcanzar economías de escala, reducción de costes y distribución masiva. Estos directivos parten del supuesto de que los consumidores están interesados en la disponibilidad del producto y en pagar precios bajos, por lo que no se plantean otras cuestiones como la calidad del producto.

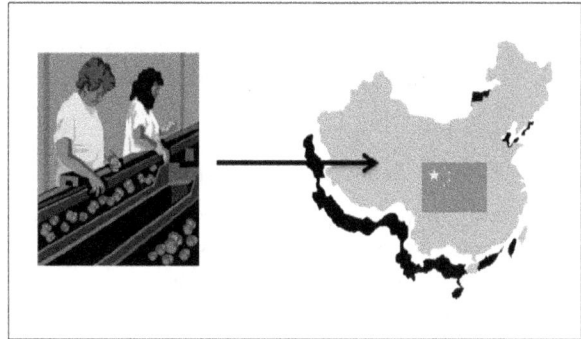

Este enfoque sólo tiene sentido en los países en vías de desarrollo, donde los consumidores están más interesados en obtener un producto que en sus cualidades particulares, ya que no saben cuándo podrán volver a adquirirlo.

Enfoque producto

Sostiene que los consumidores favorecerán aquellos productos que ofrezcan la mejor calidad o los mejores resultados. Los directivos de las empresas centrarán sus esfuerzos en hacer buenos productos y mejorarlos a lo largo del tiempo.

Según este enfoque el producto será tan bueno que se venderá por sí sólo sin considerar si cubre algún deseo de los consumidores. En este caso, los compradores siempre admiran los productos bien hechos y valoran la calidad y ventajas de los mismos, por lo que se venderán por sí solos.

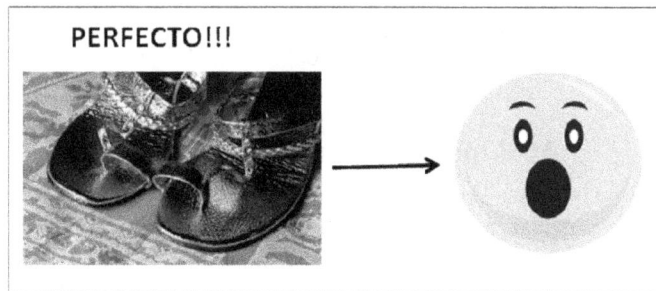

Enfoque ventas

Surge en 1920 y es el enfoque aplicado por las empresas hasta aproximadamente 1960. Mantiene que el consumidor no compra todo lo que podría y que es necesario animarlos intensamente, si se le anima comprará más productos de la empresa. Por tanto, la empresa debe llevar a cabo políticas agresiva de venta y promoción para estimular que compre más y no se "acostumbre" a sus hábitos y rutinas de compra, a través de bombardeos de mensajes a través de anuncios en televisión, periódicos, publicidad directa y llamadas telefónicas.

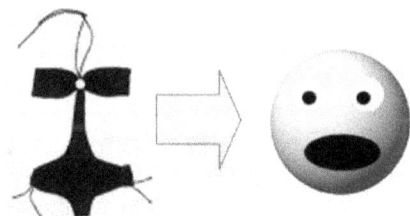

Este enfoque de gestión tiene sentido en los productos denominados como "no buscados", que son los productos que los consumidores no se plantean adquirir o son reticentes a comprar, como por ejemplos, seguros de vida, libros o enciclopedias, la industria musical, etc.

Enfoque marketing

Este enfoque surge en tono al 1960. Se trata una filosofía empresarial que se enfrenta a los enfoques anteriores, ya que los tres enfoques anteriores se centran en la empresa, mientras que este enfoque se centra en el consumidor. Sostiene que la clave para alcanzar los objetivos de las organizaciones consiste en identificar las necesidades y deseos del público objetivo y en ser más efectivos que los competidores a la hora de crear y ofrecer valor a sus mercados objetivo.

El enfoque marketing descansa en cuatro pilares: mercado objetivo, necesidades del cliente, marketing integrado y rentabilidad. Toma una perspectiva en la que el punto de partida es un mercado bien definido que se centra en las necesidades del cliente, coordina todas las actividades que afectan a los clientes y produce beneficios a través de la satisfacción de los mismos.

El éxito de este enfoque es gracias a la mezcla entre el marketing reactivo (satisfacer los deseos del consumidor) y el marketing proactivo (descubrir deseos y necesidades latentes).

Enfoque de marketing holístico

A lo largo de la década pasada aparecieron una serie de fuerzas que generaron la necesaria aplicación de nuevas prácticas comerciales y de marketing considerando el entorno que nos rodea. El marketing holístico podría definirse como el desarrollo, el diseño y la aplicación de programas, procesos y actividades de marketing que reconocen el alcance y la interdependencia de sus efectos. El marketing holístico es consciente de que "todo importa" en el marketing (el consumidor, los empleados, otras empresas, los competidores y la sociedad en su conjunto) y de que normalmente es necesario adoptar una perspectiva amplia e integrada. Por tanto, los profesionales del marketing deben prestar atención a numerosos factores y deben asegurarse de que las decisiones que toman sean consistentes con las decisiones que toman en otros.

En base a lo expuesto el enfoque de marketing holístico es un enfoque de marketing, ya que considera al consumidor el elemento fundamental de sus actividades, pero que pretende reconocer y reconciliar el alcance y la complejidad de todas las actividades de marketing.

A la hora de identificar un enfoque de marketing holístico debemos centrarnos en los cuatro elementos que caracterizan su aplicación:

- **Marketing de relaciones**

Uno de los objetivos clave del marketing actual es establecer relaciones firmes y duraderas con las personas o con las organizaciones que directa o indirectamente podrían influir en el éxito de las actividades de marketing de la empresa. El marketing de relaciones tiene por objeto establecer relaciones mutuamente satisfactorias, a largo plazo, con grupos de interés clave (consumidores, proveedores, distribuidores y otros colaboradores de marketing).

El marketing de relaciones crea fuertes vínculos económicos, técnicos y sociales entre las distintas partes. El marketing de relaciones conlleva el establecimiento de relaciones adecuada con los grupos de interés adecuados. Los cuatro componentes clave del marketing de relaciones son los consumidores, los empleados, los participantes de la cadena de valor (proveedores, canales, distribuidores, intermediarios, agencias) y los miembros de la comunidad financiera (accionistas, inversores, analistas).

Figura 1.2. Ejemplo de Marketing de relaciones

Fuente: Imágenes web corporativas de las empresas (2010)

- **Marketing integrado**

Los responsables del marketing se encargan de idear las actividades y de ensamblar los distintos programas de marketing integrado para crear, comunicar y generar valor para los clientes. Estas actividades de marketing adoptan todo tipo de formas. Una definición tradicional de las actividades de marketing se sintetiza en el concepto *marketing mix:* conjunto de instrumentos en cuatro grandes grupos que denominó las cuatro P del marketing: producto, precio, distribución (place, en inglés) y comunicación (promotion, en inglés).

Una empresa puede cambiar a corto plazo el precio, el tamaño de la fuerza de ventas y el gasto en publicidad. También puede desarrollar nuevos productos y modificar sus canales de distribución pero ello sólo a largo plazo. Por tanto, la empresa realiza menos cambios en su marketing mix a corto plazo de los que se podría imaginar viendo la diversidad de variables que integran el concepto de marketing mix.

El concepto de marketing integrado tiene dos facetas fundamentales: se utilizan multitud de actividades de marketing diferentes para comunicar y generar valor, y todas las actividades de marketing se coordinan para maximizar sus efectos de forma conjunta. Las empresas deben integrar sus sistemas para gestionar la demanda, los recursos y la red de marketing.

- **Marketing interno**

El marketing holístico incorpora la aplicación del concepto marketing interno, garantizando así que todos los miembros de la organización adopten los principios de marketing adecuados. Es la tarea de contratar, formar y motivar al personal más idóneo para atender adecuadamente a los clientes. Los buenos profesionales del marketing son conscientes de que las actividades de marketing dentro de una empresa son tan importantes como las actividades que se realizan fuera de la compañía.

Debe desarrollarse en dos niveles. En primer lugar, las diferentes funciones de marketing (ventas, publicidad, atención al cliente, gestión de productos, investigación de marketing) deben estar coordinadas. Todas las funciones de marketing deben estar coordinadas desde el punto de vista del cliente. En un segundo nivel, la aplicación del concepto de marketing interior supone que el resto de departamentos de una empresa también tiene en cuenta el marketing, es decir, también "piensa en el cliente". Las filosofías del marketing deben ser asumidas por todos los empleados de la compañía.

Marketing de responsabilidad social

El marketing holístico incluye el concepto marketing de responsabilidad social y la comprensión de los principales temas de interés público, así como del contexto ético, medioambiental, legal y social de las actividades y programas de marketing. Las causas y los efectos de las acciones de marketing van más allá de la empresa y del consumidor hasta afectar a la sociedad en su conjunto.

Las empresas que satisfacen de manera excelente las necesidades de sus consumidores a corto plazo, ¿actúan siempre guiados por el bien de los consumidores y de la sociedad a largo plazo? Algunas empresas como McDonald's han admitido estas críticas, por lo que han añadido artículos más sanos a sus menús (por ejemplo, ensaladas) y han lanzado iniciativas ecológicas (por ejemplo, sustituir la espuma de polietileno de los envoltorios de papel y ligeros cartones reciclados). Recientemente, McDonald's Corp. lanzó su mayor iniciativa ecológica hasta la fecha, ordenando a sus proveedores que eliminasen el uso de antibióticos, en la cría de ganado.

El enfoque marketing social sostiene que las organizaciones deben identificar las necesidades, los deseos y los intereses de su público objetivo, y satisfacerlos más eficazmente que sus competidores, de forma tal que preserven o incrementen el bienestar de los consumidores y de la sociedad a largo plazo. Exige a los responsables de marketing que incorporen consideraciones de tinte social y ético a sus prácticas.

1.4. Principales conceptos, tendencias y funciones del marketing

A continuación vamos a detallar una serie de conceptos que son necesarios para el entendimiento de un plan de marketing.

1. Necesidad, deseos y demandas

Necesidades: Carencias básicas del ser humano sin las que no podría sobrevivir (alimentos, aire, agua, educación, ocio, ropa, etc.). *Para sobrevivir necesito comer.*

Deseos: Las necesidades se dirigen a objetos específicos que pueden satisfacerlas. Determinados por la sociedad en que se vive. *Para sobrevivir necesito comer pero yo quiero comer una paella.*

Demandas: Deseos de productos específicos respaldados por la capacidad de pago. *Para sobrevivir necesito comer (necesidad), quiero comer una paella (deseo) y tengo dinero para ir a un restaurante y pedir una paella (demanda).*

Estas distinciones permiten analizar la crítica habitual que afirma que "los profesionales del marketing crean necesidades" o que "los profesionales del marketing hacen que se compren cosas que en realidad no se quieren". Los especialistas en marketing influyen en los deseos. Es decir, se analizan a los individuos y se ofrecen distintos productos en función de su perfil (*coches caros y coches baratos).*

Hoy, más que nunca, es necesario dar respuesta a las necesidades individuales, de ahí que la personalización de los productos esté ganando terreno. Dell o Nike sólo son unos ejemplos de la "customización" como estrategia de marketing.

Figura 1.3. Ejemplo de personalización de productos.

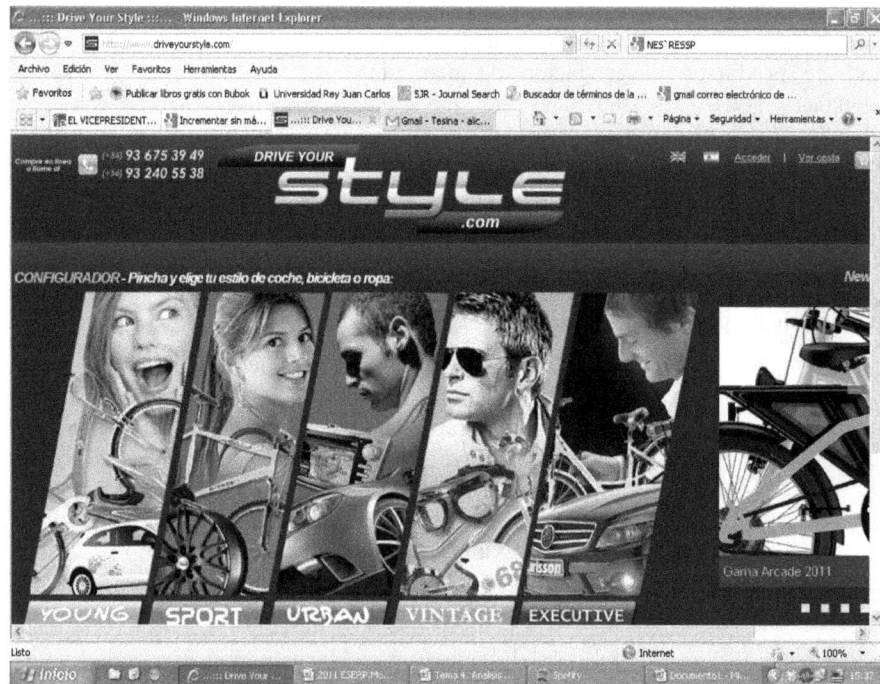

Fuente: Imagen de web corporativa de driveyourstyle

2. Mercado objetivo, posicionamiento y segmentación

En raras ocasiones puede un profesional del marketing satisfacer a todos los que conforman un mercado. Los profesionales del marketing comienzan dividiendo el mercado en segmentos. Identifican y separan los diferentes grupos de compradores que comparten definiciones de producto o de servicio específicas. Para identificar los grupos se utilizan variables demográficas, psicográficas y de conducta de los compradores. A continuación, las empresas deciden qué segmentos presentan la mejor oportunidad: cuál es su mercado objetivo. Para cada mercado objetivo, la empresa desarrolla una oferta. Esta oferta se posiciona en la mente de los compradores objetivo en función de determinadas ventajas.

Figura 1.4. Ejemplo de productos de Coca Cola en relación a su segmentación de mercados.

Fuente: Imágenes contenidas en web corporativa de Coca Cola (2010)

3. Ofertas y marcas

Las empresas abordan las necesidades de los consumidores ofreciéndoles una propuesta de valor, ofrecen a los consumidores un conjunto de ventajas para satisfacer sus necesidades. La propuesta de valor intangible se materializa en una oferta que puede ser una combinación de productos físicos, servicios, información y experiencias.

Cuando la empresa da un paso más allá y la oferta se convierte en una fuente conocida, se genera lo que conocemos como marca. Elemento que representa la imagen de marca en la mente del consumidor y a lo que todas las empresas aspiran: crear una imagen de marca sólida, favorable y exclusiva.

Una marca como McDonald's crea numerosas asociaciones de ideas en la mente de los consumidores: hamburguesas, diversión, niños, comida rápida, comodidad y arcos amarillos.

4. Valor y satisfacción

Una oferta tendrá éxito si promete valor y satisfacción al comprador potencial. El *valor* refleja los beneficios y los costes, tanto tangibles como intangibles, que el consumidor percibe a partir de la oferta. Se puede concebir básicamente como una combinación de calidad, servicio y precio (CSP), combinación conocida como la "tríada de valor del consumidor". El valor aumenta con la calidad y el servicio, y disminuye con el precio, aunque pueden existir otros factores que desempeñen una función importante en la concreción del valor. El valor es un concepto fundamental del marketing.

Figura 1.5. Ejemplo de valoración racional de la compra de ropa.

En función de... CALIDAD + PRECIO + SERVICIOS

Fuente: Elaboración propia. Imágenes contenidas en web corporativas de la empresas (2011)

La satisfacción refleja los juicios comparativos que hace una persona, a partir de los resultados que obtiene de un producto, en comparación con las expectativas que tenía del mismo. Si los resultados no están a la altura de las expectativas, el cliente queda insatisfecho o decepcionado. Si los resultados están a la altura de las expectativas, el cliente queda satisfecho. Si los resultados superan las expectativas, el cliente queda muy satisfecho o encantado.

Figura 1.6. Ejemplo de satisfacción del consumidor.

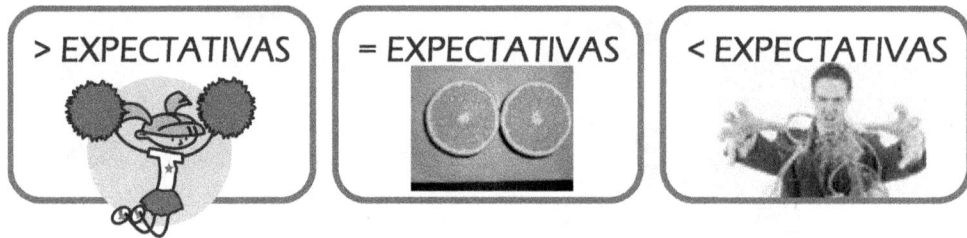

5. Canales de marketing

Para llegar a los clientes los responsables de marketing utilizan tres tipos de canales de marketing:

- Los canales de comunicación. Sirven para enviar y recibir mensajes de los compradores potenciales (*periódicos, revistas, televisión, correo, teléfono, vallas publicitarias, carteles, folletos publicitarios e Internet*)

- Los canales de distribución. Para exponer, vender o entregar los productos y servicios físicos al comprador o al usuario. Se encuentran los distribuidores, los mayoristas, los minoristas y los agentes.

- Los canales de servicio. Para efectuar transacciones con compradores potenciales. Incluyen almacenes, empresas de transporte, bancos y empresas aseguradoras que facilitan las transacciones.

La diferencia fundamental entre canal de distribución de servicios radica en que los primeros van pasando los productos de una mano a otra, y los segundos sólo colaboran en este proceso (en ningún caso adquieren la propiedad).

Figura 1.7. Representación de canal de distribución y de servicios

6. Cadena de suministro

La cadena de suministro describe un canal más largo que va desde las materias primas y componentes, hasta los productos finales que se destinan a los compradores finales. Cada empresa absorbe sólo un determinado porcentaje del valor total que genera la cadena de suministro en su totalidad. Cuando una empresa compra a otra de la competencia o se integra hacia atrás o hacia delante en la cadena de valor, su objetivo es conseguir un mayor porcentaje del valor total que genere la cadena.

La cadena de suministro, aplicada al producto bolsos de señora, comienza con el cuero y pasa por el tinte, el corte y la fabricación. La cadena de suministro representa el sistema de generación de valor.

Figura 1.8. Ejemplo de canal de suministro

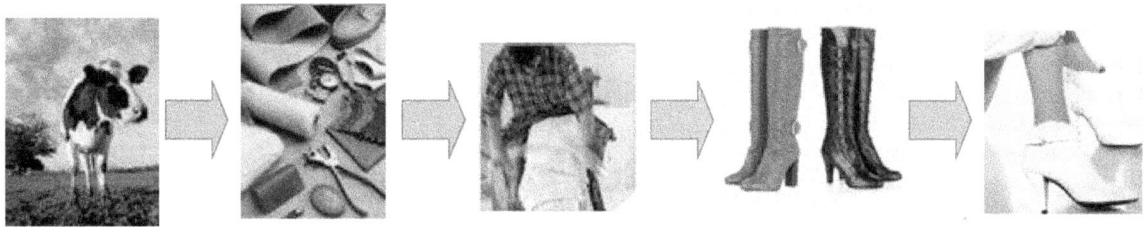

Fuente: Elaboración propia a partir de imágenes contenidas en Imágenes -gratis.net

7. Competencia

La competencia incluye todas las ofertas y los productos sustitutivos que un comprador puede tener en cuenta a la hora de decidir su compra independientemente de si pertenecen a la misma categoría. *Por ejemplo, los competidores de Café Saimaza serían otras marcas de café pero también las marcas de té u otras bebidas que el consumidor tenga en cuenta.*

8. Entorno de marketing

Sin embargo, la competencia representa tan sólo una de las fuerzas del entorno en el que operan los especialistas de marketing, y es necesario analizar todo el entorno de marketing está formado por:

- El *entorno funcional (microentorno)*, incluye aquellos agentes inmediatos que participan en la producción, distribución y promoción de la oferta. Los agentes principales son la empresa, proveedores, distribuidores, intermediarios y el público objetivo. En el grupo de los proveedores también se incluyen tanto los proveedores

de materiales y servicios como las agencias de investigación de marketing, las instituciones financieras y aseguradoras, las empresas de transporte y las de telecomunicaciones.

- El *entorno general (macroentorno)*, está compuesto por seis elementos: el entorno demográfico, el económico, el natural, el tecnológico, el político-legal y el sociocultural. En estos entornos existen fuerzas que pueden influir considerablemente sobre los actores del entorno funcional. Los agentes del mercado deben prestar especial atención a las tendencias y a los acontecimientos de estos entornos, y ajustar sus estrategias de marketing en consecuencia.

9. Planificación de marketing.

Consiste en identificar y analizar oportunidades de negocio, seleccionar los mercados (¿a quién voy a vender?), elaborar estrategias (políticas de marketing), definir programas (dónde vender, qué planes seguir…) y gestionar el esfuerzo de marketing (programas a largo plazo).

Caso práctico Capítulo 1

JOYAS CON VOCACIÓN DE SER ÚTILES Y FUNCIONALES

La empresa Kimber apuesta por el diseño y la personalización de las piezas para seguir creciendo Juan Manuel Berberá MADRID. Comenzaron su andadura empresarial en 1952, cuando el ya vetusto ático de la calle mayor que el abuelo de los hermanos Núñez había creado fue aprovechado por el padre de Juan Carlos, Javier y Ángel, para crear lo que sería la empresa Kimber Joyeros. Entonces trabajaron como taller de joyería para las grandes firmas hasta que, veinte años más tarde, se independizó para crear o transformar joyas. Tres generaciones después, con Juan Carlos, Javier y Ángel Núñez ya al timón del negocio y con la idea de renovar y situarse en la vanguardia del diseño, es cuando empieza la edad moderna de este taller de joyería.

Esta nueva era, por así decirlo, comenzó en los años 90. Hoy, Kimber joyeros tiene oficinas en Madrid, Baleares, Canarias, Bilbao, Valladolid y cuenta con 18 empleados. Como señala Juan Carlos Núñez, uno de los hermanos-propietario de la firma, "elegimos estos lugares porque son los que más nos interesan desde un punto de vista logístico". También afirma que aunque la situación económica no es muy boyante, "en nuestro negocio no se ha notado". De hecho, y aunque acuden regularmente a ferias y exposiciones desde 1998, durante la última, celebrada hace escasas fechas en Ifema de Madrid, "hemos obtenido un éxito absoluto con nuestros diseños".

El secreto del éxito, como confiesa Núñez al Economista, es "habernos dado cuenta que la gente quiere diferenciarse también con las joyas que lleva. Quieren llevar algo especial y por eso el consumo de este producto no se ha visto afectado por la crisis". Y es que esta empresa española no camina sola. Se las ha ingeniado para llegar a acuerdos de colaboración con otra compañía; Impex, en Jaipur –India-, que trabaja con gemas, sobre pedido. Eso significa que Kimber les propone diseños modernos con cortes distintos y ellos los tallan. Tienen otra especie de subcontrato con la firma Passion Jewel, en Bruselas, en esta ocasión para trabajar únicamente con joyas de alto diseño. Los joyeros españoles fabrican los cauchos y moldes en Madrid y Bilbao –sus dos talleres de fabricación en España- y a continuación las piezas se montan en la capital belga.

Pero no sólo fabrican nuevos diseños, sino que también son capaces de modernizar o adaptar los gustos del cliente una joya antigua. Juan Caros Núñez lo llaman customizar. "El propio cliente, bien se trate de un particular o de una empresa, nos pide un diseño a medida y nosotros lo hacemos", aclara. "Ahora estamos a punto de firmar un acuerdo con una gran compañía con los nuevos pendrives-joya que hemos diseñado". Por otro lado, estos joyeros también cuentan con una línea para hombres para la que fabrican pulseras y collares, sobre todo, y que combina cuero, caucho, oro y perlas. Cuestan entre 300 y 1.000 euros y no son, ni mucho menos, el complemento más caro que fabrica esta empresa. Aún así, Núñez, indica que no desean que el precio de sus joyas supere los 12.000 euros. "Es entre 6.000 y 12.000 euros por donde se mueve la mayor demanda de compradoras, por eso la mayoría de joyas que fabricamos se sitúan en esa horquilla. Por otro lado, somos especialistas en pendientes de mujer y ahora estamos innovando, realizando joyas coloridas combinadas con oro y plata, desde 160 euros".

Kimber joyeros cuenta en la actualidad con 16 empleados y, aunque sus directivos se resisten a desvelar sus datos de facturación "por no dar pistas a la competencia", sí señalan que en los últimos años han crecido aun ritmo del 15 por ciento, que llegó hasta el 18 por ciento el año pasado.

Fuente: El Economista (2008)

PREGUNTAS:

1. Identifique los quienes son los actores intervinientes y de qué tipo de mercado se trata

2. Señale el enfoque de gestión de Marketing que adopta Kimber joyeros.

3. Indique la diferencia entre necesidades, deseos y demandas a través de los pendriverjoya que comercializa la empresa del caso.

4. ¿Cuál sería su público objetivo?

5. ¿Cuál es su cadena de suministro?

Algunas preguntas de repaso...

1. **Una empresa podría aplicar un enfoque de producto en...**
   a. Países en vías de desarrollo
   b. La venta de productos no buscados
   c. Empresas multinacionales
   d. Ninguna de las respuestas

2. **El proceso de identificar grupos de compradores en el mercado con preferencias de compra dispares, se denomina...**
   a. Posicionamiento
   b. Segmentación
   c. Selección del público objetivo
   d. Marketing

3. **Este mes he empezado a trabajar en el departamento comercial de Pan Bimbo, si algo tengo que tener claro es que al operar en el mercado de consumidores...**
   a. Debo formar una red de comerciales
   b. Las tendencias del mercado cambian constantemente
   c. Las características de nuestros productos son la clave de nuestra política comercial
   d. Todas las respuestas son correctas

4. **Si Eroski aplica programas de formación de sus empleados... ¿qué enfoque de gestión de marketing aplica?**
   a. Enfoque de producto
   b. Enfoque de marketing holístico
   c. Enfoque de marketing
   d. Enfoque de producción

5. **Aprovechando que era el día del Pilar me acerqué a Zaragoza a ver mi hermana. Como siempre, empezamos a discutir sobre si yo, como directora comercial, puedo gestionar transacciones...**
   a. No, sólo puedo gestionar intercambios físicos
   b. Sí, ya que se trata de un intercambio en el que recibo una contraprestación
   c. Sí, puedo gestionar transacciones pero siempre que sean monetarias
   d. No, las transacciones las gestiona el departamento de ventas

6. **Una de las condiciones de una relación de intercambio es que cada parte debe considerar deseable negociar con la otra parte.**
   a. Sí, pero siempre que interaccionen cara a cara
   b. No, se puede negociar pero no tiene porque ser deseable ni voluntario
   c. Sí, siempre que tenga algo que la otra parte valore
   d. Sí, pero siempre que se reciba una contraprestación física

7. **¿A qué tipo de intercambio hace referencia a la gestión de un eslogan como por ejemplo, "Podemos!!!!!"?**
   a. Experiencias
   b. Información
   c. Ideas
   d. Derechos de propiedad

8. **A la hora de aplicar las políticas de marketing debo saber que el "marketing-mix" hace referencia a...**
   a. Las cuatro políticas de marketing: producto, distribución, publicidad y precio
   b. El análisis de los segmentos del mercado
   c. Una investigación de mercado
   d. Las relaciones de intercambio

9. **Todos los días me propongo dejar de fumar... Este tipo de producto hace referencia a un tipo de demanda...**
   a. En declive
   b. Negativa
   c. Indeseable
   d. Total

10. **¿Cuál de las siguientes opciones es verdadera?**
   a. Una demanda es una necesidad y la capacidad adquisitiva para adquirirla
   b. El enfoque de producto se centra en el consumidor
   c. Los competidores se refieren a la misma categoría de productos
   d. Una cadena de suministro suele ser más larga que un canal de marketing

Capítulo 2.

Recogida de la información y análisis del entorno

2.1. Componentes del Sistema de Información de Marketing (SIM)

Los profesionales del marketing asumen la responsabilidad principal de identificar los cambios más significativos del mercado, rastrear las tendencias del mercado y buscar oportunidades de mercado. Esto se debe a que gestionan las herramientas necesarias para recopilar información, interaccionan con los clientes y realizan estudios sobre los competidores.

Para ello, las empresas desarrollan lo que denomina como Sistema de Información de Marketing (SIM), que hace referencia al conjunto de personas, equipos y procedimientos cuya función es recopilar, ordenar, analizar, evaluar y distribuir la información necesaria, puntual y precisa al personal de marketing que la necesite.

Esta información se obtiene a partir del sistema de datos interno de la empresa, de las actividades de inteligencia de marketing y de la investigación de marketing.

Figura 2.1. Sistema de Información de Marketing (SIM)

Para que lo entendamos, en la gestión del SIM debemos ofrecer a la dirección información detallada sobre los deseos, las preferencias y la conducta de los consumidores. Pero en ningún caso limitar nuestro trabajo a previsiones rutinarias, análisis de ventas o encuestas esporádicas. No aportar información no válida, demasiado tarde o con una precisión dudosa. Gracias a la información del SIM, las empresas pueden seleccionar mejor sus mercados, desarrollar ofertas y poner en práctica adecuadamente los planes de marketing.

2.2. El sistema de datos interno y la inteligencia de marketing

Dentro del sistema de datos interno, los directivos de marketing basan su trabajo en informes internos de pedidos, ventas, precios, costes, niveles de inventario, cuentas a cobrar, cuentas a pagar, etc., a través de cuyo análisis pueden detectar importantes amenazas y oportunidades.

1. EL SISTEMA DE DATOS INTERNO

A. El ciclo pedido-envío-factura

El núcleo del sistema de datos interno es el ciclo pedido-envío-factura. Los vendedores, los intermediarios y los clientes hacen pedidos a la empresa. El departamento de ventas prepara las facturas y envía copias a los departamentos correspondientes. Aquellos artículos de los que no quedan existencias se vuelven a pedir de nuevo. Las empresas han de tomar todas estas decisiones con rapidez y precisión, puesto que los clientes prefieren aquellas empresas que entregan sus productos con rapidez. Los clientes y los comerciales envían por fax o por correo electrónico sus pedidos. Los almacenes informatizados los procesan rápidamente. El departamento de facturación emite y envía las facturas lo antes posible. Cada vez más empresas utilizan extranets e Internet para mejorar la velocidad, la precisión y la eficacia del ciclo pedido-envío-factura.

Figura 2.2. El ciclo pedido-envío-factura

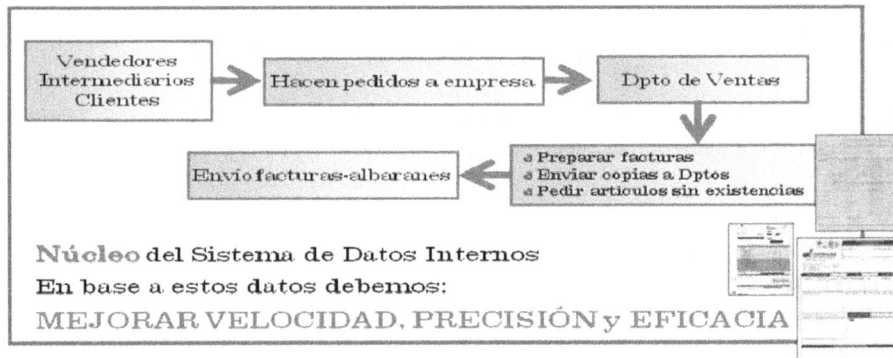

B. Sistemas de información de ventas

Los directores de marketing necesitan informes puntuales y precisos sobre el nivel de ventas del momento. Las empresas han de estudiar los datos de ventas cuidadosamente para no interpretarlos incorrectamente. De ahí el gran desarrollo de sistemas de lectores de los códigos de barra de los productos o la conexión a Internet en la formalización de los pedidos. *Por ejemplo, Inditex, diariamente contacta con el responsable de cada establecimiento para que transmita cuáles son los productos más demandados a tiempo reales.*

C. Bases de datos de clientes, productos y vendedores

Las empresas organizan la información en bases de datos (por clientes, productos, vendedores) y cruzan la información de las diferentes bases. La base de datos de clientes contendrá el nombre de los usuarios, su dirección, las transacciones anteriores e incluso, datos demográficos y psicográficos. La empresa selecciona en función de estas características, especialmente, en función de la frecuencia de compra, la fecha de la última adquisición y el valor monetario. A partir de estas técnicas identifica a los mejores clientes y les remite las ofertas.

Las empresas almacenan esta información y la ponen a disposición de las personas responsables de la toma de decisiones. Suele ser aconsejable contratar a analistas especializados en la aplicación de sofisticados métodos estadísticos, estas empresas pueden analizar esta información y descubrir segmentos importantes que han pasado por alto. Para gestionar con eficacia todas estas bases de datos diferentes, cada vez más empresas recurren a programas informáticos de integración empresarial.

Figura 2.3. Bases de datos de clientes, productos y vendedores

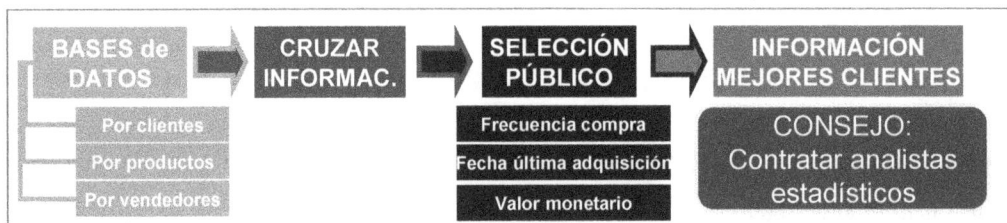

2. EL SISTEMA DE INTELIGENCIA DE MARKETING

Si bien el sistema de datos internos ofrece información sobre resultados, el sistema de inteligencia de marketing ofrece información sobre acontecimientos en el entorno de la empresa que tenemos que explicar para poder adaptarnos a las necesidades del consumidor. El sistema de inteligencia de marketing es el conjunto de fuentes y procedimientos que utilizan los directivos para obtener información diaria sobre los acontecimientos del entorno de marketing de la empresa, es decir, el análisis de la información procedente de los macroentornos de marketing. Para ello, los directores de marketing recopilan esta información mediante libros, periódicos, y publicaciones comerciales, hablando con clientes, proveedores y distribuidores, y reuniéndose con otros directivos.

Cuanta mayor sea esta información mejor será la comprensión de los consumidores, por eso las empresas pueden tomar diferentes medidas para mejorar la calidad de sus sistemas de inteligencia:

- Formar y motivar a los vendedores para que identifiquen los nuevos acontecimientos de interés e informen sobre ellos. La empresa debe transmitir a sus equipos comerciales su relevancia como fuentes de información de inteligencia e información sobre qué tipo de información han de transmitir al equipo directivo.

- Motivar a distribuidores, minoristas y demás intermediarios para que transmitan la información más relevante. A través de relaciones estrechas con nuestros colaboradores obtendremos información valiosa, ya que no solo están en contacto con nosotros, sino que también lo están con nuestros competidores.

- Fomentar las conexiones externas. La empresa puede comprar los productos de la competencia, asistir a exposiciones y ferias comerciales, leer los informes públicos de la competencia, asistir a juntas de accionistas, hablar con empleados, intermediarios, distribuidores, proveedores, transportistas, etc.

- Crear un panel de asesoría de cliente. El panel podría estar constituido por representantes de clientes, por los clientes más importantes de la empresa, o por los clientes más sofisticados o más francos, que aporten opiniones sobre nuestros productos y propongan nuevas ideas.

- Aprovechar los recursos gubernamentales. Portales on line, tales como las web de los Ministerios, Banco de España, CIS, INE o incluso las web corporativas, ofrecen información valiosa sobre tendencias de población, grupos demográficos, migraciones regionales y cambios en la estructura familiar.

- Adquirir información de proveedores externos. Reúnen datos sobre paneles de consumidores a costes muy inferiores a los que tendría que hacer frente la empresa de realizar los estudios por sí sola (*AcNielsen, PriceWaterhouse*).

- Recurrir a sistemas de retroalimentación online. El envío de información por parte de los clientes a través de Internet facilita la recogida y la diseminación de información a escala planetaria, y generalmente bajo coste. De ahí que los foros on-line cada vez sean más analizados por los directores de marketing.

2.3. Los Macroentornos de Marketing

Las empresas de éxito son conscientes de que existen necesidades y tendencias no satisfechas y responden rápidamente para integrarlas. Pero es necesario identificar los cambios en los hábitos de los consumidores y agruparlas en función de si se trata de:

- **Moda pasajera.** Es imprevisible, de corta duración y sin relevancia social, económica o política. Una empresa puede sacar un buen provecho de una moda pasajera pero no se puede predecir, es cuestión de suerte. *La canción del verano.*

- **Tendencia.** Es una dirección o secuencia de acontecimientos que adquiere cada vez más fuerza y que presenta cierta duración. Las tendencias son más predecibles y más duraderas que las modas pasajeras, y por tanto labor del director comercial identificarla. Una tendencia revela cómo será el futuro y ofrece numerosas oportunidades. *El estilo de ropa de los años 80.*

- **Megatendencia.** Se describe como el conjunto de cambios considerables de índole política, económica y tecnológica que se desarrollan lentamente, pero que una vez en funcionamiento nos afectan durante algún tiempo (entre siete y diez años, o más). *La incorporación de la mujer al trabajo, el descenso de la natalidad o el aumento de la población inmigrante en España.*

A continuación, trataremos las seis fuerzas del macroentorno que pueden influir en las tendencias del sector.

1. ENTORNO DEMOGRÁFICO

Las tendencias demográficas son muy fiables a corto y medio plazo, siendo la principal fuerza que controlen las empresas la población, las personas las que conforman los mercados. Este entorno está experimentando importantes alteraciones en las últimas décadas que es necesario considerar.

- **Aumento de la población mundial.** El crecimiento explosivo de la población mundial supone importantes consecuencias para las empresas. Por ello, las empresas que analizan detalladamente sus mercados siempre pueden encontrar grandes oportunidades. La población mundial está experimentando un crecimiento explosivo: en 2000 alcanzaba la cifra de los 6.100 millones de personas y se calcula que en 2025 superará los 7.900 millones. El crecimiento de la población no ha despertado importantes preocupaciones. Un aumento desmedido del consumo y de la población podría acarrear escasez de alimentos, agotamiento de minerales clave, superpoblación, contaminación y un deterioro generalizado de la calidad de vida. Las regiones menos desarrolladas del mundo ya representan el 76 % de la población mundial, y presentan una tasa de crecimiento del 2 % anual, mientras que la población de países más desarrollados sólo crece a un 0, 6 % anual.

- **Mercados étnicos y otros mercados.** Los países también varían en cuanto a su composición étnica y racial. Los profesionales del marketing deben ser cautos y no generalizar en exceso sobre los grupos étnicos. Los consumidores pueden ser muy diferentes dentro de cada grupo étnico, por lo que debe sopesarse si es necesario modificar el plan de marketing en función de ellos.

- **Distribución por edades.** Existe una tendencia mundial hacia el envejecimiento de la población. El envejecimiento de la población viene de la mano de otra tendencia: la caída de la tasa de natalidad. La población se puede desglosar en seis grupos de edad: preescolar, escolar, adolescentes, adultos jóvenes (entre 25 y 40 años) y adultos maduros mayores (mayores de 65 años).

- **Grupos con diferentes niveles de educación.** La población de cualquier sociedad se divide en cinco grupos en función del nivel de estudios: analfabetos, educación primaria, educación secundaria, estudios universitarios y certificaciones profesionales.

- **Patrones familiares.** El "hogar tradicional" formado por el marido, la mujer y los hijos está experimentando grandes cambios en los últimos tiempos. Hoy se identifican hogares "alternativo" o "no tradicional", es decir, solteros, adultos que viven juntos sin pasar por la vicaría, parejas de sexos diferentes o del mismo sexo, familias monoparentales, parejas casadas sin hijos o jóvenes recién emancipados. Cada vez más parejas se divorcian o se separan, deciden no casarse, se casan tarde, o se casan sin intención de tener hijos. Nuevas estructuras familiares con necesidades y hábitos de compra distintos y, que por tanto, los directores deben analizar como segmentos de interés. Por ejemplo, estos colectivos, necesitan pisos más pequeños, electrodomésticos y muebles baratos y de menor tamaño, y envases de alimentos más pequeños o precocinados.

- **Movilidad geográfica de la población.** Estamos en una época de importantes movimientos migratorios tanto a nivel nacional como entre los diferentes países. Las empresas están aprovechando el aumento de estos movimientos de población y vendiendo sus productos a estas personas. Los movimientos de población suelen ocurrir cuando la población rural emigra a zonas urbanas y más tarde a zonas del extrarradio. La situación geográfica despierta diferencias en las preferencias de productos y servicios.

2. ENTORNO ECONÓMICO

Los mercados no sólo necesitan personas, sino también poder adquisitivo. Depende de la renta, de los precios, de los ahorros, de la deuda y de las facilidades de crédito. Los intereses fundamentales de este entorno son:

- **Distribución de la renta.** La distribución de la renta y la estructura industrial varía mucho de un país a otro. Existen cuatro tipos de estructura industrial: economías de subsistencia (pocas oportunidades para las empresas); economías exportadoras de materias primas, con buenos mercados para maquinaria, herramientas, provisiones y artículos de lujo para los más adinerados; economías en vías de industrialización y economías industriales, que constituyen prósperos para todo tipo de artículos. Los profesionales del marketing clasifican los países en cinco tipos de patrones de distribución de la renta: 1) rentas muy bajas; 2) rentas mayoritariamente bajas; 3) rentas muy bajas y muy altas; 4) rentas muy bajas, medias y altas, y 5) rentas mayoritariamente medias.

Figura 2.3. Ranking de millonarios por país. Período 2010

PUESTO	PAÍS	N. MUTIMILLONARIOS
1	EEUU	403
2	INDIA	69
3	CHINA	64
4	RUSIA	62
5	ALEMANIA	53
6	GRAN BRETAÑA	29
7	TURQUÍA	29
8	HONG KONG	25
9	CANADÁ	24
10	JAPÓN	22

Fuente: Elaboración propia a partir de elpais.es (2011)

- **Ahorro, deuda y facilidades de crédito.** El gasto de los consumidores viene determinado por el ahorro, la deuda y las facilidades de crédito.

- **Externalización y libre comercio.** Un factor cada vez más importantes es la deslocalización de puestos de trabajo de servicios y de fabricación. Muchas empresas considera que la externalización es una necesidad competitiva, pero también una causa de desempleo para los trabajadores nacionales. Los ahorros son astronómicos: hay empresas que reducen sus costes por mano de obra entre un 20 % y un 70 % consiguiendo resultados de calidad similar. Más allá de los beneficios empresariales a corto plazo y del dolor de desemplear a trabajadores locales, hay que considerar la situación a largo plazo. Un asunto independiente del mercado laboral es el de los aranceles proteccionistas, sobre el que debaten insistentemente los defensores y los detractores del libe comercio.

3. ENTORNO SOCIOCULTURAL

La sociedad perfila creencias, valores y normas que definen en gran medida los gustos y preferencias de los individuos. Las personas absorben una visión del mundo que define su relación consigo mismas, con los demás, con las organizaciones, con la naturaleza y con el universo.

- Visión de uno mismo. Las personas difieren en la importancia relativa que conceden a su propia satisfacción.

- Visión de los demás. Algunos temas de preocupación generalizada son la gente sin hogar, la delincuencia y las víctimas, y muchos otros problemas de índole social.

- Visión de las organizaciones. Las personas presentan actitudes muy diversas respecto a las empresas, las agencias gubernamentales, los sindicatos y demás organizaciones.

- Visión de la sociedad. Las personas presentan diferentes actitudes hacia su sociedad. Hay algunos que la defienden (conservadores), otros la dirigen (dirigentes), existen quienes se aprovechan de ella todo lo posible (interesados), otros desean cambiarla (críticos), hay quienes buscan algo más profundo (comprometidos) y otros tratan de escapar de ella (evasores).

- Visión de la naturaleza. Existen diversas actitudes hacia la naturaleza. Algunos se sienten subyugados por ella, otros se sienten en armonía con el medio, e incluso hay quienes persiguen un mayor dominio del mundo natural.

- Visión del universo. Son diversas las creencias religiosas sobre el origen del universo y sobre la situación de las personas en él.

Los principales intereses del entorno sociocultural son los siguientes:

- **Persistencia de los valores culturales.** Las personas que viven en una misma sociedad comparten valores fundamentales que tienden a permanecer en el tiempo. Los valores fundamentales y las creencias pasan de padres a hijos y se refuerzan en las instituciones sociales (escuelas, iglesias y gobiernos). Los *valores secundarios* son más susceptibles al cambio. Las empresas tienen posibilidades de cambiar los valores secundarios, pero apenas pueden cambiar los valores fundamentales.

- **Existencia de subculturas.** Cada sociedad contiene subculturas, es decir, grupos con valores comunes que emergen de su experiencia o circunstancias pasadas, que comparten creencias, preferencias y conductas comunes. Los profesionales del marketing pueden dirigirse a determinadas subculturas como público objetivo si presentan deseos y patrones de consumo específicos y constituyen un segmento lo suficientemente atractivo para dirigir nuestra oferta hacia ellos. Un ejemplo de subcultura, sería la cultura gótica, si nos damos un paseo por la zona de la Calle Fuencarral en Madrid podremos observar como alrededor de la calle Colón se ubican un conjunto de tiendas góticas, se agrupan en una zona determinada porque van dirigidas a un segmento pequeño de la población pero lo suficientemente rentable.

- **Cambios progresivos en los valores culturales secundarios.** A pesar de que los valores fundamentales son bastante persistentes, sí se dan vaivenes culturales. En los años sesenta, los hippies, los Beatles, Elvis Presley y otros fenómenos culturales tuvieron un impacto muy importante en el peinado de las personas, su ropa, sus costumbres sexuales y sus objetivos en la vida. *Cambios progresivos como la incorporación del mujer al mundo laboral ha derivado en un descenso del tiempo disponible para hacer la compra, ahora los individuos priman la rapidez y el surtido, una de las razones por las que empresa como Mercadona han logrado el éxito. O la preocupación por la salud que ha ocasionado la aparición de una amplia gama de productos que nos ayudan a cuidarnos como las bebidas de té, el pan integral, con cereales, con soja, etc.*

4. ENTORNO NATURAL

El deterioro del medioambiente es una preocupación mundial. Existe una gran inquietud por los "gases de efecto invernadero" emitidos a la atmósfera como consecuencia de la combustión de combustibles fósiles, por la desaparición de la capa de ozono como consecuencia del uso de determinados productos químicos y por la escasez de agua. Los profesionales del marketing han de prestar atención a las amenazas y oportunidades vinculadas a cuatro tendencias naturales:

- **Escasez de materias primas.** Las materias primas de la tierra pueden clasificarse en infinitas, finitas renovables y finitas no renovables. Los recursos infinitos como el aire o el agua se están convirtiendo en un problema. La escasez de agua ya es un asunto político y no ausente de peligros. Los recursos finitos renovables, como los bosques o los alimentos, se deben utilizar con mesura. Los recursos finitos no renovables (petróleo, carbón, platino, zinc, plata) supondrán un problema muy serio cuando se vaya acercando el momento de su agotamiento. Las empresas que fabrican productos con materiales cada vez más escasos se enfrentarán a aumentos de costes considerables.

- **Aumento del coste de la energía.** Un recurso finito no renovable, el petróleo, ha generado problemas muy serios para la economía mundial. Las empresas están buscando medios prácticos para aprovechar la energía solar, nuclear, eólica, etc. Sólo en el ámbito de la energía solar, cientos de empresas ya han lanzado productos de primera generación para calentar hogares y otros usos.

- **Presión anticontaminación.** Determinadas actividades industriales deterioran, inevitablemente, el medioambiente. Su existencia condiciona a una búsqueda de modos alternativos para producir y envasar los productos.

5. ENTORNO TECNOLÓGICO

Uno de los factores más importantes que condiciona la vida de las personas es la tecnología. El crecimiento de la economía está unido al crecimiento tecnológico, y la economía avanza por el número constante de descubrimientos en esta área. Todas las nuevas tecnologías contribuyen a la "destrucción creativa". Los transistores perjudicaron a la industria del tubo vacío, los automóviles al ferrocarril y la televisión a los periódicos. Las empresas deben seguir de cerca las siguientes tendencias tecnológicas: el ritmo del cambio, las oportunidades de innovación, los cambiantes presupuestos de I+D y el aumento de la legislación.

6. ENTORNO POLÍTICO-LEGAL

Este entorno se compone de leyes, agencias gubernamentales y grupos de presión que influyen y limitan a las organizaciones y a los particulares, aunque en ocasiones también crean nuevas oportunidades para las empresas. Para todo ello, se siguen las siguientes tendencias:

- **Aumento de la legislación empresarial.** La legislación empresarial tiene tres objetivos: proteger a las empresas de una competencia desleal, proteger a los consumidores de prácticas comerciales injustas y proteger los intereses de la sociedad frente a los intereses meramente economistas.

- **Crecimiento de los grupos de presión.** Los comités de acción política presionan a los funcionarios públicos y a los ejecutivos para que presten más atención a los derechos de los consumidores, de las mujeres, de los jubilados, de las minorías y de los homosexuales. Numerosas empresas han creado un departamento de asuntos de interés público para tratar con estos grupos y sus reivindicaciones. Una de las fuerzas que más está afectando a las empresas son las **organizaciones de consumidores,** movimientos organizados de ciudadanos y gobiernos que persiguen reforzar el poder y los derechos de los compradores respecto a los vendedores. Estas organizaciones han reivindicado y logrado el derecho del consumidor de saber cuál es el verdadero coste de un préstamo, el auténtico coste unitario de las marcas, los ingredientes básicos de un producto, la calidad nutricional de los alimentos, la frescura de los productos y las verdaderas ventajas de los productos.

Caso práctico Capítulo 2

SELECT, MARCA PREMIUM DE BANCO SANTANDER CON PEDRO DE LA ROSA COMO PRESCRIPTOR

Banco Santander ha lanzado un nuevo modelo de negocio de banca personal dirigido a los clientes con patrimonio superior a 100.000 euros con el objetivo de aumentar su cuota de negocio en este segmento hasta el 15% en tres años, lo que supondría ampliar su base de clientes de los 214.000 actuales hasta más de 300.000.

El piloto de Fórmula 1 Pedro de la Rosa será en el embajador de la nueva marca y protagonista en el lanzamiento de la campaña publicitaria, que ahonda en el valor del compromiso y en la cercanía con el cliente de la estrategia "Queremos ser tu banco".

Santander Select será la marca para este segmento de clientes en España, Brasil, Reino Unido, México, Chile, Argentina y Portugal. La compañía estima que cuenta en estos países con 3,5 millones de clientes Select.

El mercado de clientes de alto y mediano poder adquisitivo en España es pequeño. Santander calcula que de 39 millones de personas que trabajan con los bancos en España, sólo un 6,7% cuenta con un patrimonio de entre 100.000 euros y un millón. Los clientes de banca privada sólo representan un 0,3% en número de usuarios. Ambos segmentos ascienden al 61% del total de recursos gestionados por el sector en España, alrededor de 830.000 millones.

Debido a la importancia de los volúmenes que maneja este segmento del mercado y al proceso de concentración del sector bancario, fundamentalmente de las cajas de ahorros, Santander ve una oportunidad para afianzarse y ganar presencia en este negocio. Sin embargo, desde la entidad destacan que no hay planes específicos de arrebatar clientes a ninguna entidad en concreto. No obstante, el banco ya es experto en aprovechar la actual coyuntura del mercado bancario español para ganar espacio a su competencia. El ejemplo más palpable este año ha sido su agresiva campaña de depósitos al 4%, lanzada en primavera. En un trimestre, la entidad captó 32.000 millones de euros y más de 100.000 clientes.

Según un comunicado de la entidad financiera, la nueva propuesta profundiza en el modelo del servicio integral al cliente, con nuevas ofertas de valor para mejorar el asesoramiento fiscal y financiero personalizado. Además, ampliará la gama de productos específicos y desarrollará otros servicios adicionales y ventajas no financieras para clientes Select.

El nuevo modelo de atención al cliente aprovecha la potencia de la red de sucursales y la completa con un equipo especializado de banca personal, con 350 profesionales repartidos por las oficinas con clientes Select. El banco reforzará, además, la atención al cliente en otros canales, con sitio web con contenidos y funcionalidades específicas para este segmento y una Superlínea Select diferenciada con servicio 24 horas.

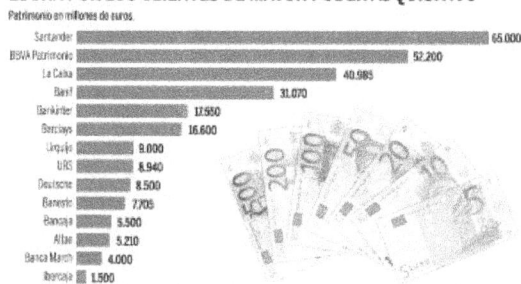

LUCHA POR LOS CLIENTES DE MAYOR PODER ADQUISITIVO
Patrimonio en millones de euros

Santander	65.000
BBVA Patrimonio	52.200
La Caixa	40.985
Banif	31.070
Bankinter	17.550
Barclays	16.600
Unicaja	9.000
UBS	8.940
Deutsche	8.500
Banesto	7.705
Bancaja	5.500
Altae	5.210
Banca March	4.000
Ibercaja	1.500

Fuente: Santander, según datos recogidos por Expansión, Capgemini y AEB.   Expansión

Santander, que invirtió en 2009 12 millones de euros en publicidad en el mercado español, lleva ligada a la Fórmula 1 desde 2007. Desde la temporada 2010, el banco es patrocinador oficial de Ferrari, que cuenta en sus filas con el piloto español Fernando Alonso y el brasileño Felipe Massa. Además este año ha conseguido entrar en el ranking de las <u>cien mejores marcas globales de Interbrand.</u>

PREGUNTAS:

1. Identifique el enfoque de gestión de marketing de Santander
2. ¿Cuál es el público objetivo al que se dirige Select?
3. ¿Cuál es el posicionamiento que pretende Santander con el lanzamiento de esta nueva línea de productos?
4. ¿Cuáles son los factores del macroentorno que influyen en la comercialización de este tipo de productos
5. ¿Qué canales de marketing utiliza la entidad?

Algunas preguntas de repaso…

1. Al acto de diseñar una oferta e imagen empresarial destinada a conseguir ocupar un lugar distinguible en la mente del público objetivo se le conoce con el nombre de_____…
   a. Diferenciación por medio de la imagen.
   b. Posicionamiento
   c. Diferenciación por medio del producto
   d. Diferenciación por medio de los servicios

2. Durante la promoción en la India del proyecto "Héroes" el actor Richard Gere besó en la mejilla a la actriz india Hilpa Shetty. Este acto causó un gran revuelo en el país. Esto se debe a la influencia del…
   a. Entorno legal
   b. Entorno sociocultural
   c. Entorno sociopolítico
   d. Entorno demográfico

3. El creciente interés por la ética empresarial es una consecuencia de:
   a. La rápida globalización
   b. Un nuevo orden del mundo
   c. El aumento de la responsabilidad social en los negocios
   d. El miedo a ser demandado

4. Las bases de datos…
   a. Generalmente son analizadas por los propios miembros de la empresa
   b. Pueden recoger datos de los productos, de los clientes y de los vendedores
   c. Son informes puntuales y precisos sobre las ventas del momento
   d. Recopilan información externa a la empresa

5. La empresa de caramelos balsámicos Ricola trata de satisfacer a los consumidores descubriendo nuevos sabores o propiedades balsámicas. ¿Qué tipo de enfoque define sus actividades de marketing?
   a. Enfoque de marketing
   b. Enfoque de producto
   c. Enfoque de marketing holístico
   d. Enfoque de producción

6. Si tuviera que definir qué es marketing, ¿Cuál de las siguientes afirmaciones rechazaría?
   a. El marketing es una forma de concebir la relación de intercambio entre dos o más partes
   b. El marketing es fundamentalmente publicidad
   c. El marketing es el conjunto de técnicas para ejecutar de una forma determinada la relación de intercambio entre dos o más partes
   d. El marketing se fundamenta en la satisfacción de las necesidades de los consumidores

7. Un sistema de información de marketing…
   a. Es lo mismo que un sistema de inteligencia de marketing
   b. Comprende un conjunto de procedimientos que registra información externa a la empresa
   c. Hace referencia a las bases de datos, ciclo pedido-factura-envío y sistemas de información de ventas
   d. Permite identificar los cambios del entorno a partir de datos internos y externos

8. El fenómeno Operación Triunfo ha generado grandes beneficios a las empresas dedicadas al merchandising de sus participantes, ahora parece que estos beneficios empiezan a descender. Esto se debe a que se trata de…
   a. Una moda pasajera
   b. Un tendencia
   c. Una moda
   d. Un supertendencia

9. Pero… la verdad, es que estaría dispuesta a pagar por aparecer en un escenario cantando ¿A qué tipo de intercambio hace referencia esto?
   a. Intercambio de experiencias
   b. Intercambio de personas
   c. Intercambio de acontecimientos
   d. Eso no es un intercambio

10. El tipo de mercado de clientes que compra bienes y servicios para continuar con su transformación es un:
    a. Mercado industrial
    b. Mercado de consumidores
    c. Mercado gubernamental
    d. Mercado de reventa

Capítulo 3.
Investigación de marketing y previsión de la demanda

3.1. El sistema de investigación de marketing

La investigación del mercado es tarea de los responsables de marketing porque es necesario que investiguemos el comportamiento de los consumidores y lo que les rodea. Esto determina el éxito de la empresa. Frecuentemente se nos acusa de depender en exceso de estas investigaciones, pero no podemos olvidar jamás que es fundamental para tener éxito en el lanzamiento de nuevos productos, obtener información sobre la satisfacción del consumidor, conocer el éxito de una campaña, etc.

La investigación de marketing consiste en el diseño, la recopilación, el análisis y el estudio sistemático de la información y de los datos relevantes del mercado para una situación específica a la que se enfrenta la empresa.

Las empresas pueden recurrir a diversas fuentes para obtener la información. Las grandes empresas suelen contar con sus propios departamentos de investigación de marketing que desempeñan funciones esenciales dentro de la organización. Las empresas pequeñas, suelen recurrir más a la creatividad y puesta en común e todos los trabajadores de la empresa y los propios clientes.

Las empresas de investigación de marketing a las que se puede recurrir para obtener esta información puedes ser de tres grupos:

- Empresas de investigación de marketing y distribución de estudios. Recopilan información sobre consumidores y comercios, que venden a cambio de una cuota.

- Empresas de investigación de marketing por encargo. Realizan proyectos específicos por encargo. Diseñan el desarrollo del proyecto y realizan un informe que entregan al cliente.

- Empresas de investigación de marketing especializadas. Prestan servicios de investigación especializados.

3.2. El proceso de investigación de marketing

Figura 3.1. El proceso de investigación de marketing

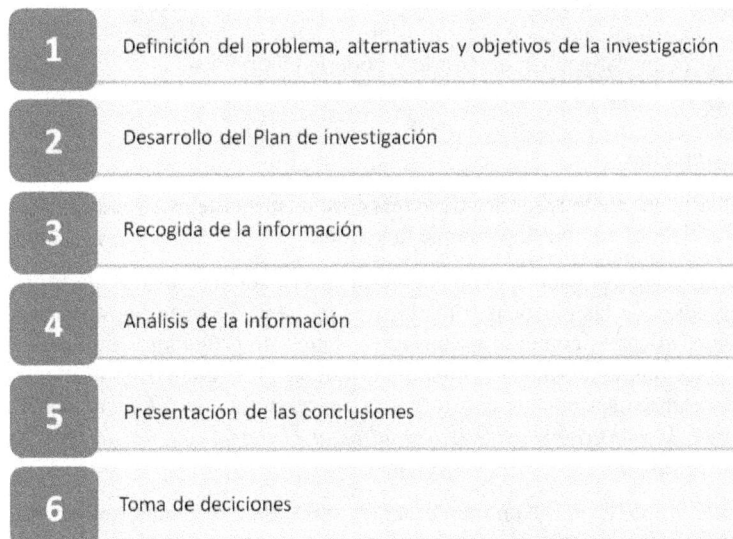

1	Definición del problema, alternativas y objetivos de la investigación
2	Desarrollo del Plan de investigación
3	Recogida de la información
4	Análisis de la información
5	Presentación de las conclusiones
6	Toma de deciciones

33

FASE 1. Definición del problema, de las alternativas de decisión y de los objetivos de la investigación

La dirección de marketing debe buscar el justo equilibrio entre una definición del problema demasiado extensa y una definición demasiado limitada (si se solicitara toda la información de un individuo sería innecesaria, tengo que considerar a cuantos individuos analizado, si a un grupo o a todos). Para ello, hay que definir claramente: los objetivos que se persiguen, lo que se va a hacer, los plazos y los costes que conlleva.

En relación con los objetivos tenemos que plantearnos cuál va a ser el fin último de nuestra investigación, pudiendo seleccionar una de estos tres objetivos:

- **Investigación exploratoria.** En este tipo de estudios se persigue reunir datos preliminares que arrojen luz sobre la verdadera naturaleza del problema, que aporten idea, posibles hipótesis a validar en futuras investigaciones.

- **Investigación descriptiva.** Persigue definir ciertas magnitudes, generalmente de carácter económica. Correspondería con un análisis del mercado.

- **Investigación causal.** El objetivo de este tipo de investigación es establecer relaciones causa-efecto.

FASE 2. Desarrollo del plan de investigación

La segunda fase de la investigación de marketing consiste en desarrollar el plan más eficaz para recopilar la información necesaria.

1. Fuentes de información

Se puede utilizar información secundaria, información primaria o ambas. La fuente de información secundaria es información que se ha recogido para cualquier otro propósito y que ya existe (*Estadísticas gubernamentales, directorios sobre mercados, países, bancos, webs corporativas anuarios económicos, etc.).* Los investigadores deben comenzar revisando la información secundaria para ver si el problema se puede resolver parcial o totalmente sin necesidad de acudir a las costosas fuentes de información primaria. Por tanto, la información secundaria constituye un punto de partida para la investigación, tiene la ventaja de ser barata y de estar disponible al instante, y no tiene ningún sentido iniciar una investigación de mercados si la información ya ha sido recopilada anteriormente.

La información primaria es información original que se recaba con un fin específico o para un proyecto de investigación concreto. Cuando la información necesaria no existe, es obsoleta, incompleta o poco fiable, el investigador tiene que construir su propia información, es decir, recabar información primaria. El procedimiento habitual es entrevistar a determinadas personas de forma individual o en grupo para hacerse una idea de cuál es la sensación general sobre el tema en cuestión y, a continuación, desarrollar un instrumento formal de investigación, depurarlo y ponerlo en práctica.

2. Métodos de investigación

La información primaria se puede recopilar de varias formas principales. A continuación se exponen los cinco métodos más utilizados en investigación de mercados:

- **Observación.** El investigador puede encontrar información relevante de primera mano a través de la observación de las personas y los lugares idóneos. Se puede observar a los consumidores, discretamente, mientras compran o consumen. Otros investigadores ofrecen a los consumidores materiales para que escriban ellos mismos lo que están haciendo en el momento en que se les pregunte o celebren sesiones más informales en cafeterías, etc. *Recuento de automóviles en el aparcamiento de una gran superficie, contabilizar el tiempo que tarda un cliente es escoger un producto determinado.*

- Dinámicas de grupo. Consiste en reunir a entre seis y diez personas, seleccionadas en función de determinadas características psicográficas o demográficas, y discutir en detalle diversos temas de interés. El moderador, un investigador plantea una serie de preguntas estímulo, según una guía o un orden del día preparados de antemano por los directores de marketing para cerciorarse de que se cubren todos los temas relevantes.

- Encuestas. Las empresas realizan encuestas para conocer qué saben, creen y prefieren los consumidores, así como para descubrir qué les satisface y para extrapolar los descubrimientos a la totalidad de la población. Es el método más aplicado por los directores comerciales por su eficacia, sus costes y su capacidad para establecer relaciones causa-efecto.

- Análisis de los datos de comportamiento. Los consumidores dejan el rastro de sus compras en las cajas registradoras de los supermercados, en las compras por catálogo y en las bases de datos de clientes. El análisis de esta información puede ser muy útil. Suelen ofrecer conclusiones más fiables que las que arrojan los estudios de mercado porque los consumidores pueden preferir una marca y, sin embargo, el análisis de su comportamiento mostrar que en realidad compran otra.

- Investigación experimental. Es el método de investigación de mayor validez científica. El propósito de la investigación experimental es descubrir las relaciones causa-efecto, eliminando otras hipótesis que puedan explicar los resultados. Sus resultados son plenamente fiables.

3. Instrumentos de investigación

En relación con los métodos expuestos anteriormente pasamos a mencionar los tres entre tres instrumentos de investigación para recopilar información primaria más utilizada en esta materia.

- Cuestionarios. Es un conjunto de preguntas que se presenta a los encuestados para obtener una respuesta. Como se trata de un instrumento flexible, los cuestionarios son, el instrumento más común para recoger información primaria. Se han de elaborar, probar y depurar cuidadosamente antes de utilizarlos a gran escala. El investigador ha de seleccionar cuidadosamente la pregunta, el modo de plantearla, las palabras y su secuencia. Los investigadores de marketing diferencian entre preguntas abiertas y preguntas cerradas. Las preguntas cerradas especifican todas las respuestas posibles y son sencillas de interpretar y tabular. Las preguntas abiertas permiten a los entrevistados responder con sus propias palabras y suelen revelar más información sobre lo que piensan los consumidores.

- Mediciones cualitativas. Las técnicas de investigación cualitativa son métodos relativamente desestructurados que permiten un amplio abanico de respuestas posibles. Las técnicas de investigación cualitativa ·son una forma creativa de determinar las percepciones de los consumidores que son difíciles de detectar con otros métodos. La variedad de técnicas cualitativas solo está limitada por la creatividad del investigador.

- Instrumentos mecánicos. En ocasiones se utilizan instrumentos mecánicos para la investigación de marketing.

    o Galvanómetros. Pueden medir el interés o las emociones que despierta la exposición a un anuncio concreto o a una imagen.

    o Taquitoscopio. Proyecta un anuncio a un sujeto con un intervalo de exposición que puede oscilar entre menos de una centésima de segundo y varios segundos.

    o Cámaras oculares. Estudian el movimiento de ojos del sujeto para ver en qué se fija primero el sujeto, cuánto tiempo observa cada elemento, etc.

    o Sensores de piel o máquina de escáner cerebral, para medir las respuestas de los consumidores.

    o Medidores de audiencia. En las televisiones de los hogares participantes para ver qué canales ven y a qué horas.

4. Plan de muestreo

El investigador ha de diseñar un plan de muestreo, para lo que se necesita tomar tres decisiones.

- Unidad de muestreo. El investigador debe definir el público objetivo, es decir, determinar las personas que serán investigadas. Una vez definida la unidad de muestreo se ha de decidir la estructura de la misma, es decir, la forma de proporcionar a cada una de las posibles personas de la muestra las mismas posibilidades o unas posibilidades específicas de ser elegidas.

- Tamaño de la muestra. Las muestras de gran tamaño ofrecen resultados más fiables que las pequeñas. No obstante, no es necesario entrevistar a todo el público objetivo, ni a una parte sustancial. Generalmente con un error muestral menor al 5% en mercado de los consumidores los resultados ya podrían ser generalizables.

- Procedimiento de muestreo. Es necesario seleccionar una muestra probabilística de la población. Permite un margen de error, de modo que se podría concluir una vez terminado el muestreo. Cuando la aplicación del muestreo probabilístico supone demasiado coste o demasiado tiempo, los investigadores de marketing desarrollan un muestreo no probabilístico, que puede ser de conveniencia, de juicio o por cuotas.

5. Métodos de contacto

El investigador debe decidir cómo ponerse en contacto con los sujetos. Para el caso de las encuestas, método de investigación de mayor utilización en análisis de mercados los métodos de contacto pueden ser cuatro:

- Cuestionario por correo. Es la mejor forma de llegar hasta aquellos que no conceden entrevistas personales o cuyas respuestas podrían verse influidas o distorsionadas por los entrevistadores. Requieren que las preguntas se formulen de forma sencilla y clara.

- Entrevista telefónica. Es el mejor método para recoger información rápidamente, y ofrece la ventaja de que el entrevistador puede aclarar las preguntas si el sujeto no las entiende. La tasa de respuesta suele ser más alta que en el caso de los cuestionarios por correo. Cada vez resulta más difícil realizar entrevistas telefónicas por la creciente antipatía que sienten los consumidores ante las empresas que les interrumpen en sus hogares.

- Entrevista personal. Este método es el más versátil, puesto que el entrevistador puede hacer más preguntas y apuntar observaciones adicionales sobre el entrevistado, como por ejemplo lenguaje corporal. También se trata del método más caro y exige más planificación y supervisión administrativa que los otros tres métodos. Las entrevistas personales pueden adoptar dos formas. En el caso de entrevistas concertadas, el entrevistador concierta una cita con el sujeto y suele ofrecerle un pequeño incentivo económico. En las entrevistas por sorpresa el entrevistador ha de abordar a personas en un centro comercial o en una calle transitada y pedirles permiso para hacerles una entrevista.

- Entrevista online. Una empresa puede incluir un cuestionario en su página web y ofrecer un incentivo para responder al cuestionario, o puede colgar un banner de un sitio que reciba muchas visitas. Una empresa puede aprender mucho de los consumidores que visitan su página web siguiendo el rastro de los clics que hacen en las páginas web y de cuando las abandonan. La prueba de productos online también está creciendo y ofreciendo mucha más información que las técnicas de investigación de marketing tradicional que se utilizaban para desarrollar nuevos productos. Es un sistema que se encuentra en constante evolución, y su crecimiento es mayor. Es un método barato, rápido, que otorga mayor sinceridad y versatilidad, por lo que sus muestras son más reducidas, sesgadas, inconsistencias y evitan los problemas tecnológicos.

FASE 3. Recogida de la información

Suele ser la más cara y la más susceptible de errores. En el caso de las encuestas pueden surgir cuatro problemas: algunos sujetos pueden no estar en casa y se debe volver a intentarlo de nuevo, o sustituirlo por otros; pueden negarse a colaborar; pueden ofrecer respuestas parciales o poco sinceras; o los propios investigadores podrían influir o sesgar las respuestas. Para superar estas dificultades inherentes al proceso de recogida es básico seleccionar adecua mente a los individuos que formarán parte de nuestra muestra.

FASE 4. Análisis de la información

Consiste en extraer conclusiones a partir de la información recogida. El investigador tabula los datos, desarrolla tablas de distribución de frecuencias y extrae medias y medidas de dispersión de las variables más significativas. Posteriormente intentará aplicar algunas de las técnicas estadísticas más avanzadas y modelos de decisión, con la esperanza de descubrir información adicional.

FASE 5. Presentación de conclusiones

Consiste en presentar las conclusiones. Debería seleccionar aquellas que sean relevantes a la decisión de marketing a la que se enfrenta la dirección de la empresa.

Figura 3.2. Estructura del informe de investigación

ESTRUCTURA INFORME	PÁGINA TÍTULO	INVESTIGACIONES ANTERIORES
	TABLA CONTENIDOS	MÉTODO DE INVESTIGACIÓN
	PREFACIO	RESUTADOS INVESTIGACIÓN
	INVESTIGACIONES ANTERIORES	CONCLUSIONES / APÉNDICES

FASE 6. Toma de decisiones

Los directivos que han encargado el estudio tienen que sopesar las conclusiones. Podrían incluso, decidir estudiar más la situación y extender la investigación. Un número cada vez mayor de empresas está utilizando sistemas de apoyo a las decisiones de marketing para ayudar a sus ejecutivos a tomar decisiones más sabias. Se definen como conjuntos coordinados de información, sistemas, herramientas y técnicas que, junto con sistemas informáticos, contribuyen a que la empresa recopile e interprete la información relevante del negocio y del entorno y la convierta en un fundamento para las decisiones de marketing.

¿Cuáles son los principales obstáculos en la aplicación de encuestas?

Concepción limitada de la investigación. Muchos directores consideran la investigación de marketing como una mera operación de recogida de datos.

Concepción equivocada de los investigadores. Determinados directivos consideran que la investigación de marketing no es más que una actividad prácticamente administrativa y así la tratan.

Encuadre erróneo del problema. En el famoso ejemplo de Coca-Cola y el lanzamiento de "New Coke" realizado tras estudios exhaustivos de mercado, se comprobó que el fracaso en el lanzamiento se debió a que el problema de investigación no se encuadró correctamente desde el punto de vista del marketing.

Conclusiones tardías y, en ocasiones, erróneas: los directivos quieren resultados precisos y concluyentes, y además los quieren de un día para otro.

Diferentes personalidades y estilos de presentación: las diferencias entre los directores de productos y los investigadores suelen minar las relaciones entre ellos.

3.3. Cómo calcular la productividad de marketing

Una función importante de la investigación de marketing es calcular la eficacia y la eficiencia de las actividades de markcting. Dado que los costes de marketing ya son elevados de por sí y que no paran de aumentar, los altos ejecutivos están hartos de presenciar lo que consideran un "marketing derrochador".

Existen dos aproximaciones complementarias para medir la productividad de marketing: 1) Definir parámetros para valorar los efectos del marketing y 2) Definir modelos de marketing para identificar relaciones causales y estudiar cómo influyen las acciones de marketing en los resultados finales.

1. PARÁMETROS DE MARKETING

Los parámetros de marketing son el conjunto de unidades de medida que utilizan las empresas para cuantificar, comparar e interpretar los resultados de marketing. Resultan útiles tanto para los directores de marca, que los emplean a la hora de diseñar programas de marketing, como para la alta dirección, que recurre a ellos para decidir las asignaciones financieras. Los profesionales del marketing pueden justificar mejor el valor de las inversiones en marketing ante la alta dirección cuando son capaces de calcular en dinero la contribución del marketing a los resultados de la empresa.

Numerosos parámetros de marketing están relacionados con los consumidores, como por ejemplo sus actitudes y su conducta, aunque otros tienen que ver con la marca, como la cuota de mercado, el precio o la rentabilidad. En el siguiente cuadro se detallan algunos ejemplos de parámetros de marketing.

Figura 3.3. Ejemplo de algunos parámetros para medir productividad de marketing

ALGUNOS PARÁMETROS (U consumidor – marca)

NOTORIEDAD de MARCA	Nº RECLAMACIONES	CTO OBJETIVOS	DOTACIÓN PERSONAL
CUOTA de MERCADO	SATISFACCIÓN CLIENTES	COMPROMISO OBJTVS	DESEO APRENDER
Nº CLIENTES	DISTRIBUCIÓN/DISPONIB	APOYO ACTIVO I + D	DISPOSICIÓN CAMBIO
FIDELIDAD/RETENCIÓN	CALIDAD PERCIBIDA	NIVEL RECURSOS ÓPTIMO	AUTONOMÍA

Las empresas también utilizan procesos y sistemas organizativos para asegurarse de maximizar el valor de todos estos parámetros, nombrando encargados de control de la gestión de marketing (controllers) para que revisen las partidas de los presupuestos y gastos de marketing. Estas personas utilizan los programas informáticos de inteligencia de negocio para crear versiones digitales de esos tableros y agregar información de fuentes externas e internas inconexas.

2. SEGUIMIENTO DE LOS RESULTADOS DEL PLAN DE MARKETING

A. Análisis de ventas

El análisis de ventas consiste en calcular la relación de las ventas totales respecto a los objetivos. Para ello se utilizan os herramientas específicas.

- El análisis de la variación de ventas que mide la contribución relativa de diferentes factores a la desviación de los resultados finales de ventas respecto a la cifra presupuestada. Si nos desviamos más de dos tercios de la desviación no se ha logrado el volumen de ventas previsto. En este caso, la empresa debe prestar atención a las razones que le han impedido lograr el volumen de ventas previsto y corregir la situación (*¿Si bajo el precio vendo más?*).

- El análisis de microventas que estudia el efecto de las políticas de marketing en productos, territorios, etc. específicos que no han conseguido generar las ventas esperadas (*¿Si bajo el precio en Andalucía vendo más? ¿Y en Castilla León? ¿Y en Murcia? ¿Obtengo valores diferentes en el análisis de microventas? Si es así debo analizar a que se debe si a la competencia, a la economía, a los hábitos d los consumidores, etc.*).

B. Análisis de la cuota de mercado

El análisis de ventas es necesario pero no nos revela la eficacia de nuestro plan de marketing respecto a los competidores. Para conseguir esta información es realizar un análisis de la cuota de mercado, que puede calcular de tres formas:

- Cuota de mercado total. El porcentaje de ventas torales del mercado.

- Cuota del mercado servido de una empresa. El porcentaje de ventas totales de mercado servido, es decir, el total de personas dispuestas a comprar nuestro producto.

- Cuota de mercado relativa. El porcentaje de ventas totales respecto al consumidor. Una cuota de mercado relativa del 100 % exactamente supone que nuestra empresa ocupa el liderazgo junto con el competidor, una cuota de mercado relativa igual al 100% significa que somos colíderes, y menor al 100% que somos empresas retadoras.

Figura 3.4. Ejemplo de análisis de la cuota en el caso de la venta de entradas de un concierto

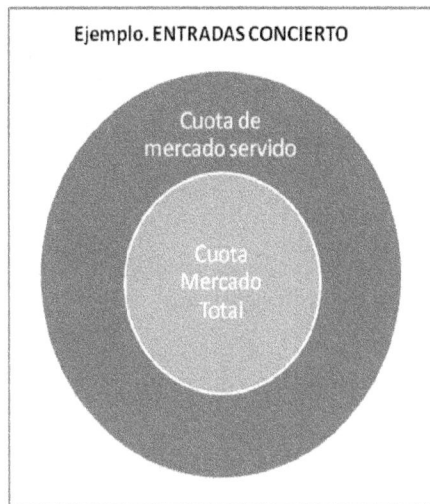

Ejemplo. ENTRADAS CONCIERTO

Cuota de mercado servido

Cuota Mercado Total

El análisis de la cuota de mercado también es útil porque nos permite calcular otros indicadores que ayuda a medir la productividad de nuestras actividades:

- Penetración en clientes: porcentaje de todos los clientes que compran alguna vez al año a la empresa.

- Fidelidad de clientes: cociente entre el número de compras realizadas por los clientes a la empresa, y el número de compras totales realizadas a todos los posibles proveedores del mismo producto.

- Selectividad de los clientes: volumen de la compra de los clientes medios expresado como porcentaje del volumen de la compra media del sector.

- Selectividad del precio: precio medio que cobra la empresa expresado como porcentaje del precio medio del sector.

Respecto a este tipo de análisis debemos hacer unas precisiones, la disminución de la cuota de mercado no necesariamente significa que lo estemos haciendo mal. Tenemos que revisar factores que pueden estar desencadenando esta situación como que las fuerzas del macroentorno no afecten de la misma mantera a todas las empresas, que se disminuya la cuota de mercado para aumentar los beneficios totales (abandonando a los clientes menos rentables), o que una nueva empresa se adentre en el mercado disminuyendo la cuota de mercado de todos los competidores.

C. Análisis de ventas en relación con el esfuerzo de marketing

Es necesario cerciorarse de que la empresa no está gastando demasiado para conseguir sus objetivos de ventas. Por lo que es fundamental controlar el ratio relativo a los gastos de marketing en relación con las ventas. La dirección ha de controlar estas proposiciones del esfuerzo de marketing y, cuando las fluctuaciones sobrepasen los límites normales, debe tomar medidas. Estas fluctuaciones podemos controlarlas a través de gráficos de control.

Figura 3.5. Ejemplo de un gráfico de control

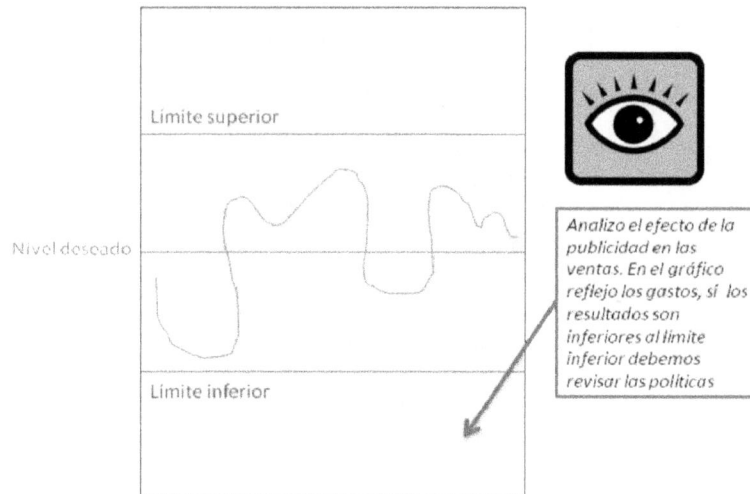

Límite superior

Nivel deseado

Límite inferior

Analizo el efecto de la publicidad en las ventas. En el gráfico reflejo los gastos, sí los resultados son inferiores al límite inferior debemos revisar las políticas

D. Análisis financiero

Este tipo de análisis, cada vez utilizado, evalúa que proporción esfuerzo de marketing/ventas se debería analizar en cualquier estructura financiera para determinar cómo y dónde consigue dinero la empresa, a través de ratios como la inversión total o el apalancamiento financiero.

3. ANÁLISIS DE RENTABILIDAD

Las empresas deberían calcular a rentabilidad de sus distintos productos, territorios, grupos de clientes, segmentos, canales comerciales y volumen de pedidos. Esta información puede ayudar a la dirección a determinar si se debería expandir, reducir o eliminar algún producto o alguna actividad de marketing. Los resultados pueden ser sorprendentes.

A. Análisis de la rentabilidad de marketing

Fase 1. Identificación de los gastos por función.

Fase 2. Reparto de los gastos funcionales entre las unidades de marketing.

Fase 3. Preparación de una cuenta de pérdidas y ganancias por unidad de marketing.

B. Decisión de medidas correctoras

Generalmente, el análisis de rentabilidad de marketing indica la rentabilidad relativa de los diferentes canales, productos, territorios y demás entidades de marketing. No está comprobado que la mejor opción sea abandonar las entidades no rentables, ni tampoco refleja la mejora potencial de beneficios que podría suponer el abandono de los canales de marketing marginales.

C. Creación de modelos de marketing mix

Los modelos de marketing mix analizan información de una serie de fuentes, como la información recogida por escáner en el punto de venta, información de envíos, precios, datos de inversión en medios de comunicación y promociones, etc., con el fin de comprender más acertadamente los efectos de las diferentes actividades de marketing.

D. Costes indirectos versus costes totales

Al igual que todas las herramientas de información, el análisis de rentabilidad de marketing puede orientar o desorientar a los ejecutivos, según el grado de conocimiento que tengan de estos métodos y de sus limitaciones. La cuestión es si, para evaluar los resultados de una unidad de marketing, se deben distribuir todos los costes o sólo los costes directos de fácil imputación.

- Costes directos: se trata de costes que se pueden asignar directamente a las unidades de marketing correspondientes. En un análisis de rentabilidad por territorios de venta, vendedores o clientes, las comisiones de los vendedores son un coste directo. Los costes de publicidad también lo son en un análisis de rentabilidad por producto, en el sentido de que cada anuncio promociona un solo producto de la empresa.

- Costes generales de fácil imputación: se refiere a costes que sólo se pueden asignar a las unidades de marketing de forma indirecta, pero sobre bases plausibles.

- Costes generales de difícil imputación: se trata de costes comunes cuya imputación a las unidades de marketing es bastante arbitraria. Por ejemplo, repartir los costes de "imagen de la empresa" por igual a todos los productos sería arbitrario, porque no todos los productos se benefician de la imagen corporativa de la misma manera.

3.4. Previsión de la demanda

Una de las principales razones para emprender una investigación de marketing es identificar las oportunidades de mercado. Una vez que la investigación se ha completado, la empresa debe calcular y prever el tamaño, el crecimiento y el potencial de beneficios de cada oportunidad. La estimación de la demanda es útil para el departamento financiero, que requiere esta información para identificar las necesidades de liquidez que se requieren para la inversión y las actividades corrientes; para el departamento de producción, que determina la capacidad y los niveles de fabricación; el departamento de compras, que adquiere las materias primas necesarias; y para el departamento de recursos humanos, que contrata a los trabajadores que sean necesarios. Si las previsiones resultan erróneas, la empresa se puede encontrar con un exceso de capacidad o con un inventario insuficiente.

A. LOS PARÁMETROS DE LA DEMANDA DE MERCADO.

Las empresas pueden estimar hasta 90 tipos de cálculos de demanda diferentes *(puedo medir la demanda para un tipo de producto determinado en España a corto plazo o la demanda de todos los productos de la empresa en todo el mundo a medio plazo).*

La demanda se puede medir en relación a tres niveles:

Nivel	Mediciones
Producto **(6 niveles)**	Total de ventas
	Ventas de industria
	Ventas de empresa
	Línea de productos
	Forma de productos
	Clase de productos
Espacio **(5 niveles)**	Mundo
	País
	Región
	Territorio
	Cliente
Tiempo **(3 niveles)**	Corto plazo
	Medio plazo
	Largo plazo

41

A partir de estas mediciones podemos desglosar el mercado en cuatro tipos de mercados:

- Mercado potencial. El conjunto de consumidores que presentan un nivel de interés suficientemente elevado por la oferta de mercado. *Individuo menor de edad que quiere conducir.*

- Mercado disponible. El conjunto de consumidores que tienen interés por una oferta, que cuentan con los ingresos necesarios para adquirirla y que disponen de acceso a la misma. *Individuo mayor de 18 años con carnet de conducir y suficiente para comprarse un coche.*

- Mercado objetivo. La proporción del mercado cualificado a la que la empresa decide atender. *Individuos que quieren adquirir un coche con un estilo y características determinadas, y hacia el que dirijo mi oferta.*

- Mercado penetrado. El conjunto de consumidores que adquieren el producto de la empresa. *Los individuos que compran mi coche.*

B. TERMINOLOGÍA PARA EL CÁLCULO DE LA DEMANDA

Es necesario acuñar una serie de términos que se suelen utilizar en la empresa para designar el cálculo de la demanda.

Demanda de mercado

La demanda del mercado para un producto es el volumen total susceptible de ser adquirido por un grupo de consumidores definido en un territorio determinado, durante un periodo de tiempo establecido, en un entorno de marketing concreto y bajo un programa de marketing específico. La demanda de mercado no es un número fijo, sino más bien una función de las condiciones variables mencionadas. Por esta razón se la puede llamar función de demanda del mercado.

Existe un nivel de ventas (denominado mínimo de mercado) que podría obtenerse sin necesidad de estimular la demanda mediante gastos de comunicación. A partir de cierto nivel de gastos en actividades de marketing, el nivel de demanda no puede incrementarse más, lo que significa que existe un límite superior que no puede sobrepasarse y que se conoce como potencial de mercado. La distancia entre el mínimo de mercado y el potencial de mercado muestra el intervalo de sensibilidad de la demanda ante las actividades de marketing. Conviene comparar el nivel real de demanda de mercado con el nivel potencial de demanda. El resultado se denomina índice de penetración de mercado. Si éste es bajo, significa que existe un potencial de crecimiento considerable para todas las empresas. Si por el contrario es alto, significa que se deberían dirigir sus esfuerzos a atraer a los pocos clientes potenciales que quedan.

Las empresas también deberían comparar su cuota de mercado real con su cuota de mercado potencial. El resultado de esta comparación se denomina índice de penetración de la compañía. Si éste es bajo, significa que la empresa puede aumentar su cuota de mercado considerablemente.

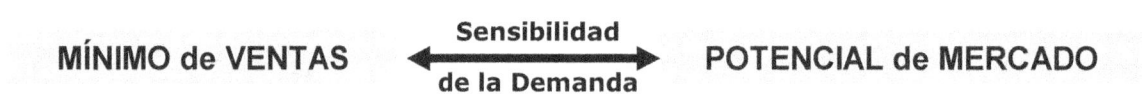

MÍNIMO de VENTAS ⬅ **Sensibilidad de la Demanda** ➡ **POTENCIAL de MERCADO**

Estimación de mercado

En un momento dado sólo puede existir un nivel de gasto en actividades de marketing dentro de cada sector. La demanda de mercado correspondiente a este nivel se denomina estimación de mercado.

Potencial de mercado

El potencial de mercado es el límite al cual se aproxima la demanda del mercado cuando los gastos de marketing del sector tienden a infinito, en un determinado entorno de marketing.

Demanda de la empresa

La demanda de la empresa es la proporción de la demanda de mercado que corresponde a la empresa para los diferentes niveles de esfuerzo de marketing en un periodo determinado. Depende de la percepción de los productos, servicios, precios, mensajes, etc. de la empresa respecto a los de la competencia.

Previsión de ventas de la empresa

A previsión de ventas de la empresa es el nivel de ventas previsto de acuerdo con un plan de marketing y en un entorno de marketing determinado.

Potencial de ventas de la empresa

El potencial de ventas de la empresa es el límite de ventas al que puede aproximarse la demanda de la empresa a medida que aumentan sus esfuerzos de marketing con respecto a los de los competidores.

C. CÁLCULO DE LA DEMANDA ACTUAL

¿Cómo calculo el potencial total del mercado?

Existen dos métodos para calcular el potencial total del mercado:

- Método 1: Calcular el número de compradores potenciales (es muy difícil de calcular), y multiplicarlo por la cantidad media de adquisiciones por comprador y por el precio. *Potencial del mercado editorial= 100 millones de personas compran libros cada año * 3 veces al año * 20 euros de media por libro = 6.000 millones de euros.*

- Método 2: Método de proporciones en cadena. Consiste en multiplicar un número base por una serie de porcentajes. *Potencial del mercado de barritas de cereales = Población total * % Renta per capita * % Gasto en alimentación * % Gasto en snack * etc.*

¿Cómo calculo el potencial del mercado por zonas?

Existen dos métodos fundamentales para el cálculo de la demanda en las diferentes ciudades, países o regiones en función del tipo de mercado en el que operemos:

- En el mercado industrial: Método de construcción del mercado. Consiste en identificar el total de compradores de cada mercado y en calcular sus posibles compras. Este método arroja resultados precisos siempre que se utiliza una lista de todos los compradores potenciales y un cálculo certero de qué adquirirá cada uno. Desafortunadamente, no siempre es fácil de conseguir esta información.

- En el mercado de consumidores: Método del índice multifactorial. Las empresas de consumo también tienen que calcular el potencial de mercado de diferentes zonas geográficas, pero como sus clientes son demasiado numerosos no existen listados. El método más extendido es un sencillo método de índices.

¿Cómo calculo el volumen de ventas y la cuota de mercado por sector?

Una empresa necesita conocer el volumen de ventas total que se produce en su mercado. Esto significa identificar a los competidores y calcular sus ventas. Las confederaciones empresariales suelen reunir y publicar datos referentes al total de las ventas de su sector, aunque no suelen desglosarlos por empresas. Cada empresa puede comprar sus resultados con los de la totalidad del sector. Generalmente, el cálculo de las ventas por sector y de las cuotas de mercado es más complicado para las empresas de bienes industriales.

D. CÁLCULO DE LA DEMANDA FUTURA

Muy pocos productos o servicios son sencillos de predecir. Las previsiones sencillas se refieren, generalmente, a productos cuya evolución de las ventas es más o menos constante o que carecen de competidores (servicios públicos) o cuyos competidores son estables (oligopolios puros). Cuanto más inestable es la demanda, más importante es la precisión de las previsiones y más complicada es la técnica de previsión.

Las empresas suelen utilizar un proceso de tres fases para preparar una previsión de ventas: la previsión macroeconómica, la previsión sectorial y la previsión de ventas de la empresa.

Figura 3.6. Fases de la previsión de la demanda futura

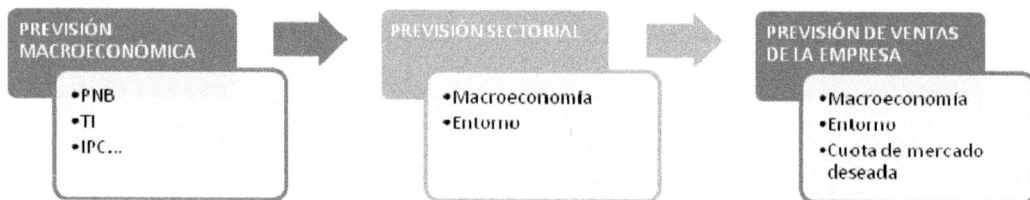

Todas las previsiones se desarrollan a partir de las tres fuentes de información existentes:

- Lo que la gente dice. Consiste en recopilar opiniones de compradores o de personas cercanas a ellos como vendedores o expertos.

- Lo que la gente hace. Colocar el producto en un mercado de prueba para medir la respuesta.

- Lo que la gente ha hecho. Analizar los registros de conductas de compra pasadas o en utilizar análisis históricos de ventas o análisis estadísticos de demanda.

Análisis de intención de los compradores

Dado que la conducta de los compradores es tan importante, se les debería preguntar a ellos. En el caso de los bienes de consumo duraderos, existen diversas organizaciones que realizan encuestas periódicas de intención de compra. En el caso de la compra empresarial, las organizaciones dedicadas a la investigación pueden realizar encuestas de intención de compra material de fabricación, de plantas de producción o materiales. Sus cálculos suelen presentar un margen de error del 10 % respecto a los resultados reales. Este tipo de encuestas son especialmente útiles para calcular la demanda de productos industriales, bienes de consumo duraderos compras de productos para los que se necesita planificación previa.

Opinión de la fuerza de ventas

La empresa puede pedir a sus vendedores que calculen las ventas futuras. Cada vendedor calcula cuánto comprarán los clientes reales y los potenciales. A continuación, se detallan las ventajas y las desventajas de ese método.

¿Debo preguntarle a la fuerza de ventas sobre su previsión de demanda futura?	
Ventajas	**Desventajas**
Conocen tendencias sector	Pesimismo/optimismo
Aumenta la confianza en cuotas de ventas y su consecución.	No al tanto de tendencias de marketing o acontecimientos económicos
Resultados detallados y desglosados por territorio, cliente, productos, vendedor.	No conocen las influencias de los factores del macroentorno o marketing

Opinión de los expertos

Las empresas también pueden obtener previsiones de expertos como intermediarios, distribuidores, proveedores, consultores de marketing y asociaciones comerciales. Las previsiones de los representantes están sujetas a las mismas ventajas y desventajas que la fuerza de ventas. En ocasiones, las empresas pueden invitar a un grupo de expertos para que preparen una previsión de ventas. Los expertos intercambian opiniones y producen una previsión en grupo.

Análisis histórico de ventas

Las previsiones de ventas se pueden elaborar a partir de ventas pasadas.

- Análisis de series temporales. Desglosar el histórico de ventas en cuatro elementos (tendencia, ciclo, estacionalidad y errores aleatorios)

- Alisado exponencial. Proyectar las ventas del siguiente periodo a través de la combinación de una media de ventas pasadas y de las más recientes, ponderando más estas últimas.

- Análisis estadístico de la demanda. Medir el impacto de una serie de factores causales sobre el nivel de ventas (por ejemplo, renta, inversión en marketing, precio, etc.). El análisis econométrico consiste en crear conjuntos de ecuaciones que describen un sistema con el fin de ajustar estadísticamente los parámetros.

Prueba de mercado

Cuando los compradores no planifican cuidadosamente sus compras, no hay expertos disponibles para las previsiones, o éstos no son fiables, es recomendable que la empresa realice una prueba de mercado. Es decir facilitar al consumidor el prototipo del producto final y ver cómo reacciona. Las pruebas de mercado directas son especialmente recomendables para prever las ventas de productos nuevos o de productos consolidados a través de un canal de distribución nuevo o en un nuevo mercado geográfico. *Por ejemplo, proyecciones de cine antes de la comercialización de la película o cuando nos regalan pruebas de productos nuevos.*

Caso práctico Capítulo 3

CONSUMO Y CONOCIMIENTO DE LAS BEBIDAS ENERGÉTICAS POR PARTE DE LOS JÓVENES ESPAÑOLES

Las bebidas energéticas se han vuelto muy populares entre los jóvenes. Pero, ¿saben los jóvenes los efectos de las mismas cuando son consumidas en exceso, o mezcladas con alcohol?

Las bebidas energéticas son sustancias cuya característica principal es su alto contenido energético, ya que contienen taurina, cafeína, vitaminas B2, B6, C y minerales entre otros. Son conocidas como "smart drinks" o "bebidas inteligentes", y nacieron hace más de diez años, a raíz de las investigaciones de los científicos Duck Pearson y Sandy Show (pioneros en retrasar el envejecimiento a través de sustancias químicas).

El pionero en la comercialización de estas bebidas fue un austriaco llamado Dietrich Mateschitz, quien lanzó la marca "Red Bull" al mercado, siendo actualmente su cuota de mercado del 49%. Otras marcas que se consumen son: Pitt Bull, Boost, Blue Shoot, etc.

Estas bebidas reciben tratamientos muy dispare según el país del que hablemos, así en México las bebidas energéticas se han convertido en un fenómeno conocido como "energético". Pueden ser adquiridas en cualquier supermercado o tienda de conveniencia, mientras que algunos países las han catalogado como fármacos o incluso las han prohibido, como en el caso de Francia.

Cabe aclarar, que las bebidas energéticas son distintas a las bebidas isotónicas como "Gatorade" o "Enerclex", y generalmente son mucho más caras que éstas.

Actualmente, las bebidas energéticas han incrementado sus índices de venta y no sólo eso, sino que se ha vuelto popular el hábito de combinarlas con alcohol, ya que aparentemente permiten una mayor ingesta de bebidas embriagantes, enmascarando sus efectos.

Las bebidas energéticas son consumidas de manera frecuente, sin embargo, no son tan benignas como muchos adolescentes creen, ya que pueden causar diferentes alteraciones al organismo, sobre todo si son combinadas con alcohol

Fuente: Adaptado de Casos de dirección de Marketing Autor: José Antonio Fraiz Brea (2008)

PREGUNTAS:

1. Si quisiera realizar una investigación exploratoria sobre el consumo de este tipo de bebidas, ¿qué método aplicaría y por qué?

2. ¿Las bebidas energéticas e isotónicas son competidoras entre sí?

3. Identifique las fuerzas del macroentorno que se nombran en el texto que influyen en el consumo de las bebidas energéticas

Algunas preguntas de repaso...

1. El _____ sostiene que los consumidores no comprarán suficientes productos de la empresa si no se llevan a cabo políticas agresivas que cambien esta tendencia.
   a. Enfoque producción
   b. Enfoque producto
   c. Enfoque ventas
   d. Enfoque marketing

2. ¿Cuál de las siguientes respuestas no es una tendencia en el entorno natural que sea una preocupación para los especialistas en marketing?
   a. Escasez de materia prima
   b. Cambio en la pauta del gasto de los consumidores
   c. Aumento de los costes energéticos
   d. Aumento de los niveles de contaminación

3. ¿Cuál de las técnicas de pronóstico de venta se basa en lo que dicen las personas?
   a. Las encuestas
   b. Los análisis de series temporales
   c. Los indicadores de tendencia
   d. Los mercados de prueba

4. Todas las siguientes afirmaciones sobre los datos secundarios son verdaderas excepto...
   a. Los datos secundarios pueden obtenerse mediante fuentes internas o externas
   b. Los datos secundarios pueden obtenerse más rápidamente que los datos primarios
   c. Los datos secundarios normalmente suponen mayores costes que los primarios
   d. Los datos secundarios pueden presentar problemas al investigador

5. Se dice que las empresas pueden realizar hasta 90 estimaciones distintas de los tipos de demanda de mercado. ¿Cuál de los siguientes puntos no es una de esas formas de medición de la demanda?
   a. Nivel de producto
   b. Nivel de interés
   c. Nivel espacial
   d. Nivel temporal

6. Si la cuota de mercado relativa es superior al 100% significa que la empresa es...
   a. Líder del mercado
   b. Retadora de la empresa líder
   c. Co-líder con otra empresa
   d. Una empresa más en el mercado

7. Tras haber resuelto los métodos e instrumentos de investigación, el encargado de llevar a cabo la investigación de marketing debe diseñar un plan de muestreo. ¿Cuál de las siguientes decisiones no guarda relación con el diseño de dicho plan?
   a. Identificación del procedimiento de captación de los entrevistados
   b. Elección del método de contacto con el sujeto entrevistado
   c. Definición de la unidad de muestreo
   d. Determinación de quienes serán investigados

8. Cuál de las siguientes afirmaciones es incorrecta...
   a. El ciclo envío pedido – envío factura aporta datos internos a la empresa
   b. Una tendencia tiene consecuencias sociales, políticas y económicas
   c. La reducción de la renta familiar es un factor a tener en cuenta en el entorno económico
   d. La demanda está compuesta por el deseo más la capacidad económica para adquirirlo

9. Cáceres invierte un millón de euros al año en mensajes de correo electrónico, acontecimientos y anuncios publicitarios para convencer a los jóvenes de entre 20 y 30 años de las ventajas que ofrece vivir en ella. ¿De qué tipo de intercambio hablamos?
   a. Acontecimientos
   b. Organizaciones
   c. Lugares
   d. Servicios

10. La demanda correspondiente al nivel de gasto en las actividades de Marketing dentro de un sector determinado es...
   a. La estimación del mercado
   b. La demanda de la empresa
   c. La previsión de las ventas de la empresa
   d. El potencial del mercado

Capítulo 4.
Análisis del mercado de consumidores.

4.1. ¿Qué influye en el comportamiento de compra del consumidor?

El análisis del comportamiento del consumidor conlleva el estudio de las actividades que un individuo lleva a cabo desde el mismo momento que surge una necesidad hasta que efectúa la compra y usa o consume el producto. Este análisis es fundamental para poder desarrollar una verdadera estrategia de marketing, ya que no olvidemos, nuestro fin último es satisfacer las necesidades de los consumidores.

No obstante este estudio no es tarea fácil ya que hay multitud de variables internas y externas al propio individuo que influyen en su comportamiento, varía según el tipo de producto, en muchas ocasiones no revelan la verdad, están sometidos a influencias sociales y están sometidos a las emociones.

A continuación procederemos a analizar los factores que influyen en el comportamiento del consumidor individual en torno a tres categorías: factores culturales, factores sociales y factores personales.

FACTORES	*VARIABLES*
Culturales	Cultura
	Subcultura
	Clases Sociales
Sociales	Grupos de referencia
	Familia
	Rol y status
Personales	Edad y fase del ciclo de vida
	Profesión y situación económica
	Personalidad
	Estilo de vida y valores
Fase del proceso de compra	

Figura 4.1. Modelizando el comportamiento del consumidor

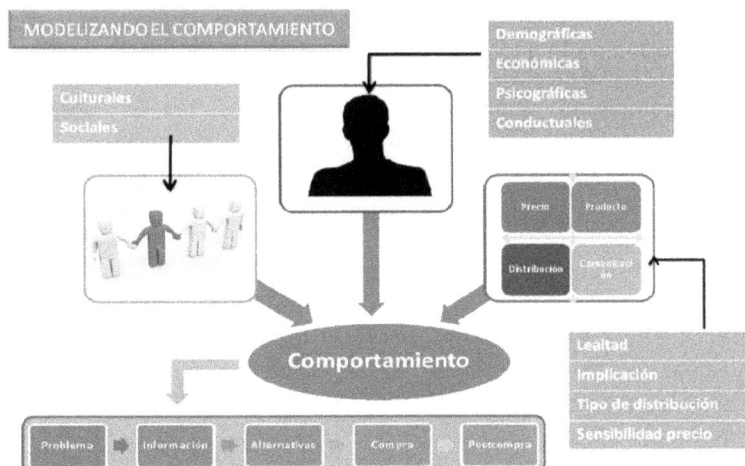

1. FACTORES CULTURALES

A. Cultura

La cultura es el determinante fundamental de los deseos y del comportamiento de las personas. Durante la infancia, adquirimos una serie de valores, percepciones, preferencias y comportamientos.

Figura 4.2. Ejemplo de marketing adaptado a la cultura

Fuente: Imágenes web corporativa de Frigo (2009)

B. Subcultura

Grupos ubicados dentro de la propia cultura que proveen a sus miembros de factores de identificación y socialización más específicos. Ejemplos de subculturas son las nacionalidades, religiones, grupos raciales y zonas geográficas. Cuando las subculturas constituyen un segmento de mercado amplio e influyente, las empresas suelen diseñar programas de marketing especiales.

C. Clases sociales

Todas las culturas del mundo están estructuradas en clases sociales u otras denominaciones como castas, que lo que hacen es que categorizar a un individuo en función de sus ingresos, estudios y profesión. Si bien se menciona en este capítulo debemos ser especialmente cautos con la utilización de esta variable, ya que no sólo los individuos suelen ubicarse, generalmente, en una clase social media, sino que su utilización puede derivar en problemas de asignación de individuos, y actualmente, "no es políticamente correcto" su empleo. Por eso, lo recomendable es preguntar a los individuos por sus ingresos, estudios y profesión y analizar el comportamiento desde esta orientación.

Los tipos de clases sociales en los que se pueden clasificar los individuos son: baja-baja, baja-alta, media-baja, media-alta, alta-baja y alta-alta.

¿Qué características suelen compartir las clases sociales?
Tienden a comportarse de forma más parecida que las que pertenecen a clases sociales diferentes. Las clases sociales suelen diferir en la forma de vestir, de hablar, las preferencias de ocio y muchos otros factores.
Las personas ocupan posiciones superiores o inferiores de la clase en función de la clase a la que pertenecen.
La clase social de una persona queda determinada por una serie de variables como su profesión, sus ingresos, su bienestar, su educación y sus valores, y no tanto por una única variable.
Las personas pueden cambiar de clase social a lo largo de su vida. El grado de movilidad variará de acuerdo con la rigidez de la estratificación social de cada sociedad.
Las clases sociales presentan diferentes preferencias de marcas y productos en numerosos ámbitos, como el vestir, el mobiliario del hogar, las actividades de ocio y los automóviles.

2. FACTORES SOCIALES

A. Grupos de referencia

Están formados por todos los grupos que tienen una influencia directa (interacción cara a cara) o indirecta sobre sus actitudes o comportamiento. Los grupos con influencia directa se denominan grupos de pertenencia. Sin primarios, como la familia, los amigos, los vecinos y los compañeros de trabajo, todos los individuos con los que la persona interactúan de forma constante e informal. Los grupos secundarios suelen ser más formales y requerir una menor frecuencia de interacción (grupos religiosos, profesionales y sindicales).

Influyen en las personas de tres formas diferentes: exponen al individuo a nuevos comportamiento y estilos de vida; influyen en sus actitudes y el concepto que tienen de sí mismos; y crean presiones sobre lo que es aceptable que pueden influir sobre la elección de productos y marcas.

Figura 4.3. Tipos de grupos de referencia y su influencia

En este punto es necesario mencionar a los grupos de aspiración y disociativos; y a los líderes de opinión. Los primeros son aquellos a los que la persona aspira a pertenecer, y segundos, son aquellos cuyos valores o comportamientos rechaza la persona. Un líder de opinión es aquella persona que se mueve en círculos informales y orienta o asesora sobre un producto o una categoría de productos determinada, opinando sobre qué marca es mejor o cómo utilizar un determinado producto.

Algunos ejemplos de grupos de referencia son:

	INFORMALES	*FORMALES*
PRIMARIOS *(relación frecuente)*	Familia Amigos	Grupos de trabajo Grupos de alumnos
SECUNDARIOS *(relación esporádica)*	Grupos deportivos Peñas Antiguos alumnos	Partidos políticos Sindicatos Colegios profesionales

B. La familia

Es la organización de compra más importante de los mercados de consumidores y sus miembros constituyen el grupo de referencia más influyente. Es posible distinguir dos familias a lo largo de la vida del consumidor. Tenemos la familia de orientación, formada por padres y hermanos. Las personas adquirimos de nuestros padres una orientación religiosa, política y económica, y un sentido de la ambición personal, la propia valía y el amor. La familia de procreación, formada por el cónyuge y los hijos del consumidor. Los profesionales del marketing estudian los roles y la influencia relativa de los miembros de la familia en la compra de una amplia gama de productos y servicios.

Tradicionalmente, la mujer actuaba como el principal agente de compra de la familia, especialmente para la alimentación, productos básicos y artículos diversos. Con productos y servicios caros como automóviles, vacaciones o vivienda, la gran mayoría de maridos y mujeres participan más conjuntamente en la toma de decisiones. Las mujeres compran más tecnología que los hombres. Otro cambio en los patrones de consumo es el aumento de la cantidad de dinero que gastan niños y adolescentes, y el incremento de su influencia directa o indirecta en las compras familiares.

¿Cuándo compras conjuntas son más probables?

Decisión de compra es importante o nivel de riesgo percibido es alto (*Comprar un coche*)

Se dispone de tiempo suficiente.

Es de clase media (en clase alta mayor dominio del hombre, en las clases bajas de mujer).

Familia joven (a medida que madura las compras se van separando).

Sin hijos (si los hay, tiende a hacerse una delegación de la compra).

Mujer no trabaja (al no disponer de tiempo se hace más independiente).

C. Rol y status

Las personas participan en muchos grupos: familia, clubes, organizaciones. La posición personal dentro de cada grupo se puede definir en término de roles y estatus. Un rol es el conjunto de actividades que se esperan de la persona. Cada rol conlleva un estatus. Las personas eligen aquellos productos que mejor reflejan y comunican su rol y su estatus real o deseado en la sociedad. Las empresas deben ser conscientes del potencial de sus productos y marcas como símbolos de estatus.

3. FACTORES PERSONALES

A. Edad y fase del ciclo de vida

Las personas compran diferentes bienes y servicios a lo largo de su vida. Los gustos alimenticios, de ropa, mobiliario y ocio suelen estar relacionados con la edad. El consumo también está definido por la fase del ciclo de vida familiar, y el número, la edad y el sexo de los miembros de la familia a lo largo del tiempo.

B. Profesión y situación económica

La profesión de las personas también influye en sus hábitos de consumo. Un trabajador no cualificado comprará ropa de trabajo, calzado para trabajar y fiambreras para la comida. El presidente de una empresa comprará trajes de chaqueta, billetes de avión y pertenecerá a algún club privado. Los especialistas del marketing intentan identificar los grupos profesionales que presentan un interés por sus productos y servicios superior a la media. La elección de los productos se ve considerablemente afectada por la situación económica de los consumidores: los ingresos disponibles, ahorros y recursos, deudas, facilidades de crédito y actitud frente al gasto y al ahorro. Si los indicadores económicos apuntan recesión, las empresas pueden tomar medidas para rediseñar y reposicionar sus productos, o reajustar el precio.

C. Personalidad y concepto de uno mismo

Por personalidad nos referimos al conjunto de características psicológicas distintivas que hacen que una persona responda a los estímulos del entorno de forma relativamente constante y duradera. La personalidad se suele describir en términos y rasgos tales como confianza en uno mismo, dominio, deferencia, sociabilidad y adaptabilidad. La personalidad puede ser una variable útil en el análisis del comportamiento del consumidor.

Jennifer Aaker, de Stanford, realizó una investigación sobre personalidades de marca e identificó cinco rasgos principales:

- Sinceridad: honesta, real (*Ariel*)

- Emoción: osada, moderna (*Red Bull*)

- Competencia: fiable, inteligente (*Banco Santander*)

- Sofisticación: clase alta, encantadora (*Lacoste*)

- Fortaleza: actividad aire libre, ruda (*Fontvella*)

Los consumidores suelen escoger y utilizar las marcas que tienen una personalidad de marca coherente con su concepto real de sí mismos, aunque en algunos casos la elección se basa en el concepto ideal de sí mismos (es decir, cómo les gustaría ser). Por ello, una de las claves para que una empresa tenga éxito es vincular la personalidad de la persona con la marca que comercializamos.

D. Estilos de vida y valores

El estilo de vida de una persona es el patrón de forma de vivir en el mundo como expresión de sus actividades, intereses y opiniones. El estilo de vida refleja a "la totalidad de la persona" interactuando con su entorno. Los estilos de vida se definen por las limitaciones económicas o temporales de los consumidores. Las decisiones de los consumidores se ven influidas por sus valores, es decir, por las creencias que subyacen a la actitud y a la conducta de los consumidores. Son mucho más profundos que la conducta o la actitud, y determinan las elecciones y los deseos de una persona largo plazo. Los profesionales del marketing que seleccionan su público objetivo en función de sus valores creen que apelando a su yo interior podrán conquistar su yo exterior, es decir, su comportamiento de compra.

Figura 4.4. Ejemplo de la relevancia de la personalidad y estilo de vida en el consumidor

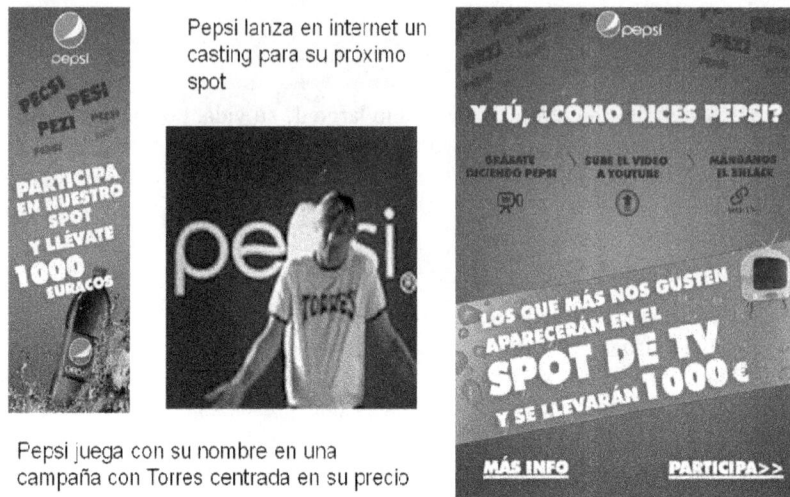

Fuente: Información contenida en web corporativa de Pepsi (2011).

4.2. ¿Qué aspectos psicológicos influyen en su comportamiento de compra?

Para poder comprender el comportamiento de compra de los consumidores hay que partir el modelo de estímulo-respuesta. El proceso de decisión de compra y la compra final depende de una serie de procesos psicológicos y de determinadas características del consumidor.

Figura 4.5. Modelo de estímulo-respuesta

1. LA MOTIVACIÓN

Una persona tiene numerosas necesidades en un determinado momento. Algunas son biogénicas, es decir, emergen de estados fisiológicos de tensión tales como el hambre, la sed o el malestar. Otras son psicogénicas, es decir, emergen de estados psicológicos de tensión tales como la necesidad de reconocimiento, de estima o de pertenencia. Una necesidad se convierte en un motivo o impulso cuando alcanza un determinado nivel de intensidad. Un motivo es una necesidad que presiona lo suficiente para impulsar a la persona a la acción.

Las teorías más conocidas sobre la motivación humana presentan distintas implicaciones para el análisis del consumidor y la definición de las estrategias de marketing.

Teoría de la motivación de Freud

Freud asume que las fuerzas psicológicas que conforman el comportamiento humano son en gran medida inconscientes y que la persona no entiende del todo sus propias motivaciones. Cuando una persona examina marcas específicas, no sólo reaccionará ante sus características evidentes, sino también ante otros factores menos conscientes. Los investigadores de la motivación suelen realizar "entrevistas en profundidad" con una decenas de consumidores para descubrir las motivaciones inconscientes que despierta un producto.

Jan Callebaut afirma que un producto se puede adquirir por un conjunto de motivaciones diferentes. Por ejemplo, el whisky puede satisfacer la necesidad de relajación, estatus social o diversión. Por tanto, las diferentes marcas de whisky deben posicionarse en torno a estas tres motivaciones.

Teoría de la motivación de Maslow

Abraham Maslow intentó buscar una explicación a la cuestión de por qué ciertas necesidades motivan a las personas en determinados momentos. La respuesta de Maslow es que las necesidades humanas están ordenadas jerárquicamente, desde las necesidades más apremiantes a las menos apremiantes. En orden de importancia, existen necesidades fisiológicas (*hambre, sed*), necesidades de seguridad (*seguridad, protección*), necesidades sociales (sentimiento de pertenencia, amor), necesidades de estima (*autoestima, estatus, reconocimiento*) y necesidades de autorrealización (*autodesarrollo*).

Figura 4.6. Pirámide de necesidades de Maslow

La teoría de la motivación de Herzberg

Frederick Herzberg desarrolló la teoría de los dos factores, que distingue entre *desmotivadores* y *motivadores*. Es necesario que existan factores motivadores para que se produzca la compra. La teoría de Herzberg tiene dos implicaciones. En primer lugar, los vendedores deberían hacer todo lo posible para evitar hechos que sólo pueden frenar la compra. El fabricante debe identificar los factores motivadores del mercado y asegurarse de que los ofrece. Estos elementos de motivación positivos marcarán la diferencia que decidirá la compra.

2. PERCEPCIÓN

La percepción es el proceso por el cual un individuo selecciona, organiza e interpreta las entradas de información para crear una imagen del mundo plena de significado. La percepción no sólo depende de estímulos físicos, sino también de la relación de los estímulos con el entorno y las circunstancias del individuo. La idea central es que las percepciones pueden variar considerablemente entre diversos individuos expuestos a una misma realidad

Las personas pueden tener percepciones diferentes de un mismo objeto como consecuencia de tres procesos perceptivos:

- Atención selectiva. Se ha calculado que, de media, cada persona está expuesta a más de 1.500 anuncios o comunicaciones de marca al día. Como una persona no puede atender a todos estos anuncios, la mayoría de los estímulos son eliminados mediante un proceso denominado atención selectiva, por tanto, es necesario hacer campañas de comunicación llamativas (pero sin que se pierda el mensaje que queremos enviar) y desarrollar un buen envase del producto. *Cuando tengo hambre veo más anuncios de comida*

- Distorsión selectiva. Es la tendencia de las personas a interpretar la información de tal modo que encaje con sus ideas preconcebidas. En este caso, las marcas fuertes se verán favorecidas, los productos con y sin marca no serán percibidos del mismo modo

- Retención selectiva. Las personas retienen la información que confirma sus creencias y actitudes. Como consecuencia, es probable que un consumidor recuerde las ventajas de un producto que le gusta y olvide las de los productos de la competencia

- Percepción subliminal. Consiste en la inserción de mensajes subliminales encubiertos en anuncios o envases. Los consumidores no reciben el mensaje de forma consciente, pero éste sí afecta a su comportamiento de compra (es una técnica ilegal)

3. APRENDIZAJE

El aprendizaje describe los cambios que provoca la experiencia en la conducta de las personas. La mayor parte del comportamiento humano es aprendido. Los teóricos del aprendizaje creen que éste se produce a través de la interrelación de impulsos, estímulos, claves, respuestas y refuerzos. Es decir, un impulso es un fuerte estímulo interno que llama a la acción; las claves son estímulos menores que determinan cuándo, dónde y cómo responden las personas.

Figura 4.6. Proceso de aprendizaje

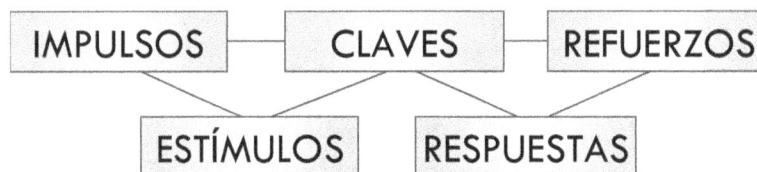

Impulso: *qué sueño tengo, si no tomo algo me voy a queda dormida*

Estímulo: *creo que debo tomar un café*

Clave: *sé que puedo conseguir un café en una máquina dispensadora o en la cafetería de la facultad*

Respuesta: *voy a la cafetería y compro un café*

Refuerzo: *¡cómo me gusta el café y qué despierta estoy!*

4. MEMORIA

El aprendizaje describe los cambios que provoca la experiencia en la conducta de las personas. La mayor parte del comportamiento humano es aprendido y la hora de recordar un producto concreto o donde adquirirlo el individuo pasa por dos fases, la codificación de la información y la recuperación de la misma.

La codificación se refiere a cómo y dónde se implanta la información en la memoria. La codificación se caracteriza en función del nivel la cantidad de tratamiento que recibe la información a la hora de ser codificada (es decir, cuánto piensa la persona sobre la información) y de la naturaleza o calidad del tratamiento que recibe (es decir, la manera en que una persona piensa sobre la información). La cantidad y la calidad del tratamiento de la información serán factores que determinarán la fuerza de una asociación.

Cuanta más atención se presta al significado de la información durante la codificación, más fuertes son las asociaciones en la memoria. Cuando un consumidor piensa activamente y piensa sobre el significado de la información sobre un producto o servicio, crea asociaciones más fuertes en su memoria.

La recuperación es el proceso mediante el cual se obtiene la información almacenada en la memoria. Según el modelo de memoria de redes asociativas, la intensidad de una asociación de una marca aumenta tanto la probabilidad de que la información esté disponible corno la facilidad para recuperarla mediante la activación. La recuperación de información de marca no depende sólo de la intensidad inicial de la información almacenada en la memoria, sino también de la influencia de otros factores como: la inferencia de información sobre otros producto (debido a la gran competencia tenemos que luchar para que el consumidor se acuerde de nosotros y no de nuestros competidores); el período de exposición entre información y codificación (cuanto más tiempo menos será la asociación); y si no hay recordatorios específicos (lo mejor es vincularlo con una imagen de marca fuerte o con una experiencia).

4.3. Las fases del proceso de decisión de compra

Estos procesos psicológicos son fundamentales para comprender cómo los consumidores toman sus decisiones de compra. Los responsables del marketing deben entender cada faceta del comportamiento de compra de los consumidores. Las empresas inteligentes intentan entender totalmente el proceso de compra de sus clientes, es decir, la totalidad de sus experiencias de aprendizaje, selección, utilización e incluso abandono de un producto.

Los estudiosos del marketing han desarrollado un modelo por «fases» del proceso de compra. El consumidor atraviesa cinco etapas:

Figura 4.7. Fases del proceso de compra

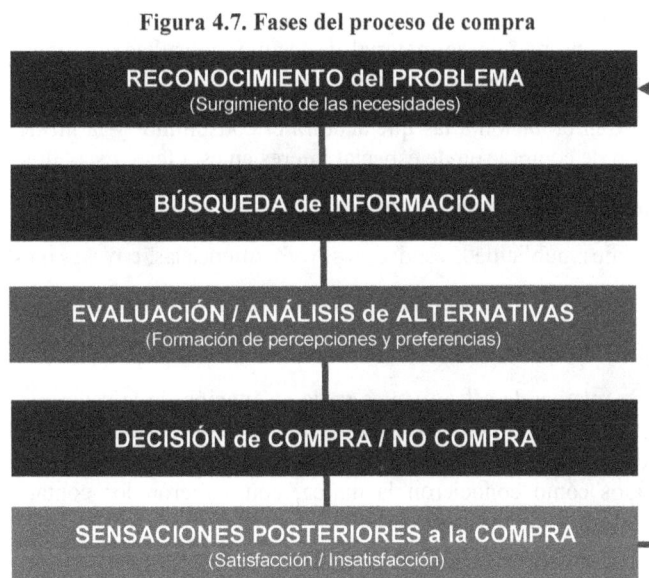

RECONOCIMIENTO del PROBLEMA
(Surgimiento de las necesidades)

BÚSQUEDA de INFORMACIÓN

EVALUACIÓN / ANÁLISIS de ALTERNATIVAS
(Formación de percepciones y preferencias)

DECISIÓN de COMPRA / NO COMPRA

SENSACIONES POSTERIORES a la COMPRA
(Satisfacción / Insatisfacción)

1. RECONOCIMIENTO DEL PROBLEMA

El proceso de compra comienza cuando el comprador reconoce tener un problema o necesidad. La necesidad puede desencadenarse como consecuencia de estímulos internos (necesidades internas, *como que el portátil no funcione bien, encontrarse el cartón de leche vacío, o comprar ropa cuando se empieza a trabajar*) o externos (*ver el anuncio de un coche en televisión que despierte nuestro interés de comprarlo*). En el caso debemos identificar las circunstancias que desencadenan el problema recopilando información de los consumidores y cuáles son sus motivaciones.

Esta fase es especialmente importante para las compras discreciones, como el lujo, las vacaciones, el entretenimiento, etc., por lo que tenemos que incidir en que la adquisición de estos productos es necesaria. *Convencer a una persona de que compre un diamante porque es para toda la vida.*

Figura 4.8. Surgimiento del problema

2. BÚSQUEDA DE INFORMACIÓN

Una vez la motivación es lo suficientemente fuerte, los consumidores comienzan a buscar información. Esta búsqueda puede ser de dos formas. La primera, la atención intensificada, situación en la cual el consumidor simplemente se muestra más receptivo con la información sobre un determinado producto (escucha los comentarios). La segunda es la búsqueda activa de información, en esta situación el individuo no sólo escucha sino que busca material de lectura, consultas a amigos, investiga en la red y visitas a los establecimientos para conocer el producto.

Las principales fuentes de información a las que acudirá el consumidor y la influencia relativa que cada una tiene sobre la decisión de compra son de especial interés en esta fase. Estas fuentes son:

- Fuentes personales: familia, amigos, vecinos o conocidos.

- Fuentes comerciales: publicidad, vendedores, web, minoristas, envases o estanterías.

- Fuentes públicas: medios de comunicación u organizaciones de consumidores.

- Fuentes de la propia experiencia: manejo, examen o utilización del producto.

La cantidad de influencia relativa de estas fuentes varía en función de la categoría del producto y de las características del comprador. Cada fuente de información desempeña una función diferente a la hora de influir en la decisión de compra. Para poder prepara una estrategia de comunicación eficaz debemos preguntar a los individuos cómo conocieron la marca, cómo fueron los contactos posteriores y cuál consideran la fuente de información más relevante.

3. EVALUACIÓN DE ALTERNATIVAS

No todos los consumidores utilizan el mismo proceso en todas las situaciones de compra. Existen diversos procesos y los modelos más actuales tienen una orientación cognitiva, es decir consideran que el consumidor se forma sus juicios de forma consciente y racional. Algunos conceptos básicos nos ayudarán a comprender los procesos de evaluación del consumidor en primer lugar, el consumidor intenta satisfacer una necesidad. A continuación, el consumidor busca una serie de ventajas inherentes al producto. En tercer lugar, el consumidor entiende el producto como un conjunto de atributos con diferente capacidad para ofrecer los beneficios buscados para satisfacer su necesidad.

Los consumidores prestarán atención a los atributos que les ofrezcan los beneficios que buscan. El mercado de un producto se puede segmentar en función de los atributos que resultan importantes para los distintos grupos de consumidores.

En esta fase, debemos centrarnos en lo denominado como creencias y actitudes. Las personas adquirimos creencias y actitudes a través de la experiencia y el aprendizaje, y éstas influyen en el comportamiento de compra. Una creencia es un pensamiento descriptivo acerca de algo, son algo inconsciente, y es muy difícil llegar a conocerlas. Una vez generada la creencia da lugar a una actitud, que es una evaluación positiva o negativa, el sentimiento emocional o la tendencia a la acción para un determinado producto o idea. Y las actitudes sí podemos conocerlas ya que hacen relación a expresiones como: me gusta este helado, me divierto bailando o no me apetece nada ir al gimnasio.

4. DECISIÓN DE COMPRA

Construida la actitud se genera una intención de compra, es decir, el paso previo a la compra, lo que lleva a un individuo a comprar o no comprar nuestro producto. A la hora de generar la intención de compra los individuos tomarán cinco decisiones:

- Decisión de marca. *Samsonite*

- Decisión de vendedor. *En el Corte Inglés*

- Decisión de cantidad. *Sólo me voy a comprar una maleta*

- Decisión temporal. *Iré el sábado por la mañana*

- Decisión de forma de pago. *La pagaré con tarjeta de crédito*

Las compras de productos diarios suelen conllevar menos decisiones y deliberación. Los consumidores pueden decidir no evaluar formalmente todas y cada una de las marcas, mientras que en otras ocasiones, otros factores pueden influir en la decisión final, como:

- Actitud de los demás. El grado de influencia que ejercerá la presión social depende de la intensidad de la actitud negativa de la otra persona hacia la alternativa preferida por el consumidor, y de la motivación del consumidor para plegarse a los deseos de la otra persona. *Mi marido dice que no le gustan las maletas Samsonite, así que buscaré otra alternativa.*

- Factores de situación imprevista que pueden aparecer y modificar las intenciones de compra de los consumidores. *Al final, el sábado por la mañana me quedé dormida y no fui a comprar la maleta,*

- Riesgo percibido. Los riesgos que pueden percibir los consumidores a la hora de comprar o consumir un producto son de muchos tipos: *¿Merece la pena gastarme tanto dinero en esta maleta?*

  o Funcionales. El producto no genera los resultados esperados.

  o Físicos: el producto supone una amenaza para el bienestar o la salud de los usuarios.

  o Financieros: el producto no vale el precio pagado.

  o Sociales: el producto hace que el consumidor sienta vergüenza.

  o Psicológicos: el producto influye en el bienestar mental del usuario.

  o Temporales: el fallo del producto resulta en un coste de oportunidad de encontrar otro producto satisfactorio.

Las empresas deben conocer qué factores son susceptibles de provocar una sensación de riesgo en los consumidores y ofrecerles toda la información y el apoyo necesario para reducir el riesgo percibido.

5. COMPORTAMIENTO POSCOMPRA

Una vez adquirido el producto, el consumidor puede experimentar disonancias como consecuencia de algunas características inquietantes del producto o de comentarios favorables sobre otras marcas. El trabajo de los profesionales del marketing no termina con la venta del producto, sino que deben controlar la satisfacción posterior a la compra, las acciones poscompra y los usos del producto una vez realizada la compra.

La satisfacción del comprador es la diferencia entre las expectativas del producto previas a la compra y los resultados percibidos del mismo. Si los resultados no alcanzan las expectativas, el comprador quedará

desengañado, si los resultados se ajustan a las expectativas, el consumidor quedará satisfecho, y si los resultados superan las expectativas, el consumidor quedará encantado. Cuanto mayor sea la diferencia entre las expectativas y los resultados, mayor será la insatisfacción.

La satisfacción o insatisfacción del consumidor con el producto influirá en su comportamiento posterior a la compra. Si el consumidor queda satisfecho, tendrá una mayor probabilidad de volver a adquirir el producto.

Un cliente insatisfecho puede abandonar o devolver el producto, o puede buscar información que confirme su valor. Puede emprender acciones públicas o privadas. Las primeras incluyen presentar reclamaciones a las empresas, dirigirse a un abogado o presentar quejas ante otros grupos. Las acciones privadas incluyen decidir dejar de comprar el producto (opción abandono) o avisar a sus amigos (opción boca a boca). En cualquiera de estos casos, el vendedor habrá realizado un mal trabajo a la hora de satisfacer al cliente.

Los profesionales del marketing deben estudiar cómo los compradores utilizan y desechan el producto. Un factor clave de la frecuencia de ventas es el índice de consumo de productos. Una oportunidad de aumentar la frecuencia de uso de un producto aparece cuando la percepción de uso de los consumidores difiere de la realidad. Los consumidores pueden dejar de reemplazar puntualmente productos de poca duración como resultado de una tendencia a infravalorar la vida del producto.

Caso práctico Capítulo 4

Neck & Neck rentabiliza su Club de Clientes

Neck & Neck es una joven y dinámica empresa, que ha registrado en los últimos años un fuerte crecimiento acumulado, tanto en facturación como en apertura de nuevas tiendas (más del 80% en ambos casos). Estas cifras la han consolidado como la mayor cadena de franquicias de moda infantil de España, con presencia internacional en Europa y países tan diversos como Arabia Saudí, México o República Dominicana.

Gran parte del éxito de Neck & Neck se debe a su club de clientes, que le proporciona información vital no sólo sobre el perfil sociodemográfico de sus consumidores ("dimensión cliente"), sino sobre el momento que atraviesa su relación con la compañía ("dimensión estado"). Cerca de un tercio de la facturación procede de las ventas del Club Neck, que reúne a más de 62.000 socios, cuyo ticket de compra es llamativamente superior al del cliente no asociado, en una proporción de más del 80%.

Conocer en profundidad al cliente, desarrollar planes acordes a las necesidades de cada segmento y sistematizar las acciones comerciales y de marketing son el triple desafío que Neck & Neck se ha marcado para elevar la base de clientes de su club, aumentar la frecuencia de compra y, de forma paralela, incrementar el ticket medio.

Cruzando el segmento de sus usuarios ("dimensión cliente") con el momento que atraviesan ("dimensión estado"), Neck & Neck está aplicando acciones más certeras. Dos ejemplos: para un cliente de perfil "madre y bebé", nuevo pero no activo, la compañía tendrá como objetivo la captación, aplicando así una frecuencia de contacto elevada, un nivel promocional también alto y el mailing como canal. En el segmento "madres y niñas", en estado activo, la estrategia perseguirá la fidelización, con frecuencia de contactos mucho más moderada, un nivel promocional medio y el uso del canal directo.

Esta estrategia está permitiendo a Neck & Neck contribuir de forma directa al incremento en ingresos de la compañía y, por tanto, al cumplimiento de sus ambiciosos planes de crecimiento para los próximos años.

Fuente: www.daemonquest.com (2010)

PREGUNTAS:

1. Identifique el enfoque de gestión de marketing
2. ¿Qué factores del entorno influyen en la evolución de Neck & Neck?
3. ¿Considera que los segmentos se ven influidos por algún factor?
4. ¿Cómo valoran los clientes los productos de Neck & Neck?
5. Si fuese el director comercial de Neck & Neck y estuviese diseñando la estrategia de marketing dirigida al perfil de cliente "madre y bebé", ¿en qué fase del procedimiento de compra haría hincapié?

Algunas preguntas de repaso...

1. **La tendencia que tienen las personas a rechazar la mayoría de la información a la que se exponen se denomina...**
   a. Atención selectiva
   b. Distorsión selectiva
   c. Retención selectiva
   d. Ninguna de las anteriores

2. **¡Me han despedido! Mi jefe me ha acusado de que no he identificado una tendencia... Es lógico... las tendencias...**
   a- Son predecibles y duraderas
   b- Revelan el fututo
   c- Representan numerosas oportunidades
   d- Todas las respuestas son correctas

3. **Para mí es necesario comprarme el último modelo de I-Pod, ¡tiene radio!**
   a. Esto no es una necesidad, es una petición
   b. Esto no es una necesidad, es un deseo
   c. Esto no es una necesidad básica, es una necesidad secundaria
   d. Esto no es una necesidad fundamental, es una demanda

4. **En el puente de la Almudena me fui un par de días a un hotelito en la provincia de Toledo. Tenía una pinta estupenda pero resultó ser muy viejo y extremadamente aburrido. Esto causó que se generara en mí...**
   a. Un complejo
   b. Disonancia cognitiva
   c. Satisfacción hacia el servicio demandado
   d. Distorsión afectiva

5. **Antes de unificar su marca, Telefónica preguntó a un limitado grupo de expertos que les parecía la adopción de la marca Movistar para designar a todos sus productos. ¿Cuál era el objetivo de su investigación?**
   a. Descriptivo
   b. Exploratorio
   c. Causal
   d. Confirmatorio

6. **¿Cuál de las siguientes respuestas no es un factor social clave que influye en el comportamiento del consumidor?**
   a. El rol
   b. La clase social
   c. La familia
   d. El status

7. **¿Cuál de las respuestas se corresponde con las características de los compradores potenciales de un producto o servicio?**
   a. Interés, tiempo, acceso, cualidades especiales
   b. Interés, movilidad, ingresos, cualidades especiales
   c. Interés, ingresos, acceso, cualidades especiales
   d. Interés, conciencia, acceso, cualidades especiales

8. **¿Cuál de las siguientes opciones es correcta?**
   a. Una marca es una combinación de productos físicos, servicios, información y experiencias
   b. Los canales de servicio se utilizan para efectuar transacciones con compradores potenciales
   c. Los competidores son productos de la misma categoría
   d. El sistema de inteligencia de marketing se centra en el análisis de los datos internos de la empresa

9. **Cuando analizo el comportamiento del consumidor debo considerar si se trata de una recompra directa, recompra modificada o nueva adquisición.**
   a. Por supuesto
   b. Por supuesto, es más se trata de un factor personal
   c. Nunca, hacen referencia a las fases de comportamiento no a factores
   d. No

10. **Si yo digo... como me gusta comer... estoy manifestando una...**
    a. Creencia
    b. Actitud
    c. Percepción
    d. Motivo

Capítulo 5.

Análisis del mercado empresarial.

5.1. ¿Qué es la compra empresarial?

Siguiendo a Webster y Wind la compra corporativa (también denominada compra industrial o empresarial) se refiere al proceso de toma de decisiones mediante el cual las organizaciones establecen la necesidad de adquirir productos y servicios, e identificar, valorar y escoger marcas y proveedores alternativos. *Una empresa compra ordenadores y teléfonos para s propio uso o la reventa de los mismos.*

Figura 5.1. Modelizando el comportamiento empresarial

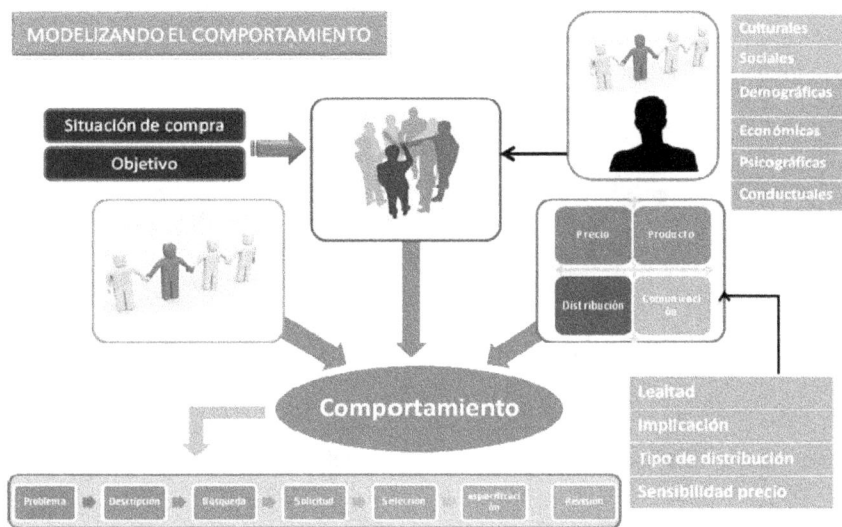

1. EL MERCADO EMPRESARIAL FRENTE AL MERCADO DE CONSUMO

El mercado empresarial está formado por todas las organizaciones que adquieren bienes y servicios para la fabricación de otros productos o la prestación de otros servicios que venden, alquilan o suministran a terceros. Siendo los principales sectores que componen el mercado empresarial: la agricultura, la minería, la construcción, el transporte, la comunicación, las empresas de servicios públicos, la banca, las finanzas y los seguros, la distribución y los servicios.

Los mercados empresariales comparten diversas características que contrastan claramente con los mercados de consumidores y que es muy importante que tengamos en cuenta. Estas son:

- Menos compradores, pero de mayor tamaño. *Motorola recibió 63 millones de dólares por instar el servicio de telefonía en Brasil.*

- Relaciones más estrechas y personales entre clientes y proveedores. Al tener menos compradores su importancia aumenta y, en consecuencia, se personalizan las ofertas (se suelen ofrecer surtidos)

- Compradores profesionales. Se debe ofrecer mucha información técnica sobre los productos y explicar las ventajas frente a la competencia. Si por algo se caracterizan las compran industriales es que al comprar grandes volúmenes y suponer un coste para la empresa, los compradores disponen de gran información sobre las ventas del sector.

- Diversas influencias de compra. A la hora de adquirir un producto no toma la decisión una sola persona, sino un grupo de personas que constituye el denominado "centro de compra" y que está formado por la alta dirección, los técnicos, etc.

- Mayor número de llamadas. Consecuencia de las diversas influencias de compra el tiempo de negociación se alarga en el tiempo y aumenta el número de contactos necesario para formalizar la compra.

- Demanda derivada del mercado de consumidores. *Por ejemplo, la demanda de papel de un periódico deriva de las ventas de periódicos.*

- Demanda inelástica. Es decir, no ve afectada por los cambios de precios. Es especialmente importante a corto plazo ya que el efecto sustitución es complicado.

- Demanda fluctuante. O también denominada principio de aceleración. Si varía la demanda de consumidores finales varía la demanda de fabricación y maquinaria.

- Compradores concentrados geográficamente. La concentración en polígonos o áreas industriales permite disminuir los costes.

- Compra directa. En este tipo de compras no suele haber intermediario por ser productos complejos y caros.

2. SITUACIONES DE COMPRA

El comprador empresarial debe tomar muchas decisiones para realizar una adquisición. El número total de decisiones dependerá de: la situación de compra, la complejidad del problema que se debe resolver, el número de participantes y el tiempo disponible. Por ello, es indispensable distinguir tres tres tipos de situaciones de compra: recompra directa, recompra modificada y nueva adquisición.

- Recompra directa. El departamento de adquisiciones repite una orden de compra de forma rutinaria y para ello selecciona el proveedor de entre una «lista de aprobados". El proveedor se esfuerza por mantener la calidad del producto o servicio, y suele proponer un sistema de pedidos automático para ahorrar tiempo. Estos proveedores persiguen compras pequeñas para ir aumentando el número de ventas con el tiempo.

- Recompra modificada. El comprador quiere modificar las especificaciones del producto, el precio, las condiciones de entrega u otras. Este tipo de compra suele implicar la intervención de participantes adicionales y suele surgir el nerviosismo. Los proveedores actuales tratan de proteger su cuenta, y los competidores ven la oportunidad de presentar una oferta mejor para entrar en el negocio.

- Nueva adquisición. El comprador adquiere un producto o servicio por primera vez. Es una fase que supone elevados costes y riesgo, un mayor número de de participantes y cantidad de información recopilada y mayor plazo temporal para tomar una decisión. En este tipo de compras es necesario determinar las condiciones de compra (precio, entrega, servicio, pago, surtido, etc.). Por todo ello, es una fase compleja, larga y cara, que derivará en que las siguientes adquisiciones sean recompras directas.

Pero, ¿cómo compran? Muchos compradores prefieren comprar a un único vendedor una solución integral a su problema. El proceso consiste en solicitar ofertas a contratistas que elaboran un paquete o sistema a medida. Éste es el responsable de la licitación y del montaje de los componentes del sistema a partir de otros contratistas. Así, el contratista principal tiene la llave del proceso, y se hace indispensable para la empresa solicitante. Este método de compra está aumentando su importancia y es cada vez más reclamado por las empresas.

Una variante de la venta de sistemas es la contratación de sistemas, donde un único proveedor gestiona el inventario sabiendo cuando reabastecerlos, y ofrece al comprador la totalidad de servicios de mantenimiento, reparación y operaciones. El vendedor, se beneficia de menores costes operativos gracias a una demanda constante y de menor cantidad de papeleos; y el cliente se beneficia de unos menores costes de abastecimiento y gestión, además de la protección del precio. Este método es clave en proyectos de gran envergadura (*sistemas sanitarios, tuberías*).

5.2. ¿Quiénes participan en la compra empresarial?

El número y la relevancia de los participantes del proceso de compra empresarial varían en función del tipo de situación de compra en la que nos encontremos. Son muy influyentes en la situaciones de recompra directa y de recompra modificada, pero no en las nuevas adquisiciones, en las que el personal de otros departamentos adquiere una mayor influencia.

1. EL CENTRO DE COMPRA (UNIDAD DE TOMA DE DECISIONES)

El centro de compra está compuesto por todos aquellos individuos y grupos que participan en el proceso de decisión de compra, que comparten los objetivos comunes y los riesgos inherentes a sus decisiones. El centro de compra suele estar formado por un cinco o seis miembros. El centro de compra puede incluir participantes externos a la empresa como, por ejemplo, funcionarios públicos, consultores, asesores técnicos y otros miembros del canal de marketing.

El centro de compra Incluye e todos los miembros de la empresa que desempeñen alguna de las siguientes funciones en el proceso de decisión de compra: (pueden participar en varias funciones)

- Iniciadores. Solicitan que se realice una determinada adquisición (usuarios u otros).

- Usuarios. Utilizarán el producto o servicio. Suelen iniciarla y ayudar a definir sus especificaciones.

- Influyentes. Ayudan a definir especificaciones del producto y ofrecen información útil para evaluar alternativas (personal técnico).

- Decisores. Deciden requisitos del producto y proveedores.

- Aprobadores. Autorizan medidas propuestas por decisores o compradores.

- Compradores. Autoridad formal para seleccionar proveedor y determinar condiciones de compra. En situaciones complejas de negociación suelen ser altos directivos.

- Guardianes (gatekeepers). Capacidad para evitar que los vendedores o la información lleguen hasta los demás participantes de la compra (recepcionista puede evitar que llegue una llamada).

Los centros de compra suelen incluir diversos participantes con intereses, autoridad, estatus y capacidad de decisión diferentes. Cada comprador tiene motivaciones, percepciones y preferencias personales, que vienen determinadas por la edad, los ingresos, la educación, el puesto de trabajo, la personalidad, la actitud frente al riesgo y la cultura. Al fin y al cabo, aunque se negocio con empresas, estas organizaciones están formadas por personas motivadas por sus propias necesidades y percepciones. Individuos que toman decisiones y que tratan de maximizar las recompensas que ofrece la empresa.

Estas necesidades personales motivan el comportamiento de las personas pero las necesidades de la empresa que legitiman el proceso de decisión de compra y sus consecuencias.

DECISIONES EMPRESARIALES = RACIONALES + EMOCIONALES

2. EL CENTRO DE COMPRA COMO PÚBLICO OBJETIVO

Los profesionales del marketing de mercados empresariales tienen que saber: ¿Quiénes son los participantes principales de la decisiones?, ¿sobre qué decisiones influyen más?, ¿qué nivel de influencia tienen?, ¿qué criterios de evaluación utilizan?

No se suele tener certeza sobre qué tipo de dinámicas de grupo tienen lugar en el proceso de decisión de compra, aunque cualquier información que descubran sobre personalidades y factores interpersonales siempre resulta útil. Los vendedores de menor tamaño se suelen centran en llegar a los influidores clave, mientras que en las de mayor tamaño se suelen concentran en una venta a diferentes niveles para llegar al mayor número de participantes. En este punto es importante actualizar periódicamente los conocimientos sobre los participantes del centro de compra de los clientes.

Al definir los segmentos objetivos se pueden distinguir cuatro tipos de orientaciones de compra empresarial:

Orientaciones de la compra empresarial
Orientación al precio. El precio lo es todo
Orientación a las soluciones. Buscan precios bajos pero servicios o distribución fiables *(50% precio y 50% calidad)*.
Orientación a la calidad. Buscan los mejores resultados en términos de calidad, asesoramiento, distribución fiable, etc.
Orientación estratégica. Buscan una relación permanente con un único proveedor porque valoran las alianzas con estas empresas.

Algunas compañías están dispuestas a tratar con empresas cuyas compras están orientadas al precio, fijando un precio más bajo, ¿pero compensa a las empresas vender barato y ganar menor? Sí, compensa cuando nuestro objetivo sea vender por volumen y no por precio. Si este es nuestro caso no debemos olvidar introducir unas condiciones restrictivas que aseguren la supervivencia en el mercado. Debemos poner límite de la cantidad que se puede adquirir, no aceptar devoluciones y no ofrecer ni modificaciones ni servicios complementarios.

Para compensar las reducciones en el precio solicitadas se puede utilizar el reparto del riesgo y beneficios. Para hacer este tipo de acuerdos, el proveedor debe estar dispuesto a ayudar al cliente a crear una base de datos histórica, a alcanzar un acuerdo sobre cómo medir los resultados y costes, y a fijar un mecanismo de resolución de disputas. O la venta de soluciones, como por ejemplo, incrementar los ingresos del cliente, reducir el riesgo del cliente o reducir los costes del cliente.

5.3. El proceso de compra empresarial

Cada organización tiene diferentes objetivos y políticas de compra, estructuras organizativas y sistemas de adquisiciones. Los compradores empresariales intentan obtener el mejor paquete de beneficios en relación con el coste de la oferta.

1. ENFOQUES DE COMPRA

En el pasado, los departamentos de compras ocupaban una posición muy baja en la jerarquía de dirección, a pesar de gestionar más de la mitad de los costes de la empresa. La competencia creciente ha hecho que haya aumentado su peso hasta ocupar puestos de dirección. Los departamentos de compra actuales están formados por personal con estudios de MBA que aspiran a directores generales. Departamentos que se encargan de conseguir el mejor valor a partir de un número inferior de proveedores de mejor calidad.

A la hora de afrontar los suministros podemos distinguir 3 enfoques en las empresas:

- Enfoque transacción (corto plazo). El comprador se concentra en la táctica y el corto plazo. Recibe remuneraciones en función de su capacidad de obtener el precio más bajo de los proveedores para un determinado nivel de calidad y disponibilidad. Puede utilizar 2 tácticas: simplificación (producto básico y solo el precio es importante) y multiprovisión (emplea diferentes proveedores y les hacen competir por las compras de la empresa).

- Enfoque aprovisionamiento (largo plazo). El comprador busca calidad y precio. Desarrolla relaciones de colaboración con los principales proveedores y busca ahorrar mediante una mejor gestión de los costes de adquisición, conversión y abandono. Negocia contratos a largo plazo con el fin de asegurarse de que los suministros lleguen a tiempo.

- Enfoque gestión de la cadena de suministro (largo plazo, estrategia). El proceso de compra se convierte en una operación estratégica y generadora de valor añadido. Los directores de compra colaboran con los directores comerciales y de otros departamentos para crear un sistema de gestión de la cadena de suministro de una pieza, desde la compra de materia hasta la entrega del producto final, para maximizar el beneficio en función de un beneficio común.

2. TIPOS DE PROCESOS DE COMPRA

A la hora de adquirir los productos los directores comerciales deben tener en cuenta que no todos los productos son iguales en relación con su valor para la empresa, sus costes y sus riesgos. Pudiendo diferenciar cuatro tipos de productos:

- Productos de compra rutinaria. Implican poco valor y costes bajos para el cliente y conllevan riesgos mínimos. Los clientes buscan los precios más bajos y prestan especial atención a la formulación rutinaria de pedidos. Los proveedores ofrecen estandarizar y consolidar los pedidos con contratos globales y facilidades administrativas. *Material de oficina.*

- Productos influyentes. Implican gran valor y costes elevados para el cliente, pero conllevan pocos riesgos de suministro porque existen muchos fabricantes. El proveedor es consciente de que el cliente compara las ofertas y los costes del mercado, por lo que debe demostrar que su oferta minimiza el coste total para el cliente. *Automóviles o teléfonos de empresa.*

- Productos estratégicos. Implican un gran valor y costes elevados para el cliente, y además conllevan un gran riesgo. El cliente busca un proveedor fiable y de renombre, y está dispuesto a pagar más de lo normal. El proveedor debe buscar alianzas estratégicas que supongan su participación en el proceso desde el principio, y programas de desarrollo e inversión conjuntos. *Maquinaria o combustible.*

- Productos cuello de botella: Implican poco valor y costes reducidos para el cliente, pero conllevan algo de riesgo. El cliente busca un proveedor que pueda garantizar un suministro constante de productos fiables. El proveedor debería proponer piezas estándar y ofrecer un sistema de seguimiento, entrega puntual y un centro de atención al cliente. *Piezas de repuesto o ciertas materias primas fundamentales en fabricación*

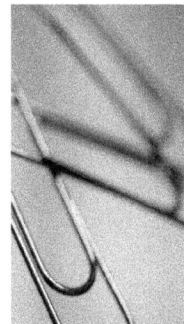

	VALOR	COSTES	RIESGO
Rutinarios	-	-	-
Influyentes	+	+	-
Estratégicos	+	+	+
Cuello de botella	-	-	+

3. ORGANIZACIÓN Y GESTIÓN DEL PROCESO DE COMPRA

Los compradores profesionales afirman que sus trabajos implican más funciones estratégicas, técnicas y de trabajo en equipo que nunca, y que asumen una responsabilidad sin precedentes.

En las empresas con diferentes divisiones, éstas realizan sus propias compras. Sin embargo, otras empresas han empezado a centralizar las compras. Las oficinas centrales recogen las necesidades de material de las diferentes divisiones y adquieren el material necesario desde allí, ganando más poder de negociación. Si las diferentes divisiones obtienen mejores ofertas, pueden comprar independientemente pero, en general, la compra centralizada reporta muchos más ahorros.

Las empresas distribuyen las tarjetas a personal de oficina y secretariado; estas tarjetas incorporan códigos para limitar el crédito y determinar los establecimientos en los que pueden utilizarse.

5.4. Las fases del comportamiento de compra de las empresas

Las fases de compra varían en función de la situación de compra. Todas las fases se presentan en el proceso de nueva adquisición. En el caso de una recompra modificada o directa, algunos de los compradores comprimen o eliminan alguna de ellas.

Figura 5.2. Fases del comportamiento de compra de las empresas

Problema → Descripción → Búsqueda → Solicitud → Selección → especificación → Revisión

FASE 1. Reconocimiento del problema

El proceso de compra comienza cuando la empresa reconoce un problema o una necesidad que puede satisfacerse mediante la adquisición de un producto o servicio. El reconocimiento puede ser desencadenado por estímulos internos (empresa decide desarrollar un producto nuevo o adentrarse en un nuevo mercado) o externos (obtiene nuevas ideas al acudir a una feria comercial).

Podemos estimular el reconocimiento de problemas mediante el marketing por correo, on line, presencia en internet u redes sociales o llamadas a clientes potenciales.

FASE 2. Descripción general de la necesidad y especificaciones del producto

Determina las características y cantidad de unidades del artículo que necesita. Para los productos estándar es sencillo, pero para los complejos, el comprador necesita la colaboración de terceros para definir las características e fiabilidad, duración o precio. Generalmente, una empresa suele contar con un equipo de ingenieros que especifica las características técnicas del producto y lleva a cabo un análisis del valor del producto. Este análisis consiste en una aproximación a la reducción de costes. Se analizan los componentes del producto para determinar si pueden rediseñarse, estandarizarse o fabricarse con métodos más baratos. Se estudian sobre todo los componentes más caros de cada producto, y se buscan las piezas independientes que duran más que el propio producto.

Son las especificaciones concretas y estrictas, el comprador puede rechazar aquellos componentes que resulten demasiado caros o que no reúnan los requisitos necesarios. Los proveedores pueden utilizar el análisis del valor del producto para posicionarse y conseguir un nuevo cliente.

FASE 3. Búsqueda de proveedores

El comprador trata de identificar los proveedores más apropiados examinando directorios empresariales, contactos con otras empresas, anuncios y ferias comerciales o Internet, entre otros. En una primera fase, los proveedores que carezcan de la capacidad productiva necesaria o tengan una mala reputación serán rechazados (este primer filtro es muy importante pasarlo, por eso, la imagen corporativa y la reputación son tan importantes). En una segunda fase, recibiremos la visita de los agentes del comprador, que examinarán las instalaciones de fabricación y conocerán al personal del proveedor. Finalmente, en tercer lugar, tras evaluar cada empresa, el comprador habrá limitado considerablemente la lista de proveedores aprobados.

Figura 5.3. Identificación de los proveedores

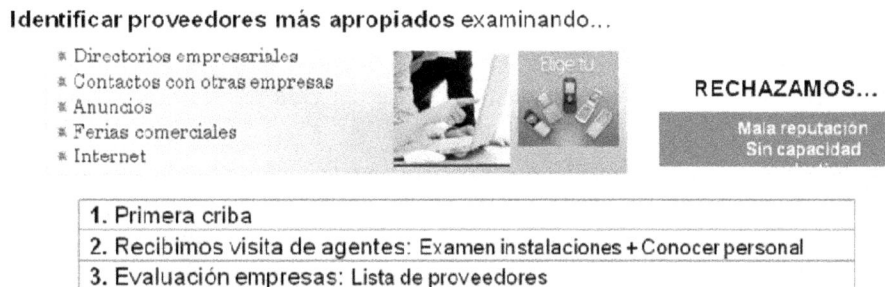

Identificar proveedores más apropiados examinando...

* Directorios empresariales
* Contactos con otras empresas
* Anuncios
* Ferias comerciales
* Internet

RECHAZAMOS...

Mala reputación
Sin capacidad

1. Primera criba
2. Recibimos visita de agentes: Examen instalaciones + Conocer personal
3. Evaluación empresas: Lista de proveedores

FASE 4. Solicitud de propuestas

El comprador invita a los proveedores cualificados a enviar sus propuestas. Si el producto es complejo o caro, también se suele requerir una propuesta detallada por escrito de cada proveedor. Tras evaluar las propuestas, el comprador invitará a unos pocos proveedores a hacer presentaciones formales.

Los especialistas en marketing deben estar preparados para investigar, redactar y presentar las propuestas. Las propuestas deben ser documentos de marketing que describan el valor y las ventajas del producto para el cliente. Las presentaciones orales deben presentar confianza, y destacar la capacidad y los recursos de la empresa, de forma que sobresalgan respecto a la competencia.

FASE 5. Selección de proveedor

Antes de seleccionar un proveedor, el centro de compra deberá especificar los atributos que se esperan del producto e indicar su importancia relativa. Para puntuar y seleccionar los proveedores más atractivos, los centros de compra suelen utilizar modelos de proveedores.

Las empresas tienden a utilizar modelos más sencillos, aunque los más sofisticados arrojan información más precisa sobre el valor percibido sobre el valor percibido por los consumidores. Asimismo deben decidir cuántos proveedores van a utilizar. Las empresas cada vez prefieren reducir más el número de proveedores, estableciendo lazos de colaboración durante el desarrollo del producto.

FASE 6. Especificación de la rutina de pedido

Una vez seleccionados los proveedores, el comprador negocia el pedido final, enumerando las especificaciones técnicas, la cantidad, el tiempo de entrega, las políticas de devolución, etc. En el caso del mantenimiento, y reparación los compradores están empezando a utilizar cada vez más los contratos globales. Con un contrato global se establece una relación a largo plazo en la que el proveedor se compromete a proveer mercancía al comprador a medida que lo vaya necesitando, a precios acordados previamente, y en un plazo de tiempo específico (se pueden denominar plan de compra sin stock). El sistema informático del comprador envía un pedido automático al vendedor cada vez que necesita reponer su inventario, este sistema vincula mucho más estrechamente al comprador y al vendedor, y dificulta la entrada de nuevos proveedores, a menos que el comprador no esté satisfecho con el precio, la calidad o el servicio.

Las empresas que teman la escasez de materiales clave estarán dispuestas a comprar y a gestionar sus inventarios. Así, firmarán contratos a largo plazo con proveedores. Algunas empresas van todavía más allá y delegan la responsabilidad de los pedidos en sus proveedores, mediante los sistemas denominados gestión de inventarios por proveedores. Los proveedores tienen el conocimiento del inventario del cliente y asumen la responsabilidad de reponerlo automáticamente con programas de reposición continua.

FASE 7. Revisión de resultados

El comprador debe revisar la actuación del proveedor elegido periódicamente. Para ello se suelen utilizar 3 métodos que pueden llevar a continuar, modificar o terminar la relación con un proveedor:

- Contactar con los usuarios finales y pedirles una valoración.

- Valorar directamente al proveedor estableciendo una serie de criterios de puntuación ponderada para obtener así una valoración total.

- Agregar el coste de una mala actuación del proveedor para recalcular los costes de compra, además del precio.

Muchas empresas han creado un sistema de incentivos para recompensar a los directores de compra por los buenos resultados, más o menos del mismo modo que los vendedores reciben primas por unos buenos resultados de ventas. Estos sistemas están haciendo que los directores de compras ejerzan más presión sobre los vendedores para conseguir las mejores condiciones.

Figura 5.4. Revisión de los resultados

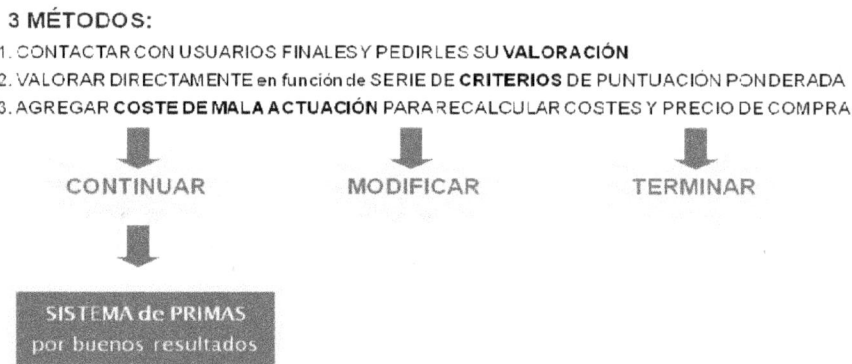

3 MÉTODOS:

1. CONTACTAR CON USUARIOS FINALES Y PEDIRLES SU **VALORACIÓN**
2. VALORAR DIRECTAMENTE en función de SERIE DE **CRITERIOS** DE PUNTUACIÓN PONDERADA
3. AGREGAR **COSTE DE MALA ACTUACIÓN** PARA RECALCULAR COSTES Y PRECIO DE COMPRA

CONTINUAR   MODIFICAR   TERMINAR

SISTEMA de PRIMAS por buenos resultados

5.5. Gestión de las relaciones B2B

Para mejorar la eficacia y la eficiencia, tanta las proveedores coma las clientes de mercadas industriales están buscando' y experimentando' can nuevas formas de gestionar sus relaciones.

Los numerosos estudios que se han realizado indican que se debería aptar par una mayar coordinación vertical entre compradores y vendedores, de moda que se superen las meras transacciones y las actividades generen valor para ambas partes. Existen diversos factores que influyen en el desarrolla de las relaciones entre sacios empresariales.

- En la fase de creación de la relación, un colaborador experimentaba un crecimiento considerable.

- La asimetría de la información entre las empresas es tal que una alianza generaría más beneficios que si una de ellas intentase invadir el terreno de la otra.

- Al menos un colaborador tenía grandes barreras para entrar en un negocio, lo que también impediría la entrada del otro colaborador.

- La asimetría de la dependencia era tal que un colaborador podía controlar o influir sobre la conducta del otro.

- Un colaborador se beneficiaba de las economías de escala relativas a la relación. Cannon y Perreault se dieron cuenta de que las relaciones entre las empresas compradoras y las suministradoras variaban en función de cuatro factores: disponibilidad de alternativas, importancia del suministro, complejidad del suministro y dinamismo del mercado de proveedores. Según estos cuatro factores, clasificaron las relaciones empresa compradora suministradora en ocho categorías diferentes.

La coordinación vertical puede facilitar la creación de vínculo s más sólidos entre cliente y proveedor pero, al mismo tiempo, puede aumentar el riesgo de pérdida de las inversiones específicas tanto del cliente como del proveedor. Una inversión específica es aquella que se realiza en una empresa concreta y con un colaborador de la cadena de valor. Ayudan a las empresas a incrementar beneficios y a posicionarse. Conllevan riesgos considerables tanto para los proveedores como para los compradores. Como estas inversiones son prácticamente a fondo perdido, atan a las empresas inversoras a relación concreta.

El oportunismo se podría definir como «una forma de estafa o de incumplimiento de un contrato implícito o explícito». Puede implicar una distorsión descarada e interesada que viole los acuerdos contractuales. Una forma más pasiva de oportunismo puede suponer el rechazo o la no disposición a adaptarse a cambios circunstanciales. El oportunismo resulta preocupante porque las empresas dedican recursos y procesos de control a este fenómeno que podrían invertir con fines más productivos.

Caso práctico Capítulo 5

NESPRESSO QUIERE SALIR DE LAS GRANDES CIUDADES

Empezaron por Cataluña, Levante y Madrid y ahora Nespresso pretende conquistar el norte y el sur de España. Es el plan de la compañía, que acaba de estrenar su nuevo spot, en el que John Malkovich se une este año a George Clooney como protagonista. Creado y dirigido por Robert Rodriguez, el spot se verá en Europa y Australia. En España comenzó a emitirse el 6 de noviembre.

"Es un desafío para nosotros conseguir cada año una campaña sorprendente y que nos permita reforzar todavía más nuestra imagen en el mercado", explica Vincent Termote, director general de Nespresso Iberia, en declaraciones a Anuncios "Este año reforzaremos nuestra inversión publicitaria en España, especialmente en algunas regiones. En zonas como Cataluña, Levante y Madrid tenemos un alto conocimiento de marca pero en otras, sobre todo fuera de las grandes ciudades, Nespresso todavía no se conoce tanto".

Asimismo, ha decidido ofrecer sus productos a establecimientos minoristas con el objetivo de captar a un mayor número de clientes, facilitar a los consumidores el sistema de pedido de las especialidades Nespresso y adentrarse en nuevas ciudades. Mediante el envío de cartas a los responsables de los principales establecimientos se ha informado de las variedades de Nespresso y cafeteras que pueden comercializar y de los precios de los paquetes, incidiendo en las características de los productos y en el compromiso de ofrecer los productos Nespresso durante un período no inferior a un año.

Nespresso también tiene que hacer frente ahora a la aparición de nuevos competidores, como Tassimo (Bosch) o Senseo (Philips). "En primer lugar, creo que la aparición de nuevas marcas hace crecer la categoría. Nuestro desafío como pioneros es continuar diferenciando Nespresso. Los sistemas que aparezcan no tendrán la misma calidad. Tenemos una tecnología única y patentada, ofrecemos un servicio personalizado las veinticuatro horas del día todos los días del año y sólo entre el 1% y el 2% del café que se produce responde a nuestros criterios de calidad. En el futuro reforzaremos esta vertiente de excepcionalidad en nuestra comunicación".

La marca no ofrece datos sobre el número de socios del Club Nespresso en España, aunque sí el dato global: a finales de 2008, el club tenía 6,5 millones de miembros, cifra que en julio había aumentado hasta los 7 millones. "Nespresso crece en torno a un 30% al año", asegura Vincent Termote, "y el crecimiento en España es superior a la media"

Fuente: Adaptado de marketingnews (2009)

PREGUNTAS:

1. Identifique el enfoque de marketing de Nespresso
2. Señale quienes son los consumidores de Nespresso y si están influidos por algún factor.
3. ¿Los consumidores están satisfechos con Nespresso?
4. En relación con la comercialización de Nespresso en establecimientos detallistas, ¿qué objetivos persiguen cada una de las partes?

Algunas preguntas de repaso...

1. ¿Cuál de los siguientes componentes de un sistema de información de marketing se define como un conjunto de fuentes y procedimientos utilizados por los directivos para obtener información acerca del entorno de marketing?
   a. Investigación de marketing
   b. Sistema de informes de ventas
   c. Sistema pedido-envío-factura
   d. Sistema de inteligencia marketing

2. Se dice que las empresas pueden realizar hasta 90 estimaciones distintas de los tipos de demanda de mercado. ¿Cuál de los siguientes puntos NO es una de esas formas de medición de la demanda?
   e. Nivel de competencia
   f. Nivel de producto
   g. Nivel espacial
   h. Nivel temporal

3. ¿Cuál de los siguientes factores tiene una influencia demostrada en las decisiones de compra de un consumidor?
   a. Factores culturales
   b. Factores sociales
   c. Factores personales
   d. Todos estos factores influyen sobre el comportamiento del consumidor

4. La demanda total para muchos bienes y servicios dirigidos a empresas no se ve muy afectada por los cambios de precio. Esto indica que la demanda a corto plazo es _____ para la mayoría de los productos empresariales.
   a. Elástica
   b. Inelástica
   c. Derivada
   d. Fluctuante

5. Cuando tienen exceso de capacidad productiva, ¿qué tipo de orientación practican la mayor parte de las empresas?
   a. El enfoque marketing
   b. El enfoque producción
   c. El enfoque producto
   d. El enfoque ventas

6. Un comprador empresarial se enfrenta a una decisión de compra en la que necesita informarse, y en la que el riesgo y coste del producto son elevados. ¿A cuál de los siguientes tipos de situaciones de compra es posible que se enfrente dicho comprador?
   a. Recompra directa
   b. Recompra modificada
   c. Compra nueva
   d. Ninguna de las anteriores

7. La demanda total para muchos bienes y servicios dirigidos a empresas no se ve muy afectada por los cambios de precio. Esto indica que la demanda a corto plazo es _____ para la mayoría de los productos empresariales.
   a. Elástica
   b. Derivada
   c. Inelástica
   d. Fluctuante

8. ¿Cuál de las respuestas se corresponde con las características de los compradores potenciales de un producto o servicio?
   a. Interés, tiempo, acceso, cualidades especiales.
   b. Interés, movilidad, ingresos, cualidades especiales
   c. Interés, ingresos, acceso, cualidades especiales
   d. Interés, conciencia, acceso, cualidades especiales

9. La expresión de las ventas como variable dependiente y la explicación de las ventas como una función de un número de variables de demanda independientes es característico de:
   a. El análisis de series temporales
   b. Los indicadores de tendencia
   c. El análisis estadístico de la demanda
   d. Los mercados de prueba

10. El proceso de valorar el atractivo de cada segmento de mercado y seleccionar aquel o aquellos que se piensa conquistar se denomina:
   a. Segmentación de mercado
   b. Definición del público objetivo
   c. Posicionamiento de la oferta
   d. Combinación de mercado

Capítulo 6.

Identificación de segmentos y selección del público objetivo.

6.1. Niveles de segmentación de mercado

El punto de partida para analizar la segmentación de mercado es el marketing de masas. En el marketing de masas, el vendedor recurre a la producción, la distribución y la promoción masivas de un producto para todos los compradores por igual. Pero, ¿a todos nos gusta lo mismo? *Veamos el siguiente ejemplo que lo ilustra. Obviamente no a todos nos gustan las mismas patatas fritas, por eso empresas como Fritolay, comercializan distintas marcas de snacks y tipologías de patatas (patatas a la cebolla, onduladas, al jamón, etc.).*

Figura 6.1. Ejemplo de segmentación de mercado Fritolay

Fuente: Información contenida en web corporativa Fritolay (2010)

Figura 6.2. Ejemplo de segmentación de mercado papatas Lays

Fuente: web corporativa Fritolay (2010)

El argumento en defensa del marketing de masas es que crea el mercado potencial más amplio posible, lo que reduce costes y a su vez conduce a precios más bajos o a márgenes más altos. La proliferación de medios de comunicación y de canales de distribución hace cada vez más difícil y costoso llegar a una audiencia masiva. No obstante, y en relación con el ejemplo expuesto, se puede afirmar que en la actualidad pocas empresas aplican el marketing de masas (sólo con productos básicos y apenas diferenciables). Ahora lo que se aplica es el denominado micromarketing, es decir, diferenciar el producto en relación con el cliente. Dentro de este enfoque podemos identificar cuatro niveles: marketing de segmentos, marketing de nichos, marketing local y marketing individualizado.

1. Marketing de segmentos

Un segmento de mercado es un grupo de consumidores que comparten necesidades y deseos similares. Los directores de marketing no creamos los segmentos, sino que los identificamos y seleccionamos aquellos a los que nos vamos a dirigir por constituir una fuente de rentabilidad para la empresa. Esta aproximación presenta más ventajas que el marketing de masas ya que la empresa puede diseñar, comunicar, entregar el producto o servicio y ponerle un precio de modo que satisfaga al segmento objetivo. Asimismo, la empresa puede concretar el programa y las actividades de marketing para responder mejor al marketing de las empresas competidoras.

Figura 6.3. Ejemplo de segmentación de mercado Massimo Dutty

Fuente: Elaboración propia a partir de información contenida en la web corporativa Inditex (2010)

Debemos tener en cuenta que un segmento recoge a individuos con preferencias similares, pero esto no quiere decir que todos los consumidores sean iguales o quieran exactamente lo mismo. Por eso debemos comercializar ofertas flexibles a todos los miembros de un segmento. Ofertas adaptables y flexibles que se componen de dos elementos: una solución básica que incorpora los elementos del producto o del servicio que valoran todos los miembros de un segmento, y opciones discrecionales que valoran determinados miembros del segmento.

Los segmentos se pueden identificar de varias maneras. Una de las formas más populares de identificar segmentos en relación a las preferencias de los consumidores. En este análisis pueden aparecer 3 patrones diferentes:

- Preferencias homogéneas. Muestra un mercado en el que prácticamente todos los consumidores presentan las mismas preferencias. El mercado no refleja segmentos naturales.

- Diversificación de preferencias. Las preferencias de los consumidores se reparten en el espacio La marca que primero entra en el mercado puede posicionarse para atraer el mayor número de consumidores. Un segundo competidor podrá situarse cerca de la primera empresa y luchar por obtener cuota de mercado, o se podría situar en un extremo para atraer al grupo de consumidores que no esté satisfecho con la marca central.

- Preferencias agrupadas. El mercado puede presentar núcleos de preferencias diferentes, denominados segmentos naturales del mercado.

Figura 6.4. Patrones según preferencias de los consumidores

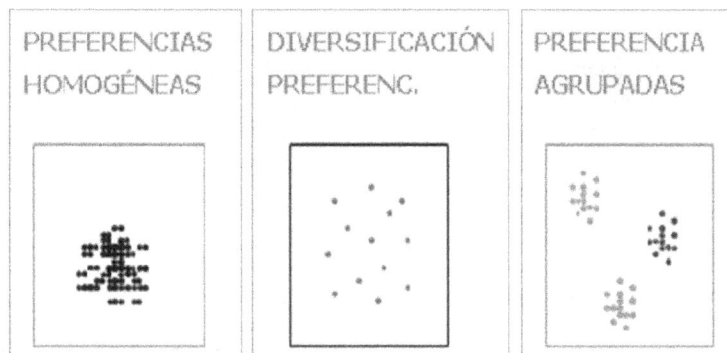

2. Marketing de nichos

Un nicho es un grupo de consumidores más delimitado que busca un mismo conjunto de beneficios (*un minisegmento*). Un nicho atractivo se caracteriza porque sus integrantes tienen un conjunto de necesidades específicas, están dispuestos a pagar un precio especial a la empresa que mejor satisfaga sus necesidades, no atrae a otros competidores y tiene un gran potencial en cuanto a tamaño, beneficios y crecimiento. *Comercialización de café del norte de Colombia para los amantes del café.*

Si se quiere competir al nivel de nichos, la empresa debe especializar su oferta para tener éxito. Las empresas de mayor tamaño, han perdido áreas de sus mercados en favor de los especialistas en nichos: esta confrontación se ha denominado "guerrillas contra gorilas". Los especialistas en nichos entienden tan bien las necesidades de sus clientes que éstos están dispuestos a pagar un precio especial por sus productos o servicios. A medida que aumenta la eficacia del marketing, los nichos que parecían demasiado pequeños suelen aumentar cada vez más su rentabilidad.

3. Marketing local

La necesidad de tomar decisiones acertadas en la selección del público objetivo está haciendo que los programas de marketing se diseñen a medida de las necesidades y los deseos de los grupos de consumidores locales (áreas comerciales, barrios e incluso tiendas individuales). Este nivel refleja la tendencia en aumento del denominado marketing de bases, en el que las actividades de marketing se concentran en interactuar estrecha y personalmente con los consumidores todo lo que sea posible.

También dentro del marketing local es necesario mencionar al marketing de experiencias, de ha ganado gran protagonismo los últimos años. Este tipo de marketing es el que promociona un producto o servicio no sólo mediante la comunicación de sus características o sus ventajas, sino mediante experiencias interesantes y únicas. (*Espectáculos calle Fuencarral durante los fines de semana*).

4. Marketing individualizado

El último nivel de segmentación es el de segmentos de uno, marketing personalizado o marketing de uno contra uno. Hoy en día, los consumidores toman la iniciativa a la hora de decidir qué comprar y cómo comprarlo. La personalización con origen en el cliente combina elementos operativos del marketing de masas y del marketing individualizado, de tal modo que permite a los consumidores diseñar la oferta de producto o servicio a su gusto. La empresa ya no necesita información previa sobre el consumidor, ni posee la fábrica de producción. La empresa ofrece una plataforma y unas herramientas que alquila a los consumidores para que diseñen sus propios productos. Una empresa está personalizada por el cliente cuando es capaz de responder a iniciativas de dientes individuales que definen sus productos, servicios y mensajes personalmente.

Este tipo de marketing no es aplicable a todas las empresas.

6.2. Segmentación de los mercados de consumo

La clave es que el programa de marketing se ajuste de forma rentable a las diferencias de los consumidores. Se pueden identificar dos tipos de variables: aquellas que hacen referencia a las características de los consumidores (*como son, que les gusta, donde viven, etc.*), y aquellas que hacen referencia a la relación entre consumidores y productos (*a qué hora los compran, si les gusta comprarlos, si son leales, etc.*)

1. Segmentación geográfica

Se caracteriza por dividir el mercado en unidades geográficas (naciones, estados, regiones, ciudades o barrios). La empresa puede operar en una o varias áreas, u operar en todas pero prestar especial atención a las variaciones locales. *Los franceses consumen más mantequilla que los españoles, o en Andalucía no desayunan lo mismo que en el norte de España.*

Para obtener información sobre la ubicación de los consumidores y sus preferencias se suele preguntar, cada vez más, el código postal de los clientes cuando van a pagar sus productos

La información geográfica por sí sola no aporta demasiada información, es fundamental relacionar esta información con otras variables de segmentación y, así, lograr información más detallada de los clientes.

2. Segmentación demográfica

Consiste en dividir el mercado en distintos grupos según variables como la edad, el tamaño del núcleo familiar, el ciclo de vida familiar, el género, los ingresos, la profesión, la educación, la religión, la raza, la generación, la nacionalidad y la clase social. Existen muchas razones por las que este tipo de segmentación es tan popular a la hora de identificar los diferentes grupos de consumidores. Una es que las necesidades, los deseos y el nivel de uso de los consumidores suelen estar estrechamente ligados a variables demográficas. Otra es que las variables demográficas son más fáciles de medir que el resto. Incluso cuando el mercado se describe en términos no demográficos (*por ejemplo, tipo de personalidad*), es necesario considerar también características demográficas para poder calcular el tamaño del mercado y el medio de comunicación más adecuado para acceder a él.

Algunas de las variables demográficas que se utilizan para segmentar el mercado son:

- Edad y ciclo de vida. Los deseos y capacidades de los consumidores cambian con la edad. La segmentación por edades puede ser aún más específica. La edad y el ciclo de vida pueden ser variables complicadas. En algunos casos, el mercado objetivo de determinados productos puede ser joven de espíritu, pero no de edad.

- Fase vital. Las personas que se encuentran en la misma fase del ciclo de vida pueden tener fases vitales distintas. La fase vital se refiere a las preocupaciones principales de las personas, como por ejemplo un divorcio, unas segundas nupcias.

- Género. Los hombres y las mujeres tienden a presentar diferentes actitudes y orientaciones conducta, debidas en parte en la estructura genética, y en parte a la socialización. La segmentación según el género sea utilizado tradicionalmente para la ropa, el cuidado del cabello, los cosméticos y las revistas.

- Renta. La segmentación con arreglo al nivel de renta es una práctica muy antigua y servicios tales como automóviles, vestimenta, cosmética, servicios financieros y viajes. La renta no siempre es la mejor forma para predecir quiénes serán los consumidores de un producto determinado. Los trabajadores industriales fueron los primeros compradores de televisiones en color, puesto que les resultaba más barato adquirir estos aparatos que ir al cine o salir a cenar.

- Generación. Todas las generaciones se ven profundamente influidas por los tiempos en que se produce su desarrollo vital: la música, las películas, la política y los sucesos históricos del momento. Los expertos en demografía denominan a estos grupos cohortes. Los miembros de una cohorte comparten las mismas experiencias culturales, políticas y económicas principales. Suelen tener apariencias y valores similares. A pesar de que se pueden establecer diferencias entre las distintas cohortes, los grupos generacionales suelen influirse entre sí.

- Clase social. Tiene una fuerte influencia en las preferencias por determinados automóviles, vestimenta, mobiliario, actividades de ocio, hábitos de lectura y establecimientos donde realizar las compras. Los gustos de las clases sociales cambian con el tiempo.

3. Segmentación psicográfica

La segmentación psicográfica utiliza factores psicológicos y demográficos conjuntamente para entender mejor a los consumidores, dividiendo a los consumidores en grupos con arreglo a su estilo de vida (*conservador, sofisticado*), su personalidad (*introvertida, agresiva*) o sus valores (*conservador, progresista*).

4. Segmentación conductual

Se agrupa a los compradores en función del conocimiento, actitud, uso y respuesta frente a los productos y sus roles en las decisiones de compra. Muchos profesionales de la segmentación consideran creen que las variables de comportamiento son el mejor punto de partida para segmentar los mercados.

- Momento de uso. Hora, día, semana, mes, año o demás períodos temporales de la vida de un consumidor. Los compradores se pueden diferenciar en función del momento en que desarrollan una necesidad, realizan una compra o utilizan un producto.

- Beneficios buscados. Tiene en cuenta las razones por las que el consumidor se siente atraído a la compra, tales como el prestigio, el lujo, el estilo, la calidad o la economía. *La ropa deportiva champion segmenta sus mercados de acuerdo con los beneficios que los diferentes consumidores buscan en sus prendas. Por ejemplo, consumidores en forma y a la moda buscan un equilibrio entre la función y el estilo (se ejercitan para obtener resultados, pero quieren verse bien mientras lo hacen). Los "competidores deportivos serios" se ejercitan intensamente, viven en su ropa deportiva y la aman (buscan desempeño y función). En contraste, las "mamás en busca de valor" tienen bajo interés en los deportes o en la ropa deportiva (compran para la familia y buscan durabilidad y economía). Así, cada segmento busca una combinación distinta de beneficios y champion debe dirigirse al segmento o segmentos de beneficios a los que pueda servir mejor, y de modo más rentable, mediante el uso de mensajes congruentes con las preferencias de cada segmento en cuanto a beneficios.*

- Categoría de usuario. Los mercado se pueden segmentar en grupos de no usuarios, ex usuarios, usuarios potenciales, nuevos usuarios y usuarios habituales de un producto. Las empresas con mayor cuota de mercado tienden a centrarse en atraer a usuarios potenciales porque son los que más tienen que ofrecer. Las empresas pequeñas se centran en arrebatar usuarios actuales a los líderes de mercado.

- Nivel de uso. Los usuarios frecuentes suelen constituir un porcentaje reducido del mercado, pero representan un porcentaje elevado del total de uso. Es más rentable atraer a un usuario frecuente que a varios usuarios de poca frecuencia: sin embargo, un problema potencial es que los usuarios frecuentes bien son extremadamente fieles a una marca, bien nunca son fieles o siempre buscan el precio más barato.

- Nivel de inclinación a la compra. Algunas no conocen la existencia del producto, otras sí, algunas tienen información sobre el producto, a otras les interesan, otras lo desean y otras pretenden adquirirlo.

- Nivel de fidelidad. Incondicionales, divididos, cambiantes e infieles. Las empresas pueden aprender mucho analizando el nivel de lealtad a sus marcas

- Actitud. Entusiastas, positivos, indiferentes, negativos y hostiles.

Si combinamos diferentes variables de comportamiento podemos conseguir una definición más exhaustiva y cohesiva del mercado y de sus segmentos.

6.3. Segmentación de los mercados empresariales

Figura 6.5. Segmentación de los mercados empresariales

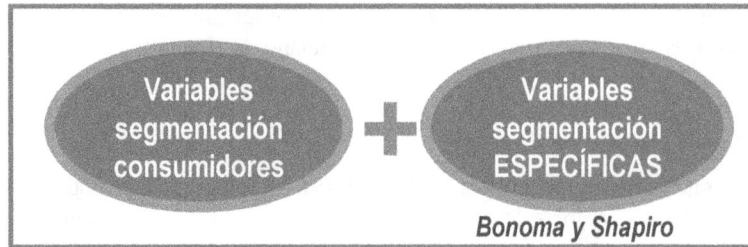

Bonoma y Shapiro propusieron la clasificación de variables de segmentación de mercados industriales.

- Demográficas: Sector industrial, tamaño de la empresa, localización

- Variables operativas: Tecnología, usuarios/no usuarios, capacidades de los clientes.

- Enfoques hacia la compra: Organización de la función de compra, estructuras de poder, naturaleza de las relaciones existentes, políticas generales de compra, criterios de compra.

- Operativas: Urgencia, aplicaciones específicas, tamaño de la orden.

- Características del personal: Semejanza comprador/vendedor, actitudes hacia el riesgo, lealtad.

A la hora de segmentar las empresas llevan a cabo lo que se denomina como segmentación secuencial. En primer lugar, la empresa realiza una macrosegmentación, analiza el sector y el uso final para sus productos. Una vez seleccionado el mercado, determina la aplicación del producto más adecuada y se centra en el tamaño de los clientes. En segundo lugar, emprende una microsegmentación, centrándose ya en las propias empresas, analiza los criterios de compra y constanta la existencia de diferentes grupos con arreglo a si comprarán por precio, servicios o calidad. Es decir, clasifica a las empresas en relación a la situación de compra (recompra directa, modificada y nueva adquisición) y al objetivo perseguido (precio, calidad, soluciones o estratégico).

6.4. Selección del público objetivo.

Una vez que la empresa ha identificado los diferentes segmentos de mercado, debe decidir a cuántos y a cuáles dirigirse. Es importante combinan un gran número de variables e identificar grupos más reducidos y mejor definidos (sin pasarlos, e identificar segmentos tan pequeños que no sean rentables). Esto ha llevado a muchos profesionales del marketing a proponer un enfoque de segmentación basado en las necesidades del mercado.

A la hora de valorar los diferentes segmentos de mercado, la empresa debe fijarse principalmente en el atractivo general del segmento y en los objetivos y recursos de la empresa ¿Tiene el segmento potencial las características que generalmente hacen atractivo cualquier segmento: volumen, crecimiento, rentabilidad, economías de escala y bajo riesgo? ¿Qué nivel alcanza el segmento en cada uno de estos cinco criterios? ¿Resultara zonable invertir en un determinado segmento de acuerdo con los objetivos, competencias y recursos de la empresa? Determinados segmentos que pueden resultar atractivos pueden cuadrar con los objetivos de la empresa a largo plazo, o puede que la empresa carezca de las competencias necesarias para ofrecer un valor superior.

Cuando decidamos a qué segmentos dirigirnos, debemos comprobar siempre que cumplan las siguientes condiciones:

- Medible: el tamaño, poder adquisitivo y características del segmento deben poderse medir.

- Sustancial: el segmento ha de ser lo suficientemente grande y rentable para ser atendido.

- Accesible: el segmento debe poder ser alcanzado y atendido con eficacia.

- Diferenciable: el segmento ha de ser conceptualmente distinguible y responder de forma distinta a los diferentes programas y elementos de marketing.

- Accionable: se debe poder formular programas de marketing efectivos para atraer y atender al segmento en cuestión, de forma competitiva y rentable.

Comprobados estos requisitos la empresa puede optar por uno de los siguientes modelos de selección del público objetivo:

- Concentración en un único segmento. Mediante una técnica de concentración, la empresa llega a conocer mejor las necesidades de su público objetivo y consigue una fuerte presencia en el mercado. La empresa disfruta de una reducción de costes gracias a la especialización de la producción, de la distribución y de la promoción. Si alcanza el liderazgo del mercado, la empresa puede conseguir un importante retorno de su inversión. Un mercado concreto puede agriarse o puede resultar invadido por la competencia Las empresas pueden intentar operar en suprasegmentos, en lugar de operar en segmentos aislados. Un suprasegmento es un conjunto de segmentos que comparten similitudes. *Por ejemplo, la marca Cocoon se centra en satisfacer todas las necesidades de las embarazadas.*

- Especialización selectiva. La empresa selecciona varios segmentos, cada uno de los cuales resulta atractivo y adecuado para sus objetivos. Puede que la sinergia entre los diversos segmentos sea escasa o nula, pero cada uno de ellos, independientemente, debe prometer una rentabilidad elevada. Esta estrategia de cobertura de múltiples segmentos tiene la ventaja de que diversifica el riesgo.

- Especialización de producto. La empresa fabrica un determinado producto que vende a diferentes segmentos. La empresa forja una reputación sólida en un ámbito específico. El riesgo que conlleva esta estrategia es que el producto podría quedar totalmente obsoleto con la aparición de nuevas tecnologías. *Las grandes empresas del sector de la moda utilizan marcas o líneas diferenciadas y orientadas a distintos grupos de consumidores. Por ejemplo, las distintas líneas de Prada (Prada, Miu Miu, Church).*

- Especialización de mercado. La empresa se concentra en satisfacer un buen número de necesidades de un grupo de consumidores determinado. La empresa obtendría una gran reputación al atender únicamente a este grupo de consumidores y se convertiría en un canal para los productos. El riesgo radica en que, por ejemplo, el público objetivo podría ver sus presupuestos recortados de repente o en que su tamaño podría disminuir demasiado.

- Cobertura total del mercado. La empresa intenta atender a todos los segmentos con los productos que puedan necesitar. Las grandes empresas pueden cubrir todo un mercado de dos formas:

  a. Marketing mix indiferenciado. Supone que la empresa pasa por alto las diferencias de los distintos sectores y se dirige a todo el mercado con una única oferta. Así, la empresa diseña un producto y un programa de marketing que atraiga al mayor número de compradores, confiando en la distribución y en la promoción masivas. Su objetivo es dotar al producto de la mejor imagen. La reducida línea de productos mantiene bajos los costes de investigación y desarrollo, producción, inventario, transporte, investigación de marketing, publicidad y gestión, y los programas de promoción estandarizados reducen los costes de publicidad. Lo más probable es que la empresa refleje el nivel de costes en precios más bajos para conquistar de este modo al segmento de consumidores más sensibles al precio.

  b. Marketing mix diferenciado. Supone que la empresa opera en varios segmentos del mercado, pero diseña ofertas diferentes para cada segmento. El marketing diferenciado incrementa los costes generales del negocio (costes de modificación del producto, de producción, administrativos, de inventario y de comunicación). Nada se puede adelantar en cuanto a la rentabilidad de esta estrategia.

Caso práctico Capítulo 6

EL GANSO

Un ejemplo del éxito de las estrategias de marketing es la historia de la PYME madrileña "El Ganso". Empresa que se gesta en 2004 a partir de una idea común de dos hermanos madrileños, Álvaro y Clemente Cebrián, por conseguir un sueño: vestirse a su manera, sin arruinarse en el intento. Superadas las vicisitudes inherentes a todo comienzo, los hermanos Cebrián, han conseguido reunir en torno a "El Ganso" un equipo de profesionales cada vez más numeroso e ilusionado por un mismo concepto, entusiastas por la mezcla de estilos, vanguardias y aires cosmopolitas procedentes de las diferentes culturas europeas con pinceladas de los años '70, el gusto por el detalle y el carácter *british,* sin olvidar agitar bien el *cocktail* de influencias con un desenfado de lo más español.

En Agosto del 2006 se inauguró en Madrid la primera tienda "El Ganso" sita en Fuencarral nº 2, hoy convertida en calle de referencia de las nuevas tendencias que hierven en la capital más joven de Europa. Se dieron cuenta de que su éxito era tener un producto diferenciado a un precio competitivo, no estar en una calle determinada. *"Creíamos que nuestra clientela era alternativa y que debíamos ir a sus zonas costase lo que costase",* reconoce Álvaro. El boca a boca obró el milagro. El "Ganso" pasó a ser una marca cada vez más conocida y su primera tienda una visita cada vez más habitual para visitantes y turistas de la capital. Desde entonces, y en poco tiempo, se unieron otras tiendas en ciudades tan emblemáticas como Barcelona, Valencia, Palma de Mallorca, Zaragoza, Bilbao o Sevilla hasta llegar a un total de 11 tiendas propias. El desafío continúa, confiando poder estar cada vez más cerca del cliente, bien a través de tiendas propias, tiendas multi-marca o de la tienda *on line*, donde pueden vender las 24 horas del día (www.elganso.es) ya que cada vez más jóvenes realizan sus compras on line.

El Ganso tiene una clara vocación internacional. Aunque la situación de crisis económica influye en su negocio, la proyección de marca en el extranjero se ha ido consolidando gracias a su participación en reconocidas Ferias internacionales, como "Who's Next" en París, "Bread&Butter" en Berlín o "Pitti Uomo" en Milán. Su éxito, reconocido por publicaciones como *Fashion_from_Spain* del ICEX o la propia Comunidad de Madrid, la cual, a través de la Asociación de Jóvenes Empresarios (AJE), ha distinguido a los Hermanos Cebrián, como Jóvenes Empresarios del año 2010, les obliga a seguir trabajando con más fuerza e ilusión por mejorar y seguir dando vida a ese sueño, ofrecer sus productos desenfadados a los jóvenes españoles.

El espíritu del "Ganso" descansa en su declaración de intenciones: diseñar ropa, calzado y complementos que reflejen, más allá de modas pasajeras, la individualidad del consumidor a la hora de vestir. Valores como "Somos rebeldes, pero con causa" y una apuesta por una sociedad multicultural, heterogénea y solidaria, respetuosa con el entorno y con el medio ambiente se traducen en productos de calidad, con un toque diferente y a precios asequibles (45 euros por un par de zapatillas). Estos estándares se consiguen utilizando materiales de primera clase y ejerciendo un estricto control sobre la producción, algo posible por realizarse en fábricas de nuestro propio país. El compromiso con el medio ambiente les ha llevado a buscar proveedores que estén concienciados, como es el caso de sus zapatillas "Tigra 007" o las "College" cuyos componentes son materiales biodegradables y poco contaminantes.

El Ganso reinicia con la Colección OI'10. La colección de hombre apuesta por nuevos diseños y patrones, cuidando el gusto por el detalle con cuellos de tejidos y coderas haciendo juego, ojales e hilo del botón del mismo color que los felpis y forros de nuestras americanas, buscando la elegancia en el sport masculino. La colección de mujer busca resaltar la silueta femenina con patrones más ajustados y cortos que combinan a la perfección, con nuestros zapatos de tacón y botas invernales. Los niños también podrán hacer "El Ganso" con nuevas prendas pensadas especialmente para ellos.

PREGUNTAS:

1. ¿Cuál es el enfoque de gestión de marketing de la empresa?

2. ¿Utiliza alguna estrategia de segmentación?

3. ¿Cuál es su público objetivo?

4. ¿Cómo valora el consumidor sus productos?

Algunas preguntas de repaso...

1. ¿Cuál de los siguientes niveles de segmentación del mercado implica la aplicación del marketing a un mercado de reducidas dimensiones que no está bien atendido?
   a. Marketing de segmentos
   b. Marketing de nichos
   c. Marketing local
   d. Marketing individualizado

2. El comportamiento del consumidor...
   a. Varía según el tipo de producto
   b. Es relativamente simple, por estar afectado por pocas variables
   c. Es constante a lo largo del ciclo de vida del producto
   d. Es estable a lo largo del tiempo

3. Si pretendo entrar en un nuevo segmento y se me resiste, tendré que utilizar todas mis armas de directora de marketing, utilizar mis recursos financieros, de producción e incluso de relaciones e influencias. A esto se le denomina...
   a. Estrategia de especialización de mercado
   b. Segmentación secuencial
   c. Agresividad empresarial
   d. Megamarketing

4. ¿Cuál de las siguientes respuestas no forma parte del entorno funcional?
   a. Los proveedores
   b. El entorno cultural
   c. Los intermediarios de marketing
   d. Los mercados de consumidores

5. Según la jerarquía establecida por Maslow, ¿qué tipo de necesidad sería el interés por la estética del arte?
   a. Necesidad de autorrealización
   b. Necesidad de seguridad
   c. Necesidades sociales
   d. Necesidad de estima

6. La etapa final del proceso de compra empresarial es _____ y es una de las pocas etapas que opera en los distintos tipos de situaciones de compra: compra nueva, compra modificada y recompra directa.
   a. Revisión de la actuación
   b. Especificaciones del producto
   c. Selección del proveedor
   d. Especificación de pedido rutinario

7. El marketing consiste en las medidas tomadas con el fin de establecer y conservar buenas _____ con un público objetivo, siempre en relación a un producto, a un servicio, a una idea, o a cualquier otro objeto.
   a. Relaciones de intercambio
   b. Procesos de intercambio
   c. Transacciones de intercambio
   d. Comunicaciones de intercambio

8. Volkswagen se concentra en el mercado de coches pequeños y Porsche en el de los coches deportivos. ¿Cuál de los posibles modelos de selección de público objetivo han escogido estas dos empresas?
   a. Concentración en un único segmento
   b. Especialización selectiva
   c. Especialización de producto
   d. Especialización de mercado

9. ¿Cuál de las siguientes respuestas es el concepto fundamental del marketing?
   a. El intercambio
   b. Las ventas
   c. La publicidad
   d. El valor

10. El proceso de valorar el atractivo de cada segmento de mercado y seleccionar aquel o aquellos que se piensa conquistar se denomina...
    a. Definición del público objetivo
    b. Segmentación de mercado
    c. Posicionamiento de la oferta
    d. Combinación de mercado

Capítulo 7.

Capital de Marca y Estrategia de Posicionamiento

7.1. ¿Qué es el capital de marca?

La Asociación Americana de Marketing defina marca como *"un nombre, término, signo, símbolo o diseño, o una combinación de ellos, cuyo propósito es identificar los bienes o servicios de un vendedor o grupo de vendedores y diferenciarlos de los de la competencia"*

Es un producto o un servicio que añade dimensiones adicionales para diferenciarse de alguna manera del resto de productos o servicios destinados a satisfacer la misma necesidad. Diferencias que pueden ser funcionales, racionales, tangibles simbólicas, emocionales o intangibles.

Se han utilizado durante siglos. Los primeros ejemplos de marcas en Europa surgieron en la Edad Media, cuando los gremios exigían a los artesanos que pusiesen marcas distintivas en sus productos para protegerse a sí mismos y a los consumidores de una calidad inferior. En bellas artes es la firma de las obras de arte por parte de los artistas.

Las funciones de las marcas se pueden agrupar en dos grupos, las funciones para el consumidor y las funciones para las empresas:

Funciones para el consumidor:

Identificar la procedencia o el fabricante de un producto

Permitir a los compradores, individuos u organizaciones exigir las responsabilidades a un fabricante o vendedor en particular

Evaluar un mismo producto de forma diferente en función de su marca

Contactar con las marcas a través de experiencias pasadas con el producto o a través de su programa de marketing

Funciones para la empresa:

Simplificar el manejo y la localización de los productos

Protección legal para las características exclusivas del producto

Indicar determinado nivel de calidad, de modo que los consumidores satisfechos adquieran el mismo producto una y otra vez

Predisposición a pagar un precio más elevad

Aunque los consumidores puedan replicar fácilmente los procesos de fabricación y diseño del producto, no pueden tan fácilmente igualar de manera duradera la impresión que ha cread ola marca en la mente de los individuos y de las organizaciones. Es un modo de garantizar la ventaja competitiva

---

Las marcas generan y mantienen los beneficios de la empresa. Además de tener su propio precio es muy difícil crear una marca nueva, por lo que la gestión de este activo intangible es fundamental. El interés creciente que han mostrado los altos directivos por las marcas se debe a estas consideraciones financieras de las mismas y los rankings de valoraciones de marca.

Figura 7.1. ¿Cuáles son las marcas españolas más valoradas?

¿Cuáles son las marcas españolas más valoradas?

Fuente: Imágenes contenidas en las web corporativas de las empresas (2010)

El alcance de las marcas o también denominado Branding, consiste en dotar a productos y servicios del poder de una marca, que permita crear diferencias entre productos. Para ponerle marca a un producto, es necesario mostrar a los consumidores "quién" es el producto, "qué" hace el producto y "por qué" deberían adquirirlo los consumidores. Supone crear estructuras mentales y ayudar a los consumidores a organizar sus conocimientos sobre productos y servicios, de tal modo que se facilite su toma de decisiones, y en el proceso, se genere valor para la empresa.

Figura 7.2. El alcance de las marcas

La clave es que los consumidores no crean que todas las marcas de la misma categoría sean similares. Estando estas diferencias relacionadas con atributos o características propias de productos no relacionadas con el producto (deseos y motivaciones de los consumidores).

Las marcas se pueden utilizar en cualquier situación en la que los consumidores tengan que elegir, ya que se le puede poner marca a todo aquello que se puede intercambiar: bien físico, servicio, personas. Lugares, organizaciones o ideas.

Por ello, se considera que el capital de marca es el valor añadido de que se dota a productos y servicios. Se puede reflejar en cómo piensan, sienten y actúan los consumidores respecto a la marca, o en los precios, la cuota de mercado y la rentabilidad que genera la marca para la empresa. Es un activo intangible muy importante para las empresas por su valor psicológico y financiero.

Desde la perspectiva del capital de marca, todos los euros de marketing que se gastan cada año en productos y servicios deberían considerarse inversiones en el conocimiento de marca de los consumidores. La calidad de la inversión en creación de marcas es el factor clave, pero no necesariamente la cantidad, claro está, siempre que esté por encima de un umbral máximo. El conocimiento de marca que crean estas inversiones de marketing dicta, al mismo tiempo, la dirección futura que debe tomar la marca.

1. ¿QUÉ MODELOS HAY PARA MEDIR EL CAPITAL MARCA?

Aunque no existe un consenso general sobre los principios básicos del capital de marca, existen modelos que ofrecen perspectivas diferentes. Los más consolidados son:

A. Brand Asset Evaluator (BAY)

Desarrollado por la agencia de publicidad Young and Rubicam (Y&R) (http://www.brandassetconsulting.com/). Proporciona medidas comparativas del capital de marca de miles de marcas de cientos de categorías diferentes.

Existen 4 componentes clave del capital marca según este modelo:

- Diferenciación: mide grado por el que una marca es concebida de forma diferente a la de las demás.
- Relevancia: mide amplitud del atractivo de una marca.
- Estima: mide aprecio y respeto que recibe una marca
- Conocimiento: mide nivel de familiaridad e intimidad de los consumidores con la marca.

La diferenciación y la relevancia se combinan para determinar la fortaleza de la marca y la estima y el conocimiento conforman la estatura de la marca.

Si examinamos las relaciones entre estas 4 dimensiones obtendremos mucha información sobre el estado actual y futuro de una marca. La fuerza y la estatura de una marca se pueden combinar para crear una matriz de valor de activo de la marca que refleja las fases del ciclo de desarrollo de marcas, cada una con sus 4 niveles característicos, en los cuadrantes sucesivos. Las marcas nuevas reflejan niveles bajos en los 4 pilares. Las marcas nuevas pero fuertes tienden a mostrar niveles más elevados de diferenciación y relevancia, mientras que la estima y el conocimiento siguen siendo bajos. Las marcas líderes presentan niveles altos en los 4 pilares. Las marcas decadentes tienen un gran nivel de conocimiento en comparación con un nivel bajo de estima, y aún más bajo de relevancia y diferenciación.

MARCAS	DIFERENCIACIÓN	RELEVANCIA	ESTIMA	CONOCIMIENTO
NUEVAS				
NUEVAS FUERTES				
LÍDERES				
DECADENTES				

B. Modelo AAKER

Este profesor de universidad afirma que el capital de marca está formado por 5 categorías de activos y pasivos ligados a una marca:

- Lealtad a la marca
- Notoriedad de la marca
- Calidad percibida
- Asociaciones de marca
- Otros activos propiedad de la marca (patentes, marcas registradas o relaciones en el canal de distribución)

Considera un concepto especialmente importante al general capital de marca la identidad de marca: conjunto exclusivo de asociaciones de la marca que representa lo que significa la marca y lo que promete a los consumidores. Considera que se organiza en 12 dimensiones que giran en torno a 4 perspectivas: marca como producto, como organización, como persona y como símbolo. Y diferencia dos identidades de marca: la identidad central, que hace referencia a la esencia fundamental y eterna de marca, suele permanecer constante, y la identidad extendida, relacionada con los elementos que se organizan en grupos cohesivos y significativos.

a. Modelo BRANDZ

Desarrollado por consultoras de investigación de mercados Millwrd Brown y WPP. Gira en torno a la pirámide BrandDynamics. La construcción de marcas fuertes requiere una serie de fases secuenciales, en la que el éxito de cada fase depende de la consecución de la fase anterior.

Los objetivos de cada fase, en orden ascendente, son:

- Presencia *¿Conozco la marca?*
- Relevancia *¿Me ofrece algo?*
- Rendimiento *¿Qué me entrega?*

- Ventaja *¿Me ofrece algo mejor que las demás?*
- Compromiso *Nada puede superarla*

Es desafío que esto plantea a los directivos de marketing es cómo desarrollar actividades y programas que impulsen a los consumidores a subir de nivel.

b. Resonancia de marca

Considera que la creación de marcas es un proceso ascendente que incluye las siguientes fases:

- Garantizar que los clientes identifican la marca y que ésta se asocia en la mente de los clientes con una clase de producto o con una necesidad del cliente específica
- Establecer firmemente la totalidad del significado de la marca en la mente de los clientes mediante la vinculación estratégica de un conjunto de asociaciones de marca tangibles e intangibles
- Provocar las respuestas apropiadas por parte de los clientes en cuanto a juicios y sentimientos relativos a la marca
- Transformar las respuestas a la marca para crear una relación intensa y activa de lealtad entre los consumidores y la marca

Estas 4 fases suponen el establecimiento de 6 bloques "bloques de construcción de marcas" con los clientes (se pueden agrupar a modo de pirámide). Para crear un capital de marca importancia es necesario alcanzar la cúspide de la pirámide de la marca, y esto sólo ocurrirá si los bloques anteriores se colocan en el lugar adecuado.

- Prominencia de marca: frecuencia y facilidad con que se evoca la marca
- Rendimiento de la marca: modo en el que el producto o servicio satisface las necesidades funcionales de los clientes
- Imaginería: propiedades extrínsecas del producto o servicio, incluidas las formas en que se intenta que la marca satisfaga las necesidades sociales y psicológicas de los clientes
- Juicios de marca: se concentran en las opiniones y valoraciones personales de los clientes
- Sentimientos de la marca: reacciones y respuestas emocionales de los clientes respecto a la marca
- Resonancia de la marca: naturaleza

2. ¿CÓMO SE CONSTRUYE EL CAPITAL MARCA?

Existen 3 conjuntos de elementos generadores de capital marca: las elecciones iniciales de los elementos de marca o identidades que conforman la marca (nombre de marca, web, logotipos, símbolos, portavoces, eslóganes, música publicitaria,..); el producto, el servicio y todo lo que acompaña a las actividades de marketing y apoya los programas de marketing; y otras asociaciones transferidas indirectamente a la marca, mediante su vinculación con otra entidad

A. Selección de los elementos de marca

Los elementos de marca son recursos susceptibles de inscripción en el registro de patentes y marcas que sirven para identificar y diferenciar la marca. La mayoría de las marcas fuertes emplean múltiples elementos de marca. Estos se deben seleccionar con el fin de generar el mayor capital de marca posible. La prueba para saber qué capacidad tienen estos elemento para generar capital de marca.

En la selección de los elementos de marca consideramos los siguientes criterios de selección:

- Memorable: Facilidad con la que recuerda
- Significativo: Hasta qué punto el elemento de marca es creíble y representativo
- Agradable: Atractivo estético, si es agradable
- Transferible: Si se puede utilizar para introducir nuevos elementos
- Adaptable
- Protegible

B. Desarrollo de los elementos de marca

En el pasado, las empresas elegían el nombre para una marca elaborando una lista de nombres posibles, discutiendo sus ventajas, descartando unos cuantos, y finalmente decantándose por uno. En la actualidad, muchas empresas contratan a otras empresas de investigación de marketing para desarrollar y probar sus nombres. Recurren a sesiones de brainstorming y a inmensas bases de datos. Los procesos de selección para un nombre de marca incluyen test de asociación *(¿qué imagen evoca?)*, test de aprendizaje *(¿es fácil de pronunciar?)*, test de memoria *(¿es fácil de recordar?)* y test de preferencia *(¿cuáles son los nombres favoritos?)*; además debe asegurarse de que no esté registrado.

Los nombres de marca no son el único elemento. Generalmente, cuanto menos concretos son los beneficios de la marca, más importante resulta que los elementos de marca capturen las características de la misma. Un elemento de marca potente, aunque algunas veces infravalorado, son los eslóganes. Son considerablemente eficientes para generar capital de marca.

Algunos ejemplos:

AMAZON: Debía empezar por "A" porque los buscadores recogían los resultados por orden alfabético

LEGO: El nombre de la famosa firma es en realidad una combinación de las palabras danesas "Leg godt" que significa "jugar bien

SONY: Procede de la palabra latina "sonus", es decir, "sonido".

MANGO: Isaak Andic dio con este nombre al acordarse de cuando probó en Filipinas la exótica fruta, entonces inédita en España.

NIVEA: Del latino "nivis", nieve, remite a la textura blanca de la crema

RAY BAN: La famosa marca de gafas de sol tiene un nombre obvio: en inglés "rayos (de sol) prohibidos"

C. El diseño de las actividades de marketing holístico

Los consumidores pueden llegar a conocer una marca mediante encuentros o puntos de contacto, como la observación y el uso personal, boca-oreja, experiencias telefónicas u online, etc., y no a través de la publicidad. Podríamos definir contacto con la marca como cualquier experiencia cargada de información que protagoniza un cliente real o potencial con la marca, la categoría de productos o el mercado, y que está relacionada con el producto o servicio de la empresa.

En los últimos años el marketing de experiencias ha ganado protagonismo al estar altamente vinculado con el poder de marca. Las empresas están creando contactos de marca y generando capital de marca de muchas formas, con clubes y comunidades de consumidores, ferias y exposiciones comerciales, marketing de acontecimientos, patrocinios, visitas a fábricas, relaciones públicas, comunicados de prensa y marketing comprometido con causas sociales.

Independiente de las herramientas o enfoques concretos que se utilicen, los profesionales del marketing holístico destacan 3 aspectos innovadores y muy importantes a la hora de diseñar programas de marketing para crear marcas:

- Personalización. Adoptan conceptos como el marketing de experiencias, el marketing uno a uno o el marketing de permiso. Está permitiendo que los consumidores se involucren más con la marca, creando una relación activa e intensa. Consiste en garantizar resulten todo lo relevante que sea posible a cuantos más consumidores mejor, lo que es todo un reto, puesto que los consumidores nunca son iguales.

- Integración. Consiste en combinar y ajustar actividades de marketing para maximizar sus efectos individuales y colectivos. Los profesionales necesitan una variedad de actividades de marketing diferentes que refuercen la promesa de la marca. Cobra especial importancia en las comunicaciones de marketing. Se debería estudiar la eficacia y la eficiencia de su contribución a la notoriedad de marca y a la creación, el mantenimiento y el refuerzo de la imagen de marca. La notoriedad de marca es la capacidad de los consumidores de identificar la marca en diferentes condiciones, reflejada en el reconocimiento de la marca y en la capacidad de recordarla. La imagen de marca es el conjunto de percepciones y creencias de los consumidores, reflejada en las asociaciones que se crean en la memoria de los consumidores. El programa de comunicaciones de marketing debería elaborarse de tal modo que el todo sea mayor que la suma de las partes. Dicho de otro modo, en la medida de lo posible, debe existir tal cohesión entre las diferentes opciones de comunicación que los efectos de cualquier opción se vean potenciados por la existencia de las demás opciones.

- **Interiorización.** Deben adoptar una perspectiva interna para considerar qué medidas han de tomar para garantizar que tanto los empleados como los demás colaboradores de marketing aprecien y comprendan las nociones básicas de gestión de la marca y cómo pueden reforzar o dañar el capital de marca. El branding interno se refiere al conjunto de actividades y procesos destinados a informar e inspirar a los empleados. La vinculación emocional con la marca tiene lugar cuando los consumidores sienten que la empresa está cumpliendo sus promesas de marca. Para ello, todos los contactos entre los clientes y los empleados o las comunicaciones de la empresa deben ser positivos. Es uno de los factores que más influencia tiene sobre la percepción de marca. Los profesionales deben r aún más lejos y ofrecer información y apoyo a distribuidores y vendedores para que atiendan adecuadamente a sus clientes. Unos vendedores con escasa formación pueden arruinar los mejores esfuerzos por crear una imagen de marca fuerte.

D. Apalancamiento de asociaciones secundarias

La tercera forma de crear capital de marca es, efectivamente Tomarlo prestado, decir, se puede crear vinculando la marca a información almacenada en la memoria que transmite un significado a los consumidores.

Puede estar vinculada a determinados factores de origen como, por ejemplo, la empresa, países o regiones (*Dijón, Rioja*), canales de distribución, otras marcas, protagonistas, personajes, eventos deportivos o culturales y otras fuentes de terceros.

3. ¿CÓMO SE CALCULA EL CAPITAL DE MARCA?

Existen dos enfoques básicos para medir el capital de marca. El enfoque indirecto que valora el impacto real que tiene el conocimiento de marca identificando y rastreando las estructuras de conocimiento de marca de los consumidores. El enfoque directo que valora el impacto real que tiene el conocimiento de marca en las respuestas de los consumidores ante los distintos estímulos de marketing.

Estos dos enfoques son complementarios, para que el capital de marca desempeñe una función estratégica útil y sirva de directriz en las decisiones de marketing, es importante que los profesionales de marketing comprendan a la perfección la fuentes generadoras de capital de marca y sus principales consecuencias, y sepan cómo estas fuentes y consecuencias cambian en el tiempo, si es que lo hacen. Para lo primero es importante elaborar auditorías de marca, mientras que para lo segundo es importante desarrollar un seguimiento de marca.

Dentro del enfoque directo encontramos las auditorias de marca. Consisten en un ejercicio en torno a los consumidores que incluye una serie de procesos destinados a valorar el estado de salud de la marca, descubrir sus fuentes generadoras de capital y buscar el modo de mejorar y apalancar el capital de marca.

Para su realización es necesario entender exactamente qué productos y servicios se están ofreciendo a los consumidores, cómo se están comercializando y cuál es su estrategia de marca. Es necesario profundizar en la mente de los consumidores y desvelar el verdadero significado de las marcas y los productos.

Para ello, se llevan a cabo dos fases. Primero, el inventario de marca, es decir, un análisis descriptico que proporciona el perfil actual y exhaustivo de cómo se comercializan y se gestiona la marca de todos los productos y servicios vendidos por una empresa. Contribuye a descifrar en qué podrían basarse las percepciones actuales de los consumidores. Segundo, la exploración de marca, que trata de comprender que sienten y piensan los consumidores sobre la marca y sobre la categoría de productos correspondiente con el fin de identificar las fuentes generadoras de capital de marca.

Aunque estas actividades pueden arrojar descubrimientos importantes y sugerir hipótesis ciertas. Suelen ser incompletas.

Dentro del enfoque indirecto identificamos dos herramientas: el seguimiento de marca o tracking y la valoración de marcas. El seguimiento de marcas consiste en recopilar información de los consumidores de forma rutinaria a lo largo del tiempo. Suelen emplear medidas cuantitativas para ofrecer a los especialistas de marketing información actualizada sobre cómo responden sus marcas y programas de marketing respecto a una serie de dimensiones clave. Es un modo de entender dónde, cuánto y cómo se crea el valor de marca, facilita la toma de decisiones diaria y es importante para poder realizar los ajustes adecuados.

La valoración de marcas consiste en estimar el valor financiero total de una marca.

7.2. La gestión del capital de marca

Es necesario analizar las decisiones de marketing a largo plazo. Conduce a estrategias proactivas destinadas a mantener y potenciar en el tiempo el capital de marca basado en el consumidor frente a cambios externos del entorno de marketing y a cambios internos en los objetivos y programas de marketing de la empresa.

1. REFUERZO DE MARCA

Puesto que la marca es el activo más duradero de una empresa, es necesario gestionarla adecuadamente para que su valor no se desprecie.

El capital de marca se refuerza con acciones de marketing que transmitan a los consumidores el significado de la marca de forma consistente con relación a qué productos representan la marca, ¿qué beneficios ofrece y qué necesidades satisface? ¿Cómo contribuye la marca a que estos productos sean superiores y qué asociaciones de marca fuertes, favorables y exclusivas deberían existir en las mentes de los consumidores?

Un elemento muy importante a tener en cuenta es la consistencia del respaldo de marketing que recibe la marca, en términos de cantidad y calidad. A la hora de gestionar el capital de marca es importante reconocer las relaciones entre las actividades de marketing que fortalecen la marca y refuerzan su significado y aquellas que intentan apalancar o tomar prestado capital de marca para cosechar algún beneficio financiero.

Figura 7.3. Ejemplo de refuerzo de marca

Fuente: Imágenes contenidas en la web corporativa de Beefeater (2011)

2. REVITALIZACIÓN DE MARCA

En todas las categorías de productos encontramos ejemplos de marcas que en su día fueron preponderantes y admiradas y que hoy pasan dificultades o incluso, en algunos casos, han desaparecido. Algunas de estas marcas han protagonizado retornos impresionantes en los últimos años gracias a que los profesionales del marketing le han dado una nueva vida (Fanta).

Para superar la decadencia es necesario que "vuelva a sus raíces" y se restauren sus fuentes generadoras o se busquen nuevas fuentes de capital de marca, o que necesiten cambios más bien "revolucionarios" que "evolucionarios".

El primer aspecto que se debe considerar es cuáles fueron las fuentes de capital de marca iniciales. Las decisiones se deben centrar en si se debe mantener el mismo posicionamiento o si se debe reposicionar la marca, y en este último caso, sobre qué posicionamiento resulta más adecuado, el origen del problema está en el programa de marketing porque no consigue cumplir las promesas de marca.

Existe un continuo amplio en las estrategias de revitalización que va desde el extrema de "retorno a lo básico" hasta la "reinvención" pura y dura en el extremo opuesto.

Para revitalizar antiguas fuentes generadoras de capital de marca o crear nuevas, es posible utilizar dos enfoques: Aumentar la profundidad y/o la amplitud de la notoriedad de marca mejorando la capacidad de los consumidores para recordar y reconocer la marca en situaciones de compra o de consumo. Mejorar la fuerza, la agradabilidad y la exclusividad de las asociaciones de marca que componen la imagen de marca.

Figura 7.5. Ejemplo de revitalización de marca

Fuente: Información contenida en la web corporativa de Cola-Cao y Aquabona (2010)

3. CRISIS DE MARCA

Se debe asumir que en algún momento surgirá una crisis de marca. En general, cuanto mayor es el capital de marca y más tiempo ha estado establecida una imagen corporativa fuerte, más probabilidades existen para capear el temporal con éxito. Sin embargo, también es crucial prepararse concienzudamente y elaborar un programa de gestión de crisis.

En lo relativo a la rapidez, cuanto más tarde en responder una empresa a una crisis de marketing, lo más probable es que los consumidores se formen una idea negativa como consecuencia de una cobertura mediática perjudicial o de un desfavorable boca-oreja. O lo que es aún peor, los consumidores podrían descubrir que en realidad la marca no les gusta tanto, y pasarse de forma permanente a otras marcas o productos.

Además de rápidas, deben ser sinceras. Cuanto más sinceras, sea la respuesta de la empresa, en términos de reconocimiento público de los efectos para los consumidores y de la disposición de la empresa a tomar cualquier medida posible y necesaria APRA solucionar la crisis, menos probabilidades habrá para que los consumidores se formen asociaciones negativas.

7.3 Estrategias de marca

La estrategia de marca refleja el número y la naturaleza de los elementos de marca y distintivos que se aplican a los diferentes productos que comercializa una empresa.

La decisión sobre la marca de nuevos productos es especialmente crítica. Tiene 3 opciones: puede desarrollar elementos de marca nuevos para el nuevo producto; puede aplicar algunos de sus elementos de marca existentes; o puede combinar elementos de marca nuevos y existentes.

EXTENSIÓN DE MARCA	Empresa utiliza una marca consolidada para introducir un nuevo producto
SUBMARCA	Se combina una marca nueva con otra existente
MARCA MATRIZ	Marca existente da lugar a una extensión de marca
MARCA DE FAMILIA	Marca matriz se asocia a diversos productos mediante extensiones de marca
LÍNEA DE MARCAS	Todos los productos que se venden bajo una determinada marca
MIX (SURTIDO) DE MARCA	Líneas de marca que un vendedor pone a disposición de compradores
VARIABTE DE MARCA	Distribución a minoristas y canales específicos de líneas de marcas más concretas
PRODUCTO BAJO LICENCIA	Se autoriza el uso del nombre de la marca a otros fabricantes que son los que realmente fabrican el producto

1. ¿LE PONEMOS MARCA AL PRODUCTO?

La primera decisión de estrategia de marca consiste en decidir si crear un nombre o denominación de marca para un producto. Hoy en día tienen tanto poder que prácticamente cualquier cosa tiene marca. Los productos básicos o commodities no necesariamente tienen que seguir haciéndolo. Estos productos, en teoría, son tan básicos que no pueden diferenciarse físicamente en la mente de los consumidores. Con los años, una serie de productos que antes eran considerados "básicos" se han ido diferenciando a medida que han ido surgiendo marcas en las distintas categorías (café, harina, plátanos, cervezas).

Suponiendo que una empresa pudiese darle una marca a sus productos, debería seleccionar qué nombre o denominación de marca utilizar. Se utilizan 4 estrategias generales:

- Nombres individuales. La de poner una marca distinta a cada uno de sus productos. Las empresas suelen utilizan nombres diferentes para las distintas líneas de calidad dentro del mismo tipo de producto. Ventajas: no vincula su reputación a la del producto. Desventajas: si éste no ofrece los resultados esperados o baja calidad, el nombre o la imagen de la empresa no se verá perjudicado.

- Misma denominación para todos los productos (marcas paraguas). Ventajas: los costes son inferiores porque no hay que hacer "estudio de nombres" ni publicidad; las ventas del nuevo producto serán altas si el fabricante tiene una buena reputación.

- Nombre independiente por línea de producto (Marca línea). Si una empresa fabrica muchos productos diferentes, no será recomendable utilizar un nombre general para todos (*Mercadona utiliza Hacendado*).

- Nombre de la empresa combinado con nombres de producto individuales. El nombre de la empresa legitima el nuevo producto y el nombre individual lo personaliza.

Las dos primeras estrategias suelen considerarse "casa de marcas" o "marca de la casa" respectivamente, y podrían ser los extremos de le espectro relacional de la marca.

A. Extensiones de marca

Conscientes de que uno de sus activos más valiosos son las marcas, muchas empresas han decidido potenciarlo con el lanzamiento de productos nuevos bajo el nombre de sus marcas fuertes. La mayoría de los productos nuevos son extensiones de línea (80-90%).

VENTAJAS	DESVENTAJAS
Éxito de los productos nuevos. Los consumidores pueden llegar a conclusiones y formarse expectativas sobre la composición y resultados de un producto en base a lo que ya saben sobre la marca matriz y sobre la relevancia que encuentran entre esta información y el nuevo producto. Al generar expectativas positivas, las extensiones reducen el riesgo.	Dilución de marca. Los consumidores dejan de asociar una marca a un producto y empiezan a pensar menos en la marca
Feedback positivo. Contribuye a la clarificación del significado de una marca y a mejorar la percepción de credibilidad de la empresa por parte de los consumidores.	Cuestionamiento de integridad y competencia. Pueden confundirse e incluso frustrar a los consumidores (¿qué versión del producto es la "adecuada" para ellos?)
	Descredito de marca matriz. Es el peor. Afortunadamente, esto no suele ocurrir. Los fallos en los que la marca no consigue atraer a un número suficiente de consumidores suelen ser menos perjudiciales que los fallos de producto, donde la marca simplemente no consigue cumplir sus promesas.
	Canibalización de la marca matriz. Las ventas se deben a que los consumidores se han trasladado a la extensión desde los productos actuales de la marca matriz.
	Renuncia a propia imagen y capital de marca.

La extensión potencial de un nuevo producto para una marca debe ser valorada por la eficacia con que respalda el capital de marca existente de la marca matriz al nuevo producto, y por cómo contribuye la extensión, por su parte, al capital de la marca matriz. La consideración más importante es que encaje en la mente del consumidor. Puede hacerlo de distintas maneras: atributos físicos comunes, situaciones de uso similares o mismo tipo de usuarios. Un error a la hora de valorar las oportunidades de una extensión es considerar las estructuras de conocimiento de marca de todos los consumidores. Con frecuencia, los directores comerciales se concentran en una o varias asociaciones de marca como base potencial para que la extensión encaje, y en el proceso olvidan otras asociaciones que podrían ser más importantes.

Figura 7.6. Ejemplo de extensión de marca

Fuente: Imágenes contenidas en web corporativa de Central Lechera Asturiana (2010)

B. Carteras de marca

Normalmente, para perseguir segmentos de mercado diferentes es necesario utilizar marcas diferentes. La cartera de marcas es el conjunto de marcas y líneas de marcas que ofrece una empresa para la venta a compradores dentro de una categoría concreta. Una misma marca no recibe la misma opinión favorable de todos los segmentos a los que la empresa le gustaría atender.

Entre las razones para lanzar marcas diferentes en una misma categoría se encuentran:

- Aumentar la presencia en las estanterías y la dependencia del minorista en la tienda.

- Atraer a los consumidores que buscan variedad que, de otra forma, cambiarían a otra marca.

- Aumentar la competencia interna dentro de la empresa.

- Potenciar las economías de escala en publicidad, ventas, merchandising y distribución física.

Las marcas pueden desempeñar diversas funciones específicas dentro de una cartera:

- Defensoras: posicionan respecto la competencia, de modo que las marcas más importantes (y rentables) puedan conservar el posicionamiento deseado.
- Vacas lecheras: se pueden conservar porque a pesar de que las ventas se van reduciendo, todavía atraen a un número suficiente de clientes y siguen siendo rentables sin apenas esfuerzo de marketing.
- Marcas de entrada a menor precio: atraer clientes al territorio de la marca. Les permite reconducir a los clientes hacia marcas más caras.
- Gran prestigio: marca relativamente cara para añadir prestigio y credibilidad a toda la cartera.

Figura 7.6. Ejemplo de cartera de marca

Fuente: Información contenida en la web corporativa de Unilever (2010)

7.4. Estrategias de posicionamiento

Toda estrategia de marketing se basa en la segmentación, la definición del público objetivo y el posicionamiento estratégico. Una empresa identifica diversas necesidades y grupos en el mercado, se centra en las necesidades y grupos que pueda atender mejor y posiciona su oferta de modo que el mercado objetivo reconozca la oferta y la imagen distintiva de la empresa. Si una empresa no consigue posicionarse adecuadamente confundirá al mercado.

Se define como la acción de diseñar la oferta y la imagen de una empresa de tal modo que ocupen un lugar distintivo en la mente de los consumidores. El objetivo es situar la marca en la mente del gran público para maximizar los beneficios potenciales de la empresa. Sirve de directriz para la estrategia de marketing puesto que transmite la esencia de la marca, aclara qué objetivos pueden conseguir los consumidores con el producto o servicio y expresa el modo exclusivo en que se consiguen. Gracias al posicionamiento, se logra crear una propuesta de valor centrada en el consumidor, una razón convincente por la cual el público objetivo debería adquirir el producto.

Para decidir sobre la estrategia de posicionamiento es necesario definir un marco de referencia mediante la identificación del público objetivo y de la competencia, así como identificar las asociaciones de marca ideales, de los puntos de paridad y de los puntos de diferencia.

Hay que empezar por determinar la categoría de pertenencia, es decir, los productos o conjuntos de productos con los que compite una marca y cuáles pueden resultar sustitutos adecuados. Las decisiones de definición de público objetivo suelen ser determinantes. La decisión de servir a un determinado tipo de consumidor puede definir la naturaleza de la competencia. Para definir el marco de referencia competitivo adecuado es necesario comprender el comportamiento de los consumidores y el conjunto de factores que tienen en cuenta los consumidores al tomar sus decisiones de marca.

A continuación, hay que identificar los puntos de paridad y los puntos de diferencia. Los puntos de diferencia son los atributos o ventajas que los consumidores vinculan estrechamente con una marca, valoran positivamente, y creen que no los podrán encontrar en las marcas de la competencia de la misma manera o al mismo nivel *(El Corte Inglés es más caro pero garantías, instalación...)*. Y los puntos de paridad son asociaciones que no son necesariamente exclusivas de marca, sino que, de hecho, se comparten con otras marcas. Se refieren, fundamentalmente, a la categoría de los productos o servicios y la competencia. Normalmente la clave del posicionamiento no radica tanto en conseguir puntos de diferencia sino, más bien puntos de paridad.

En tercer lugar, es necesario definir la categoría de pertenencia ¿*Los consumidores son conscientes de que Maybelline es una marca líder en cosméticos o de que Cheerios es una marca líder de cereales?* Con frecuencia debemos informar a los consumidores de la categoría de pertenencia de una marca. Es decir, debemos siempre destacar donde opera nuestra marca, cuál es nuestra categoría y, después, destacar los puntos de diferencia de una marca. Es necesario que los consumidores sepan qué es un producto y para qué sirve, antes de decidir si supera a las marcas con las que compite.

Fundamentalmente, existen 3 modos de transmitir la categoría a la que pertenece una marca: resaltando las ventajas que ofrece la categoría de pertenencia, comparando con otros productos, y utilizando un identificador de producto

A. SELECCIÓN Y CREACIÓN DE LOS PUNTOS DE PARIDAD Y DE LOS PUNTOS DE DIFERENCIA

Los puntos de paridad vienen motivados por la necesidad de pertenencia a una categoría (de crear puntos de paridad de una categoría concreta) y de la necesidad de anular los puntos de diferencia, es importante tener en cuenta que éstos deben ser deseables para los consumidores y que la empresa debe ser capaz de ofrecer dichos puntos de diferencia.

Cuando genero puntos de paridad... Siempre deben estar caracterizados por...

Deseabilidad. El público objetivo debe considerar que les resultan personalmente relevantes e importantes.

Exclusividad. Deben ser distintivos y superiores.

Credibilidad. Deben ser creíbles y fiables.

Viabilidad. La empresa debe ser capaz de crearlos y mantenerlos en el tiempo.

Transmisibilidad. Resulta muy difícil crear una asociación que no sea consistente con el conocimiento previo de los consumidores o que les cuesta creer.

Sostenibilidad. Se pueden mantener a largo plazo.

Una de las dificultades principales en torno al diseño de la estrategia de posicionamiento de marca es que muchos de los atributos o beneficios que constituyen los puntos de diferencia y de paridad guardan una correlación negativa. Si los consumidores valoran positivamente un atributo o beneficio de la marca, también valorarán negativamente otro atributo importante. Por ejemplo, puede resultar complicado posicionar una marca como "barata" y al mismo tiempo afirmar que es "de la mejor calidad".

Formas de abordar el problema de la contraposición:

- Presentación independiente: es cara, aunque a veces eficaz, para lanzar 2 campañas de marketing diferentes, cada una destinada a un atributo o a un beneficio diferente. Pueden ser lanzadas a la vez o secuencialmente.
- Trasladar el capital de otra entidad: personas famosas y queridas. Las marcas pueden vincularse a cualquier tipo de entidad que posea el capital adecuado para hacer de un atributo o un beneficio un punto de diferencia o de paridad. No está libre de riesgos.
- Redefinir la relación: eficaz aunque complicada, es convencer a los consumidores de que la relación, en efecto, es positiva.

B. ESTRATEGIAS DE DIFERENCIACIÓN

Para no caer en la trampa de los productos básicos debemos empezar por creer que cualquier cosa es susceptible de diferenciación. Las marcas se pueden diferenciar en función de numerosas variables. La forma más convincente es la que se basa en las características del producto o servicio. Sin embargo, en mercados competitivos, las empresas no se pueden limitar a esto, y deben ir más allá. Las demás dimensiones que puede emplear una empresa para diferenciar su oferta de mercado incluyen el personal, el canal de distribución y la imagen.

DIFERENCIACIÓN POR MEDIO DEL PRODUCTO (En torno a cinco dimensiones)

Producto: forma, características, calidad de rendimiento, calidad de montaje, duración, fiabilidad, responsabilidad, estilo y diseño.

Servicios: facilidad de pedido, entrega, instalación, formación de clientes, asesoría de clientes, mantenimiento y reparación y servicios diversos.

Personal

Canal de distribución

Imagen: símbolo, medios de comunicación, ambiente y eventos

Caso práctico Capítulo 7

EL BULLI CIERRA SU SERVICIO DE CATERING EN BARCELONA

Tras haber facturado un millón y medio de euros en el 2008 (2 millones el año anterior), el catering de El Bulli en Barcelona ha cesado sus actividades. Un escueto comunicado, a principios de este mes, daba noticia del cierre que, según fuentes de la propiedad, es "sólo un paréntesis". Los teléfonos del servicio, en la calle Bonavista de Barcelona, no responden y la página web elbullicatering.org está inactiva.

Ferran Adrià y Juli Soler, propietarios de El Bulli, coincidieron en asegurar a La Vanguardia que el motivo del cese obedece a "un replanteamiento general del negocio" desvinculándolo de cualquier motivo económico. Al respecto señalaron que el servicio de catering de El Bulli para el área de Madrid, con sede en el Casino de Madrid, continúa funcionando con normalidad. "Aquí, todo el personal ha sido recolocado en otras áreas de la casa"

"El Bulli sigue viento en popa", reafirmó Adrià, aunque admitió que el ambiente de recesión económica y retracción del consumo "se nota en todo el mundo y el sector de la restauración no escapará de este clima". Muchos de los grandes "están sufriendo ya las consecuencias". En su opinión, los restaurantes de alto nivel, con facturas por comensal superiores a los 60 euros, tendrán que esforzarse mucho para mantener el ritmo del negocio. Algo que es también comentado con preocupación por otros destacados chefs barceloneses.

"Para responder a nuestro prestigio y a las expectativas de los clientes, una empresa como El Bulli está obligada a mantener un nivel altísimo de calidad y prestaciones - comentó Soler-y en el catering inciden multitud de factores, que queremos afrontar con garantía". Esto, obviamente, tiene unos precios de mercado y "en el clima actual, preferimos replantear el negocio y ver cómo evoluciona el mercado"

El servicio de catering de El Bulli se creó en 1995, con sede en el Acuario de Barcelona. Entonces el nombre de Adrià no estaba aún ubicado en la galaxia de los mejores cocineros del mundo. La tercera estrella Michelin llegó dos años más tarde, en 1997. "Aquel día - cuenta Soler-estábamos en Brasil preparando una cena para un cliente, que además era amigo personal", pero dos años antes ya habían emprendido el proyecto de "llevar la cocina de El Bulli hasta el cliente. Es la distinción de nuestro catering, que lo diferencia de otros".

Los servicios de catering de El Bulli organizados desde Barcelona tenían un precio mínimo de 60 euros por persona, cuando se trataba de un aperitivo. El cóctel partía de 90 euros por persona, el cóctel seguido de comida, 140, y los banquetes de comida o cena se contrataban a partir de 190 euros por comensal.

Ferrán y el Bulli han fulminado los principios inamovibles de la cocina y le ha proporcionado nuevas dimensiones, nuevos sentidos con los que impactar la sensualidad humana. Gusto, olfato, vista, tacto, incluso oído participan en cada creación que se convierten en un homenaje al propio comensal. Una ardua labor de investigación y ensayo que casi se aproxima al método científico. La máxima de Maximin "Creatividad es no copiar" que influyó tanto en Adriá, le ha permitido ir más allá de crear una identidad propia, ha consolidado la capacidad de cambio permanente sin renunciar a la excelencia.

Fuente: Adaptado de La Vanguardia (2009)

PREGUNTAS:

1. Identifique cómo valora el consumidor contratar los servicios de catering de El Bulli y qué determina su satisfacción.

2. Analice cuáles son los factores que influyen en el comportamiento de consumidor al demandar este tipo de servicios.

3. ¿Cuál es la marca del servicio? ¿y el capital de marca?

4. Señale cuál es el enfoque de gestión de Marketing que adopta Ferran Adrià en su negocio.

Algunas preguntas de repaso

1. **¿A qué estado de demanda corresponde que los consumidores se sientan atraídos por productos que acarrean consecuencias sociales indeseables?**
   a. Demanda indeseable
   b. Demanda negativa
   c. Demanda indeseable
   d. Demanda en declive

2. **El malestar del comprador provocado por el conflicto post-compra se denomina:**
   a. Irritación
   b. Decepción
   c. Disonancia cognitiva
   d. Asincronimidad afectiva

3. **Al acto de diseñar una oferta e imagen empresarial destinada a conseguir ocupar un lugar distinguible en la mente del público objetivo se le conoce con el nombre de_____...**
   e. Diferenciación por medio de la imagen.
   f. Posicionamiento
   g. Diferenciación por medio del producto
   h. Diferenciación por medio de los servicios

4. **El Grupo Duhl alimentación comercializa sus productos con marcas como Clesa, Duhl, Apis, Trapa, Elorriaga, Cacaotal o Royne. Su estrategia de marca es...**
   a. Extensión de marcas
   b. Familia de marcas
   c. Cartera de marcas
   d. Diversificación de marcas

5. **Converse se dirige a un segmento de mercado compuesto por personas que busca la comodidad de sus zapatillas. ¿Cuál de los siguientes criterios utiliza para identificar a su público objetivo?**
   a. Psicográfico
   b. Actitudinal
   c. Conductual
   d. Longitudinal

6. **Se dice que las empresas pueden realizar hasta 90 estimaciones distintas de los tipos de demanda de mercado. ¿Cuál de los siguientes puntos no es una de esas formas de medición de la demanda?**
   i. Nivel de producto
   j. Nivel espacial
   k. Nivel temporal
   l. Nivel de competencia

7. **Un conjunto de productos que se comercializan bajo la misma marca se denomina...**
   a. Línea de marcas
   b. Estrategia de marcas
   c. Variante de marcas
   d. Mix de marcas

8. **¿Qué característica queda definida por el grado en que un segmento de mercado se puede atender?**
   a. Medible
   b. Accionabilidad
   c. Accesibilidad
   d. Rentabilidad

9. **Si la cuota de mercado relativa es superior al 100% significa que la empresa es...**
   e. Líder del mercado
   f. Retadora de la empresa líder
   g. Co-líder con otra empresa
   h. Una empresa más en el mercado

10. **La demanda correspondiente al nivel de gasto en las actividades de Marketing dentro de un sector determinado es...**
    e. La estimación del mercado
    f. La demanda de la empresa
    g. La previsión de las ventas de la empresa
    h. El potencial del mercado

Capítulo 8.
Las Relaciones con la Competencia

8.1. Las fuerzas competitivas

Con el objetivo de que la empresa pueda comercializar con éxito sus productos es necesario identificar si el mercado en el que la empresa va a adentrarse es atractivo. Para ello, Michael Porter ha identificado cinco fuerzas que determinan el atractivo intrínseco a largo plazo de un mercado o de un. Estas cinco fuerzas están representadas por la competencia dentro del sector industrial, los competidores potenciales, los productos sustitutivos, los compradores y los proveedores.

Figura 8.1. Fuerzas competitivas de Porter

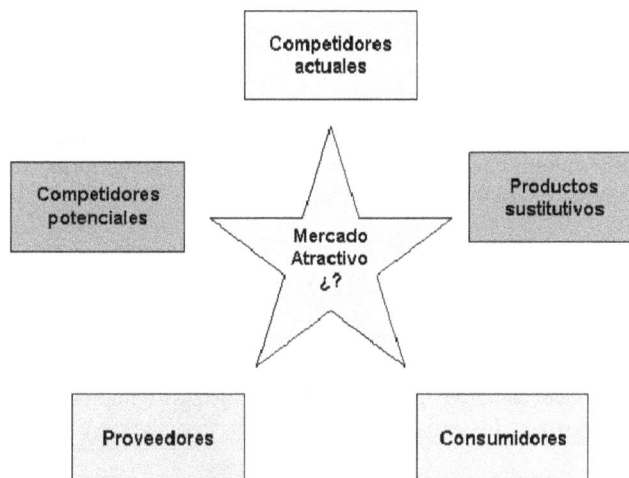

A continuación se analizarán estas fuerzas competitivas de manera individual haciendo especial referencia a los aspectos que se deben tener en cuenta en la elaboración de un plan de marketing.

1. Amenaza de rivalidad intensa en el segmento

Esto se debe a la existencia de una gran competencia dentro del propio sector. Si esto es así, se considera que un mercado o segmento no resulta atractivo si: ya está ocupado por gran cantidad de competidores; el segmento está estancado o se encuentra en fase de declive; las posibles necesidades de ampliación de equipamiento y de capital han de realizarse a gran escala; los costes fijos son elevados; las barreras de salida son altas; o los competidores tienen un elevado interés.

Estos condicionantes suelen motivar frecuentes guerras de precios, ofensivas publicitarias y lanzamientos de productos nuevos, lo que elevará mucho las inversiones necesarias para poder competir de manera eficaz en dicho segmento.

Un ejemplo de esta situación son las compañías de la telefonía y las compañías aéreas. En estos mercados la presencia de competidores poderosos sin intención de abandonar el mercado (Iberia, Spanair, MoviStar, Telefónica, etc.) deriva en la disminución del número de empresas del sector y conlleva luchas de precios constantes por permanecer en el sector

2. Amenaza de nuevos competidores

El atractivo de un segmento varía en función de la naturaleza y de la medida de sus barreras de entrada y salida. Es decir, de los impedimentos, dificultades o requisitos necesarios para entrar y salir del mercado (necesidad de patentes, permisos, grandes inversiones, compromiso con los clientes, etc.). A partir de las barreras se pueden identificar cuatro tipos de mercados que varían en relación con su atractivo:

a. Mercados con barreras de entrada altas y de salida bajas. Pocas serán las empresas que podrán entrar en el sector, y las que no obtengan los beneficios esperados podrán abandonarlo con facilidad. Se trata del sector más atractivo. Ejemplo: Administración de lotería, farmacia.

b. Mercados con barreras de entrada y salidas altas. En este caso es muy difícil adentrase en el mercado pero también muy difícil salir si los beneficios caen. Por ello, el potencial de beneficios en este mercado es alto, pero las empresas se enfrentan a más riesgos porque las empresas con menor rentabilidad tienen necesariamente que mantenerse en el segmento y competir con el resto. Ejemplo: Bancos (para poder crear un banco es necesario el depósito de 3.000 euros iniciales, y 15.000 el primer año de actividad de la entidad).

c. Mercados con barreras de entrada y salida bajas: Las empresas pueden entrar y salir del sector con facilidad, y los ingresos se mantienen a niveles bajos pero estables. El problema es que las facilidades de entrada y salida atraen a un número elevado de empresas por lo que la competencia será intensa y todo el plan de marketing se elaborará en torno a la idea de diferenciar el producto. Ejemplo: tiendas de complementos (la inversión inicial es baja y si hay complicaciones no se tienen compromisos ni grandes instalaciones o maquinaria).

d. Mercados con barreras de entrada bajas y de salida altas. Las empresas penetran en el segmento en épocas de vacas gordas, pero se las verán y se las desearán para abandonarlo en época de vacas flacas. El resultado es un exceso de capacidad crónico e ingresos decrecientes para todos. Ejemplo: Sector inmobiliario en España (muchas constructoras quebraron pero tenían compromisos con sus clientes y con los bancos).

3. Amenaza de productos sustitutivos

Un segmento carece de atractivo cuando existen productos sustitutivos reales o potenciales para el producto ya que este tipo de productos sustitutivos fijan límites de precios y beneficios. La empresa debe analizar con atención las tendencias en los precios. Si la tecnología evoluciona o aumenta la competencia en estos sectores relacionados con los productos sustitutivos, los precios y los beneficios del segmento probablemente caerán.

En la actualidad la comercialización de productos electrónicos y por Internet como el I-pad, la descarga de música o películas ha reducido el atractivo de mercados como el editorial, las discográficas o los cines. Si el consumidor percibe que el producto que adquiere es similar y más económico dejará de consumidor los productos "tradicionales" si no se les ofrece un valor añadido superior.

4. Amenaza de una mayor capacidad de negociación por parte de los compradores

El atractivo de un segmento se reduce si los compradores tienen una gran capacidad de negociación o si ésta va en aumento. La capacidad de negociación de los compradores crece cuando: aumenta su concentración u organización (por ejemplo, a través de organizaciones de consumidores); el producto representa una fracción importante de los costes de los compradores; el producto no se diferencia de los demás; los costes de cambio de fabricante son bajos; los compradores son sensibles al precio; o los compradores se integran verticalmente

Por ejemplo, si los alumnos de último año de carrera quieren irse de viaje para celebrar que han finalizado sus estudios acudirán a una agencia de viajes bajo un representante. Un viaje de estas características supone un porcentaje importante en los ingresos de los estudiantes por lo que son bastante sensibles ante la variable precio. Además a estos consumidores no les resulta relevante contratar su viaje con una agencia de viajes, una compañía aérea o un hotel determinado. A la hora de adquirir su viaje designarán a un representante para que sea quien negocie con el vendedor y pueda presionar sobre rebajas de precio y aumento de ventajas. Todo esto, hace que el poder de negociación de estos compradores sea elevado y, por tanto, sea quienes dominen la negociación.

¿Y cómo puedo solucionar este problema? Generalmente, para protegerse, los vendedores deben seleccionar a aquellos compradores con la menor capacidad de negociación o de cambio de proveedor. Las compañías de telefonía han superado este "problema" con la creación de programas de permanencia que comprometen al cliente con la empresa a partir de una serie de ventajas.

Figura 8.2. ¿Cuál es la capacidad de negociación de los consumidores en estos sectores?

5. Amenaza de una mayor capacidad de negociación por parte de los proveedores

Un segmento no resulta atractivo si los proveedores de la empresa tienen la posibilidad de elevar los precios o disminuir la cantidad ofertada. Los proveedores tienden a ganar capacidad de negociación cuando: están más concentrados u organizados; existen pocas empresas o productos sustitutivos; el producto ofrecido por los proveedores supone una aportación importante; los costes de cambio de proveedor son elevados; o los proveedores se pueden integrar verticalmente.

Las mejores estrategias de defensa consisten en crear relaciones satisfactorias y estratégicas con los proveedores o utilizar diversas fuentes de aprovisionamiento (no tener muchos proveedores pero no tener solo uno).

8.2. Identificación de la competencia de la empresa

La tarea de identificar a los competidores de una empresa podría parecer sencilla. PepsiCo sabe que el principal competidor de su agua embotellada Aquafina es Aquabona de Coca-Cola, el grupo Banco Santander Central Hispano sabe que el Banco Bilbao Vizcaya es un competidor clave en los servicios financieros. El abanico de competidores reales y potenciales de una empresa puede ser mucho más amplio. Una empresa puede verse más perjudicada por competidores emergentes o por nuevas tecnologías que por los competidores ya consolidados. Podemos analizar la competencia tanto desde el punto de vista del sector como desde el punto de vista del marketing.

1. EL CONCEPTO DE COMPETENCIA INDUSTRIAL

Un sector industrial se define como un conjunto de empresas que ofrece productos o clases de productos que se pueden sustituir unos por otros. Se clasifican según el número de empresas que lo componen, su grado de diferenciación, la presencia o ausencia de barreras de entrada y de salida, las estructuras de costes, el grado de integración vertical y el grado de globalización.

A. Número de empresas y grado de diferenciación

- Monopolio puro. Una única empresa ofrece un producto o servicio en un determinado país o área. El monopolista no sometido a ninguna regulación podrá cobrar un precio más alto, no necesitará realizar apenas publicidad y ofrecerá unos servicios limitados. Si existen productos sustitutivos parciales o algún riesgo de competencia, el monopolista puro tenderá a invertir más tecnología y en proporcionar más y mejores servicios *(por ejemplo, antes Iberia o Telefónica)*. Un monopolista regulado deberá fijar precios más bajos y ofrecer servicios, al ser considerado un asunto de interés público. *(DNI)*

- Oligopolio. Pocas empresas (normalmente de gran tamaño) fabrican productos que van desde ofertas fuertemente diferenciadas hasta productos estandarizados. Un oligopolio puro está

formado por pocas empresas que producen básicamente el mismo tipo de producto (*petróleo*); las empresas encontrarán dificultades para fijar el precio por encima del promedio del mercado; si los servicios y los precios son similares, la única forma de obtener una ventaja competitiva será a través de la reducción de costes. Un oligopolio diferenciado está formado por pocas empresas que producen bienes parcialmente diferentes (*automóviles, videoconsolas*) en lo que se refiere a la calidad, prestaciones, diseños o servicios; cada competidor buscará la consecución del liderazgo en alguno de estos atributos principales tratando de atraer a los clientes que valoran dicho atributo y cargándoles un precio adicional por el mismo.

- Competencia monopolística. Muchos competidores que son capaces de diferenciar sus ofertas total o parcialmente (*restaurantes, gimnasios, supermercados*). Los competidores se concentran en los sectores en los que pueden ajustarse mejor a las necesidades del cliente y así fijar un precio más elevado.

- Competencia pura. Gran cantidad de competidores ofrecen el mismo producto o servicio (*materias primas*). No existen bases para la diferenciación, los precios de la competencia serán los mismos. Ningún competidor hará publicidad, a menor que ésta pueda crear algún tipo de diferenciación psicológica, en cuyo caso sería más preciso describir la situación del sector industrial como de competencia monopolística.

La estructura competitiva puede cambiar con el tiempo (medios de comunicación de monopolio a oligopolio diferenciado).

B. Barreras de entrada, de movilidad y de salida

- Barreras de entrada. Comprenden las necesidades de capital, las economías de escala, los requisitos de patentes y licencias, la escasez de terrenos, materiales o distribuidores y los requisitos de reputación.

- Barreras de movilidad. Al intentar entrar en segmentos de mercado más atractivos.

- Barreras de salida. Tales como obligaciones legales o morales, restricciones gubernamentales, bajo valor residual de los equipos debido a la superespecializacion o a la obsolescencia de los mismos, falta de oportunidades alternativas, elevado grado de integración vertical y barreras emocionales. Su presencia hace disminuir los beneficios del resto.

C. Estructura de costes

Cada sector industrial tiene una estructura de costes específica que determina, en gran medida, su comportamiento estratégico.

D. Grado de integración vertical

Con frecuencia supone menores costes y un mayor control del flujo de valor añadido. Además pueden modificar sus precios y costes en las diferentes fases de la cadena de valor para obtener mayores beneficios allí donde los impuestos son menores. Sin embargo, la existencia de costes elevados en determinados puntos de la cadena de valor o una cierta carencia de flexibilidad.

Las empresas cuestionan cada vez más la medida de integración vertical que deberían desarrollar. Muchas cada vez externalizan más actividades, sobre todo aquellas que pueden llevar a cabo otras empresas especializadas con mayor eficacia y menores costes.

E. Grado de globalización

Algunos sectores son locales y otros globales. Las empresas globales han de competir a escala mundial para lograr la consecución de economías de escala y mantenerse actualizadas con relación a los últimos avances tecnológicos.

2. EL CONCEPTO DE COMPETENCIA DESDE EL PUNTO DE VISTA DE MERCADO

Desde este punto de vista los competidores son aquellas empresas que satisfagan una misma necesidad de los consumidores.

Pone de manifiesto un conjunto de competidores reales y potenciales mucho más amplio. Rayport y Jaworski sugieren que para identificar a los competidores directos e indirectos de una empresa es necesario trazar un esquema de los pasos que dan los consumidores cuando obtienen, consumen y/o utilizan el producto.

Figura 8.2. ¿Quiénes son los competidores de una compañía cinematográfica?

¿Sólo otras compañías del sector?

8.3. Análisis de los competidores

Una vez la empresa ha identificado a sus principales competidores, ésta debe determinar sus estrategias, objetivos, fortalezas y debilidades.

1. ESTRATEGIAS

Todo grupo que adopta la misma estrategia en un determinado mercado objetivo se denomina grupo estratégico.

2. OBJETIVOS

Una vez que la empresa ha identifica a sus competidores principales y conoce las estrategias que utilizan, deben preguntarse ¿Qué busca cada competidor en el mercado? ¿Qué es lo que guía el comportamiento de cada competidor? Son muchos los factores que determinan los objetivos de la competencia, incluyendo su tamaño, su trayectoria en el tiempo, su equipo directivo y su situación financiera. Si el competidor es parte de una gran empresa, es importante saber si la empresa matriz, persigue la consecución de unos objetivos basados en el crecimiento, en los beneficios, o en los ingresos de explotación.

Una presunción inicial consiste en asumir que los competidores rivalizan por maximizar los beneficios. Sin embargo, difieren en la importancia que conceden a los beneficios a corto y a largo plazo. Una presunción alternativa consiste en suponer que cada competidor persigue simultáneamente un conjunto de objetivos: rentabilidad actual, incremento de la cuota de mercado, flujos de caja, liderazgo tecnológico o liderazgo en servicios. Finalmente, una empresa también puede prestar atención a los planes de expansión de sus competidores.

3. FORTALEZAS Y DEBILIDADES

Las empresas necesitan recopilar información sobre las fortalezas y las debilidades de sus competidores.

En general, las empresas deberían prestar atención a 3 variables cuando analicen su competencia:

- Cuota de mercado. La cuota de que dispone el competidor en el mercado objetivo.

- Cuota de notoriedad. El % de consumidores que mencionan el competidor en respuesta a la pregunta "Indique la primera empresa de este sector que le venga a la mente".

- Cuota de preferencia. El % de consumidores que mencionaron al competidor en respuesta a la pregunta "Indique la empresa a la que usted preferiría comprar el producto".

Existe una relación interesante entre estos parámetros. Se puede generalizar que las empresas que consigan mejoras estables en su cuota de notoriedad y en su cuota de preferencia también conseguirán mejorar su cuota de mercado y su rentabilidad.

Figura 8.2. Ejemplo de estrategia orientada a aumento de notoriedad

Fuente: Información contenida en web corporativa de Nocilla (2011)

4. TIPOS DE COMPETIDORES

Una vez que la empresa ha realizado un análisis del valor para los consumidores y ha examinado meticulosamente a su competencia, ya puede concentrar su ofensiva hacia alguno de los siguientes tipos de competidores:

- Fuerte VS débil. La mayoría de las empresas apuntan hacia aquellos competidores que son más débiles porque esto requiere una menor cantidad de recursos invertidos por cada punto de cuota ganado. Sin embargo, la empresa también debería competir con empresas fuertes para poder estar a la altura de los mejores. Incluso los mejores competidores tienen algún punto débil.

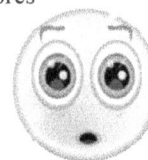

- Similar VS diferente. La mayoría de las empresas compiten con otras que son más similares a ellas. Sin embargo, también deberían identificar competidores más diferentes (coca-cola no solo Pepsi sino también agua).

- "Bueno" VS "malo". Una empresa debería respaldar a sus competidores "buenos" y atacar a los "malos". Los competidores buenos juegan de acuerdo a las normas y reglas existentes en el sector, hacen cálculos realistas sobre el potencial de crecimiento, fijan los precios de forma razonable respecto a los costes, favorecen y fomentan un sector saludable, se limitan a la aparte o al segmento del sector que les corresponde, motivan a los demás a reducir los costes o a mejorar la diferenciación, y aceptan el nivel general de su cuota de mercado y de beneficios. Los malos competidores intentan comprar su cuota de mercado en lugar de ganársela, asumen riesgos mayores, invierten en exceso de capacidad y desequilibran el sector.

8.4. Estrategias competitivas para empresas líderes, retadoras, seguidoras y especialistas en nichos

Para comprender mejor la situación competitiva de la empresa dentro de un determinado mercado objetivo, podemos clasificarlas según el cometido que juegan en el mismo. Así podemos diferenciar empresa líder, retadora, seguidora y especialista en nichos.

1. ESTRATEGIAS COMPETITIVAS PARA LÍDERES DE MERCADO

En muchos sectores existe una empresa reconocida como líder de mercado. Es aquella que tiene la mayor cuota de mercado y que suele ir a la cabeza de las demás empresas en todo lo relativo a modificaciones de precios, lanzamiento de nuevos productos, cobertura de la distribución e intensidad de las promociones.

A menos que una empresa dominante disfrute de un monopolio legal, no puede dormirse en los laureles. Han de estar en estado de alerta permanente porque: cualquier innovación puede perjudicar seriamente a la empresa líder; sus presupuestos son conservadores y los de la empresa retadora menos restricciones; podría hacerse una idea equivocada de sus competidores y verse sobrepasado por ellos; puede percibirse como pasada de moda tras la llegada de competidores más novedosos (*por ejemplo, el Corte Inglés que creó su marca Esfera y la comercializó fuera de sus centros comerciales para competir con Inditex*); o los costes de la empresa dominante se dispares y, en consecuencia, que se resientan los beneficios.

Por ejemplo, hace unos años cuando un consumidor iba a comprar lechuga para sus ensaladas sólo encontraba un tipo de lechuga envasada lista para servir en el plato sin necesidad de lavar, las ensaladas Florette. Consecuencia de su gran éxito otras empresas empezaron a ofrecer esta modalidad por lo que Florette amplió su gama, ofreciendo distintos tipos de ensaladas (Gourmet, Brotes, etc.).

Para mantener su liderazgo en los mercados, las empresas deben actuar en 3 estrategias:

A. Expansión de la demanda total del mercado

La empresa líder es la que más suele beneficiarse cuando aumenta la demanda total del mercado. En general, la empresa líder debe tratar de conseguir nuevos usuarios, nuevos usos y un mayor uso de sus productos.

- Nuevos usuarios. Cualquier producto tiene potencial para atraer a compradores que no lo conocen o que resisten a adquirirlo por su precio o porque carece de alguna de las características que valoran. Puede buscar nuevos usuarios dentro de 3 grupos de consumidores diferentes: los que estarían dispuestos a utilizarlo pero que no lo hacen (estrategia de penetración de mercado); los que nunca lo han utilizado (estrategia de nuevo mercado); o los que viven en otros lugares (estrategia de expansión geográfica)

- Mayor uso. El uso puede aumentar si aumenta el volumen o la cantidad de consumo, o la frecuencia de consumo. ¿Cómo?

    o Aumentando el volumen o la cantidad de consumo. Puede incrementarse mediante el envasado o el diseño del producto (*¿Cómo son ahora los paquetes de Donettes?*). Cuanto mayor es el tamaño del envase más producto se consume en cada momento de uso. El uso de productos de consumo "impulsivo" tales como los refrescos y aperitivos aumenta cuando la disponibilidad del producto es mayor.

- o   Aumentando la frecuencia de uso. Para generar oportunidades de uso adicionales, la estrategia de marketing debe comunicar la adecuación y las ventajas de usar la marca con más frecuencia en situaciones reales o potenciales y/o recordar a los consumidores que utilicen la marca siempre que puedan en situaciones concretas. Otra oportunidad para aumentar la frecuencia tiene lugar cuando las percepciones de uso de los consumidores difieren del uso real del producto. En el caso de muchos productos con ciclos de consumo relativamente cortos, los consumidores no sustituyen el producto en el momento en que debería porque tienden a sobrevalorar la duración de uso efectivo del producto *(por ejemplo, recordar a los clientes que las lentillas de uso mensual son para un mes)*. Una estrategia para acelerar la sustitución del producto es vincular este momento a alguna celebración, acontecimiento o época el año concreta. Otra estrategia podría ser la de informar mejor a los consumidores sobre cuándo utilizó por primera vez el producto y cuándo debería sustituirlo y, el nivel actual de rendimiento del producto.

- o   Fomentando nuevos usos. Tratar de identificar nuevas y diferentes aplicaciones. *Por ejemplo, con la introducción de recetas en los envases de comida le damos nuevas ideas al consumidor.*

B. Defensa de la cuota de mercado

¿Qué puede hacer el líder del mercado para defender su territorio? Innovar continuamente. Debe encabezar el sector en el desarrollo de nuevos productos, en los servicios a los clientes, en la efectividad de la distribución, y en la reducción de costes. De esta forma conseguirá aumentar de forma continua la competitividad y el valor que proporciona a los consumidores.

A la hora de satisfacer las necesidades de los consumidores, se pueden diferenciar 3 enfoques:

- • Marketing receptivo. Detecta una necesidad y la satisface

- • Marketing anticipativo. Se adelanta a las necesidades del consumidor en futuro cercano

- • Marketing creativo. Descubre y genera soluciones que consumidores no han solicitado, pero a las que responden favorablemente.

Aun en el caso en que no lance ofensivas, el líder de mercado no debe dejar al descubierto ninguno de sus flancos principales. Debe considerar cuidadosamente qué ámbitos son más importantes para defender, aun cuando se tengan pérdidas, y a cuáles puede renunciarse. El objetivo de la estrategia defensiva es reducir las posibilidades de ataque. Redirigir los ataques a áreas menos peligrosas y reducir la intensidad de los mismos. La rapidez con que responda la empresa determinará la diferencia en las consecuencias que el ataque pueda tener sobre los beneficios.

Una empresa líder puede utilizar alguna de las 6 estrategias de defensa (*los ejemplos que se presentan a continuación son ficticios, siendo las imágenes obtenidas de las web corporativas de las empresas):*

- • Defensa de posición. Ocupar el espacio de mercado más deseado en la mente de los consumidores, creando una marca prácticamente invulnerable.

- • Defensa de flancos. Aunque la defensa de posición es importante, el líder debería establecer flancos o defensas que protejan sus frentes más débiles o que sirvan como punto de partida para un contraataque en caso de necesidad.

- Defensa preventiva. Atacar antes de que el enemigo inicie su ofensiva. Puede lanzar una defensa preventiva de muchas formas. Puede emprender una guerra de guerrillas en el mercado y dejar así a todos fuera de juego, o puede intentar una ofensiva coherente. Lanzar mensajes al mercado para disuadir a los competidores de atacar. Introducir un flujo de nuevos productos asegurándose de que van acompañados de preavisos (para advertir a los competidores de que tendrán que luchar duro para ganar cuota de mercado).

- Defensa contraofensiva. Cuando los líderes reciben algún tipo de ataque, la mayoría responde con un contraataque. Adoptan numerosas formas. En una contraofensiva, el líder puede enfrentarse frontalmente con el atacante, golpear alguno de sus flancos, o realizar una maniobra de pinzamiento. Invadir el territorio principal del atacante para que tenga que replegarse y dedicar recursos para defender su territorio. Otra forma usual consiste en el ejercicio de las influencias políticas o económicas, el líder puede tratar de doblegar a su contrincante disminuyendo el precio del producto vulnerable y compensarlo con los ingresos de otros productos más rentables, o anunciando la próxima mejora del producto para evitar que los consumidores adquieran el de la competencia, o presionando a los políticos para que tomen medidas que inhiban o inmovilicen a la competencia.

- Defensa móvil. Implica la defensa agresiva de su posición y la ampliación de su territorio hacia otros nuevos que puedan usarse en el futuro como centros defensivos u ofensivos, a través de la ampliación o la diversificación del mercado. La ampliación del mercado requiere que la empresa deje de centrarse en sus productos actuales para centrarse en la necesidad genérica subyacente, y desarrolle la tecnología asociada a la misma mediante actividades de I+D. La diversificación de mercado supone penetrar en sectores inconexos.

- Defensa de contracción. En ocasiones, las grandes empresas son conscientes de que no pueden defender la totalidad de su territorio. La mejor línea de acción en estos casos parece ser la contracción programada (retirada estratégica) que consiste en abandonar los territorios más débiles y de menor importancia y en reasignar los recursos a los territorios más interesantes.

C. Expansión de la cuota de mercado

Los líderes pueden aumentar su rentabilidad incrementando su cuota de mercado. En muchos mercaos, un punto en la cuota de mercado equivales a decenas de millones de euros.

El incremento de la cuota de mercado no genera mayores beneficios de forma automática, especialmente en el caso de las empresas de servicios que requieren mucha mano de obra y que no experimentan economías de escala. Todo depende de la estrategia de la empresa.

Puesto que el coste derivado de conseguir una mayor cuota de mercado puede superar con creces los ingresos necesarios para lograrlo, las deberían tener en cuenta 4 factores básicos antes de intentar incrementar su cuota de mercado:

- Posibilidad de provocar una reacción antimonopolio *(como le ocurrió a Microsoft).*

- Coste económico

- Aplicación de una estrategia de marketing mix incorrecta

- Efectos sobre la calidad real y percibida

2. ESTRATEGIAS DE LAS EMPRESAS RETADORAS

Se han dado muchos casos de empresa retadoras que han ganado terreno e incluso han superado al líder del mercado.

Se fijan objetivos muy ambiciosos aprovechando al máximo todos sus recursos, mientras que el líder suele proseguir con sus negocios de forma habitual. Lo primero que ha de hacer un retador es definir su objetivo estratégico, que suele ser en la mayoría de los casos el incremento de su cuota de mercado. El retador debe decidir a qué empresas atacar:

- Al líder del mercado. Muy arriesgada, pero la más rentable, y puede ser una buena elección si la empresa líder no está atendiendo bien al mercado. La estrategia alternativa es superar al líder en innovación.

- A empresas de su mismo tamaño que no atienden bien al mercado y que tienen problemas financieros. Estas empresas tienden a adolecer de una falta de productos innovadores, de unos precios demasiado altos, y de una mayor insatisfacción de sus clientes por otras muchas razones.

- A pequeñas empresas locales o regionales

Si la empresa atacante decide arremeter contra el líder, es posible que su objetivo consista en arrebatarle parte de su cuota de mercado. Si la empresa atacante se dirige contra una pequeña empresa local, es probable que su objetivo sea expulsarla del mercado.

Una vez definido el oponente y el objetivo, ¿qué estrategias de ataque puede utilizar?

- Ataque frontal. En un ataque frontal puro, el atacante iguala el marketing mix de su oponente. El principio de la fuerza afirma que la parte más fuerte (con más recursos) *ganará (Nesquick VS Cola Cao: ofrecen el mismo tipo de producto a precios similares).* Como alternativa, el atacante podría lanzar un ataque frontal modificado, con un precio menor que el del oponente, por ejemplo, podría funcionar si el líder de mercado no contraatacase y el competidor fuese capaz de convencer al público de que su producto es tan bueno como el del *líder (estrategia seguida por las marcas blancas, ofrecen productos similares a un precio más barato, el reto es convencer al consumidor).*

- Ataque de flancos. Los puntos débiles del enemigo constituyen los objetivos naturales. Este ataque puede llevarse a cabo en 2 ámbitos geográficos: el geográfico y el de segmento. En un ataque geográfico, el retador localiza y ataca aquellas áreas en las que el oponente no atiende bien al mercado. La estrategia dirigida al segmento se centra en las necesidades del mercado no atendidas por el líder. Esta estrategia es otra de las denominaciones que recibe el hecho de identificar cambios en los segmentos de mercado que provocan el surgimiento y desarrollo de espacios no atendidos adecuadamente en el mercado, y aprovecharlos para convertirlos en segmentos fuertes. Es una de las principales prácticas dentro del marketing moderno, el cual opera bajo el principio de que el objetivo del marketing es el de descubrir necesidades y satisfacerlas. Es especialmente atractiva para las empresas con menos recursos que su oponente, y tiene más posibilidades de éxito que un ataque frontal. *Esta fue la estrategia de Inditex en el pasado, descubrir que los individuos querían ropa a la moda a precios asequibles.*

- Ataque envolvente. Intento por conquistar gran parte del terreno del enemigo mediante un ataque relámpago. Implica lanzar una gran ofensiva en diversos frentes. Tiene sentido cuando el retador cuenta con más recursos que el líder y pretende desmantelar los objetivos del líder por completo. *Cuando Vodafone decide premiar a sus clientes fieles con mensajes gratis los fines de semana, lanza una tarifa para autónomos y presenta en los medios su nuevo spot publicitario protagonizado por un líder de opinión.*

- Ataque bypass. Es la estrategia de asalto más indirecta. Consiste en dejar de lado inicialmente al enemigo bordeándolo y atacando otros mercados más sencillos y accesibles a fin de ampliar la base inicial de recursos propios. Ofrece 3 líneas de actuación: diversificación hacia productos no relacionados, diversificación hacia nuevos mercados geográficos y, especialmente en sectores de alta tecnología, adopción de nuevas tecnologías con el fin de reemplazar los productos actuales.

- Ataque de guerrillas. Consiste en lanzar ataques pequeños e intermitentes a diferentes partes del territorio oponente con el fin de asediarle y desmoralizarle y así conseguir pequeños avances, aunque más seguros. Pone en práctica métodos y estrategias convencionales y no tan convencionales, como puede ser la estrategia de reducción selectiva de precios, estrategias promocionales intensas y por sorpresa o acciones legales ocasionales. Se aplica normalmente por pequeñas empresas contra empresas más grandes, lanzando continuos ataques fugaces promocionales o de precios contra algunos mercados al alzar dentro del territorio del oponente, de forma que debilitan gradualmente su poder. Puede resultar cara, aunque no tanto como un ataque frontal, envolvente o de flancos. Es más una preparación para la batalla que una batalla en sí misma. Por esta razón, debe respaldarse con un ataque más fuerte si el retador pretende acabar con su contendiente.

Algunas estrategias de ataque más concretas que se pueden combinar...

Descuentos de precios. Ofrecer productos similares a precios inferiores. Para que resulte efectiva se deben cumplir 3 requisitos: el retador debe ser capaz de convencer a los compradores de que su producto o servicio es similar al del líder; los compradores deben ser sensibles al precio; el líder no debe reducir sus precios como respuesta al ataque. *Es la estrategia de las marcas de distribuidor.*

Productos más baratos. Puede ofrecer un producto de calidad media-baja por un precio muy inferior. Puede verse atacada por otras empresas con precios aún más bajos.

Productos baratos de calidad. Combinar precios baratos con gran calidad para arañar cuota de mercado a los líderes.

Basada en productos de prestigio. Lanzar productos de mayor calidad y fijar para éstos precios superiores a los del líder.

Proliferación de productos. Lanzar una mayor variedad de productos, ofreciendo a los consumidores una mayor selección de productos entre los que elegir.

Innovación del producto. Fomentar la innovación en los productos para atacar al líder.

Mejora de los servicios. Ofrecer servicios nuevos o mejorados a los consumidores.

Innovación en la distribución. Desarrollar un nuevo canal de distribución. *Por ejemplo, el pago a través de teléfonos móvil.*

Reducción de costes operativos. Conseguir reducir sus costes de fabricación más que sus competidores mediante un aprovisionamiento más eficaz, menores costes de mano de obra, y a través del uso de equipos de producción más modernos.

Fuerte inversión promocional. Incrementar su inversión en publicidad y promoción. Cuidado, una fuerte inversión publicitaria no suele ser adecuada a menos que el producto y el mensaje publicitario del retador sean mejores que los del líder.

---

3. ESTRATEGIAS DE LAS EMPRESAS SEGUIDORAS

Muchas empresas prefieren seguir al líder en lugar de retarlo. Son habituales en sectores que requieren grandes inversiones y con escasa diferenciación entre productos (*sector del acero, fertilizantes*). Las posibilidades de diferenciación de producto y de creación de imagen son escasas, la calidad del servicio suele ser similar, y la sensibilidad al precio es elevada. En este tipo de sectores no es conveniente centrarse intensamente en aumentar la cuota de mercado a corto plazo, puesto que sólo provoca guerras entre empresas. Por ello, la mayoría de las empresas no intentan arrebatar clientela a la competencia, no se limitan a presentar ofertas similares, normalmente copiando a las del líder, lo que da lugar a una gran estabilidad en las cuota de mercado.

Esto no significa que los seguidores carezcan de estrategias ya que debe saber cómo mantener a sus clientes actuales y a la vez cómo conseguir nuevos clientes; ha de ofrecer algún tipo de ventaja exclusiva a su mercado objetivo; debe ser consciente de que puede ser el blanco principal del ataque de retadoras, debe mantener sus costes bajos en todo momento, y la calidad de sus productos y servicios al mayor nivel posible, debe entrar en mercados nuevos tan pronto cómo surjan; y debe definir unas vías de crecimiento lo suficientemente discretas como no provocar represalias. Eso sí, debemos ser conscientes de que una empresa seguidora, normalmente, gana menos que una líder.

Podemos señalar cuatro grandes estrategias de empresas seguidoras:

- Estrategia de falsificación. Reproduce el producto y el envasado del producto del líder y lo vende en el mercado negro o en establecimientos de dudosa reputación.

- Estrategia de clonación. Reproduce el producto, nombre y envasado del líder, con ligeras variaciones.

- Estrategia de imitación. Copia algunos aspectos del producto del líder, pero se diferencia en términos de envasado, publicidad, precio, o localización. El líder no suele preocupare mucho por el imitador siempre que no le ataque de forma agresiva.

- Estrategia de adaptación. Se basa en los productos del líder, los adapta e incluso los mejora. Puede optar por atender a mercados diferentes, pero suele convertirse en retadora

4. ESTRATEGIAS PARA ESPECIALISTAS EN NICHOS

Las empresas pequeñas suelen evitar la confrontación directa con las grandes empresas dirigiéndose a mercados más pequeños que carecen de interés para las grandes empresas.

Cada vez es más frecuente que incluso las compañías más importantes o sus unidades comerciales, se dediquen a un determinado nicho.

Las empresas con cuotas de mercado pequeñas respecto a mercado total pueden ser muy rentables mediante una buena estrategia de especialización en nichos. Suelen ofrecer productos con un valor superior por los que cobran unos precios más elevados, consiguen unos costes de producción más bajos y desarrollan una fuerte cultura y visión corporativa.

¿Por qué resulta tan rentable esta estrategia? La razón fundamental es que el especialista en nichos conoce tan bien a su público objetivo que es capaz de satisfacer sus necesidades mejor que otras empresas que atienden ese mismo nicho por mera casualidad. En consecuencia, puede establecer un precio muy superior al coste; mientras que una empresa dirigida a la totalidad del mercado consigue un gran volumen, el especialista consigue un gran margen.

Los especialistas en nichos deben llevar a cabo 3 tipos de actividades: crear nichos, expandirlos y protegerlos. Conlleva el riesgo de que el nicho desaparezca o resulte atacado. En este caso, la empresa se encontraría con multitud de recursos especializados que no puede aprovechar convenientemente para actividades alternativas.

Puesto que los nichos pueden debilitarse, es importante que la empresa identifique nichos nuevos continuamente. Debería ceñirse a su estrategia de especialista en nichos, aunque no necesariamente a un nicho concreto, por lo que la estrategia de nichos múltiples resulta mucho más interesante que una de nicho único. Al desarrollar 2 o más nichos, la empresa multiplica sus posibilidades de supervivencia.

Las empresas que tratan de entrar en nuevos mercados deberían dirigirse primero a un nicho concreto, en lugar de a la totalidad del mercado.

Caso práctico Capítulo 8

EL SECTOR LÁCTEO EN ESPAÑA: LA LUCHA POR EL CONSUMIDOR

La lucha en el sector lácteo entre la marca de la distribución y la del fabricante es una de las más intensas de la alimentación, con una guerra de precios y promociones muy activa. Con el consumo casi estancado (+0,8%), la marca de la distribución ha ido arañando cuota a las marcas del fabricante hasta acaparar el 54,2% del mercado, según Alimarket. Después se colocan Central Lechera Asturiana, con la mayor cuota de mercado (15,5%), seguida de Puleva (8.9%) y Pascual (7,9%).

Con un posicionamiento centrado en la calidad y no en el precio, Leche Pascual ha estrenado una campaña de televisión y radio, creada por SCPF. Según Mónica Fresno, miembro del departamento de marketing de Pascual, "el consumidor debe saber y recordar que no todas las leches del mercado tienen la misma calidad: la recogida diaria, el triple control en las ganaderías, los procesos que mantienen el sabor y los nutrientes naturales, son algunos de los motivos que hacen que la leche de máxima calidad sea la mejor elección para alimentar a la familia".

Otra marca que se enfrenta a un nuevo escenario es Central Lechera Asturiana que ha optado por una estrategia mixta de potenciar la idea de calidad, apoyándola en su caso con propuestas promocionales, como su nueva estrategia, "Mejor que mejor". Con ella Central Lechera Asturiana premia la fidelidad de los consumidores con seis sorteos de 100.000 euros, a razón de uno al mes. Para participar, el consumidor puede hacerlo por correo postal o por internet. A través de la primera vía es necesario enviar 8 códigos de barras de cualquiera de los productos Central Lechera Asturiana a un apartado de correos. Por internet, el usuario debe registrarse en la web www.centrallecheraasturiana.es/elpastizal e introducir 8 códigos de 13 dígitos que aparecen en los productos. Cada carta enviada, o participación vía internet, entra en todos los sorteos siguientes hasta el final de la promoción.

Empresas como Central Lechera Asturiana que en los inicios de la crisis apostó fuerte por la calidad se ha centrado ahora en las promociones y las rebajas de precio. No obstante, se encuentran con un rival importante, las marcas de distribuidor. Los últimos años este tipo de marcas han ido aumentando su presencia en el mercado ya que han "conseguido limpiar" la imagen de productos de baja calidad. Si bien en un principio no eran rivales de las grandes empresas del sector que nos la tenían en cuenta, el robo poco a poco de los clientes han despertado el interés de los grandes líderes que ahora diseñan sus estrategias para tratar de eliminarlas del mercado (si una cosa está clara, es que no se van a ir del mercado).

Por otro lado, y derivada de la intensa competitividad del sector lácteo algunas empresas han optado por adentrarse en otros sectores donde ganar mayor presencia y fortalecerse. Por ejemplo, Central Lechera Asturiana quiere revolucionar la categoría de las mantequillas con un nuevo producto, denominado Botequilla, novedad mundial según la compañía, al ser la primera mantequilla en bote con un tapón dosificador. Además, entre las características del producto, destacan que contiene la mitad de materia grasa que la mantequilla tradicional y que es fácil de untar. Si por algo se caracteriza el sector de las mantequillas, como el lácteo en general, es por estar dominado por la marca de la distribución. Arias, President y Central Lechera Asturiana son las tres marcas del fabricante más fuertes.

Fuente: Elaboración propia a partir de información marketingnews.com (2010)

PREGUNTAS:

1. Si tiene en cuenta las fuerzas competitivas de Porter ¿Considera el mercado lácteo atractivo?
2. Si decidiera entrar en el mercado… ¿Quiénes serían sus competidores?
3. Al analizar a sus competidores ¿Encuentra alguna debilidad/fortaleza de ellos en relación con las cuotas de mercado, notoriedad y preferencia?
4. Y… ya que ha identificado a sus competidores… ¿puede señalar qué posición competitiva ocupa y cuál es su estrategia competitiva?

ALIMENTACIÓN

NOTORIEDAD PUBLICITARIA

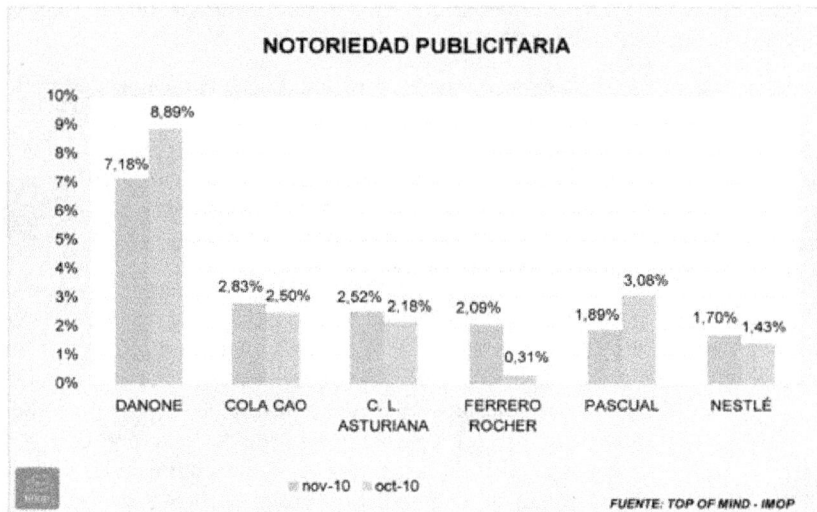

FUENTE: TOP OF MIND - IMOP

PARTICIPACIÓN DE MEDIOS

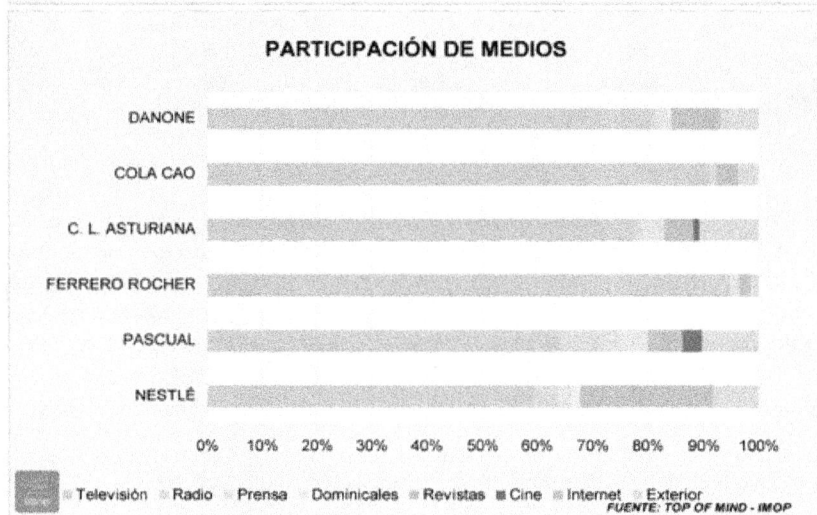

FUENTE: TOP OF MIND - IMOP

114

Algunas preguntas de repaso

1. Danone ofrece yogures de fresa, plátano, limón, piña, etc. Esto es la _____ de la línea de productos ya que tiene distintas versiones de cada producto.
    a. Amplitud
    b. Longitud
    c. Consistencia
    d. Profundidad

2. La estructura industrial que caracteriza a la compra-venta de materias primas, como las naranjas de Valencia, se denomina...
    a. Oligopolio puro
    b. Oligopolio diferenciado
    c. Competencia monopolística
    d. Competencia pura

3. Si yo le pregunto al consumidor sobre cuál es la empresa a la que preferiría comprar un producto... estoy tratando de establecer...
    a. La cuota de notoriedad
    b. La cuota de preferencia
    c. Los gustos de los consumidores
    d. La intención de compra

4. Algo que se ofrece a un mercado con la finalidad de que se le preste atención, sea adquirido, utilizado o consumido, con el objeto de satisfacer un deseo o una necesidad, es...
    a. Un atributo
    b. Una idea
    c. Una demanda
    d. Un producto

5. La Universidad Rey Juan Carlos ha decidido ofertar nuevas titulaciones con el objetivo de aumentar la gama de titulaciones que ofrece. Esto se denomina...
    a. Alargamiento hacia abajo
    b. Alargamiento hacia arriba
    c. Alargamiento en dos sentidos
    d. Relleno de la línea de productos

6. Un segmento resulta atractivo si...
    a. Las barreras de entrada y de salida son elevadas
    b. Las barreras de entrada son altas y de salida bajas
    c. Los consumidores tienen gran capacidad de negociación
    d. La ampliación de equipamiento y de capital es a gran escala

7. Custo Barcelona decidió denunciar a Desigual porque consideraba que le copiaba los productos, sin embargo, la legislación considera que los productos variaban en más de un 10%. Por tanto, la estrategia a seguir es de...
    a. Adaptación
    b. Falsificación
    c. Clonación
    d. Imitación

8. Un conjunto de productos estrechamente relacionados porque realizan funciones similares se denomina:
    a. Línea de productos
    b. Línea de marcas
    c. Familia de marcas
    d. Estrategia de marca

9. El ataque de una empresa retadora caracterizado por tratarse de ataques pequeños e intermitentes que persiguen desmoralizar al líder se denomina:
    a. Ataque de bypass
    b. Ataque de guerrillas
    c. Ataque de bandas
    d. Ataque envolvente

10. La pasta de dientes se caracteriza por ser un bien de...
    a. Conveniencia
    b. Necesidad
    c. Especialidad
    d. No buscado

Capítulo 9.

Desarrollo de las estrategias de productos

9.1. Características y clasificación de los productos

Desde el punto de vista de un director comercial un producto implica mucho más que una oferta tangible. Consideramos que un producto es todo aquello que pueda ofrecerse en el mercado para satisfacer un deseo o una necesidad. Incluyendo bienes físicos, servicios, experiencias, acontecimientos, personas, lugares, propiedades, organizaciones, información e ideas.

A la hora de diseñar esta política de marketing lo primero que tenemos que hacer es identificar los niveles del producto y determinar qué tipo de producto vamos a comercializar en función de su tangibilidad y caducidad, y del propio comprador. Una vez determinado el tipo de producto se procederá a diseñar la estrategia de diferenciación, la longitud de la línea de productos o el envase y etiquetado, entre otros.

1. NIVELES DE UN PRODUCTO: JERARQUÍA DE VALOR PARA EL CLIENTE

Al planificar la comercialización de un producto es necesario identificar los niveles del producto, es decir, lo que se denomina como la "Jerarquía de valor para el cliente". Cada nivel que identifiquemos iremos añadiendo más valor al producto, tendremos que tomar más decisiones respecto a su diseño pero nos permitirá diferenciar nuestra oferta de los competidores.

Figura 9.1. Jerarquía del valor para el cliente

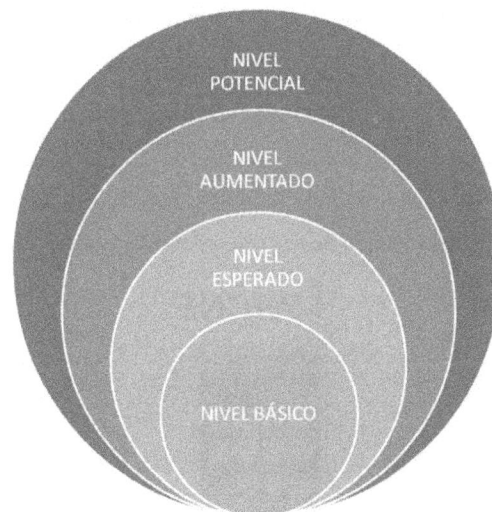

- **Producto básico o sustancial.** Es el nivel fundamental, el servicio o beneficio que realmente compra el cliente. *Cuando una persona se compra un perfume es porque quiere oler bien. Tener un olor agradable constituye el nivel básico o sustancial.*

- **Producto esperado.** Es el conjunto de atributos y condiciones que los compradores habitualmente esperan cuando adquieren ese tipo de producto. Está formado por el estilo, características, calidad y envase. Se identifica con la marca del producto. *En este caso el nivel esperado de un perfume sería adquirir un frasco de perfume de Chanel Número 5, porque nos gusta el olor, el envase y lo que representa la marca Chanel.*

- **Producto mejorado, aumentado o incrementado.** Este nivel sobrepasa las expectativas de los consumidores. Está formado por el conjunto de prestaciones que se incorporan a un producto, tales como instalación, garantías, entrega, servicios Adicionales o valores de marca. es en este punto donde un producto se diferencia de los demás (*la connotación social de un perfume Chanel número 5 va más allá que una simple colonia*). Es este punto en el que las empresas de los países desarrollados asientan

117

su estrategia de posicionamiento y donde se centran a la hora de decidir en qué variables centrarse para diferenciarse de la competencia. La diferenciación surge a través de la mejora del producto, que a su vez lleva al profesional de marketing a estudiar el modo en que el comprador de un producto adquiere y utiliza un producto, así como los servicios asociados a él. Pero, debemos tener cuidado ya que no el introducir servicios complementarios o mejorar el producto lleva implícitos unos costes que debemos poder mantener en el tiempo, y que, llegará un momento en el que el nivel mejorado del producto pase a formar parte del nivel esperado (*por ejemplo, antes las personas compraban sus teléfonos móviles porque tenían cámara de fotos, ahora esta característica ya está incluida en lo "habitual" de un teléfono, y ahora el individuo diferencia los teléfonos en función de si tienen internet. Con el paso del tiempo esta característica será una característica que no llame la atención del consumidor, y por tanto, no diferenciadora del producto*). En los países en desarrollo con mercados emergentes (China, India) la estrategia de diferenciación suele tener lugar en la dimensión de producto esperado, ya que se prima la adquisición del producto.

- **Producto potencial.** Incluye todas las mejoras y transformaciones posibles que el producto podría incorporar en el futuro. Es donde las empresas investigan nuevas fórmulas para satisfacer a sus clientes y distinguir sus ofertas. *Que la marca Chanel comercialice productos cosméticos nuevos, como la crema corporal Chanel Número 5 o el desodorante Chanel Número 5.*

Veamos un ejemplo, vamos a identificar los cuatro niveles de producto de un automóvil de la marca Mercedes:

Nivel básico o sustancial	*Transporte*
Nivel esperado	*Un automóvil de la marca Mercedes, con un diseño deportivo, con una potencia determinada, gasolina.*
Nivel aumentado, mejorado o incrementado	*Servicio de asistencia durante un año, garantía en caso de defectos, sensores de aparcamiento, airbag lateral*
Nivel potencial	*El nuevo modelo híbrido que Mercedes lanzará al mercado en 2013.*

Figura 9.2. Ejemplo de jerarquía del valor para el cliente

I-PHONE

PRODUCTO BÁSICO
PRODUCTO ESPERADO
PRODUCTO AUMENTADO
PRODUCTO POTENCIAL

Fuente: Imagen contenida en web corporativa de Apple (2010)

2. CLASIFICACIÓN DE PRODUCTOS

Es necesario identificar el tipo de producto porque influirá en las decisiones de las cuatro políticas de marketing. Tradicionalmente, se han clasificado en función de sus diferentes características.

F. Productos en relación a su duración y tangibilidad

- Bienes de consumo no duraderos. Bienes tangibles que suelen consumirse en uno o pocos usos (*comida o combustible*). Se compran con frecuencia. Estrategia apropiada de comercialización consiste en aumentar su disponibilidad, aplicar un pequeño margen y promocionarlos intensamente.

- Bienes de consumo duraderos. Bienes tangibles que suelen sobrevivir a muchos usos (*automóviles, electrodomésticos*). Suelen requerir venta personal y servicios complementarios, los márgenes son mayores y precisan más garantías por parte del vendedor.

- Servicios. Productos intangibles, inseparables, variables y perecederos (*hoteles, restaurantes, servicios bancarios*). Suelen exigir un mayor control de calidad, credibilidad del proveedor y adaptación.

G. Productos en función de los hábitos de compra de los consumidores

- Bienes de conveniencia. Bienes de adquisición frecuente, de forma inmediata y con un esfuerzo mínimo (*periódicos, pan*). Se pueden subdividir en:
  - Productos rutinarios. Se compran habitualmente *(pasta de dientes, pan, detergente lavadora)*
  - Productos impulsivos. Se adquieren sin planificación o esfuerzo de búsqueda *(golosinas, cuchillas de afeitar, pilas, esos productos que suelen estar cerca de las cajas registradoras)*
  - Productos de emergencia. Se adquieren cuando surge un imprevisto *(comidas a domicilio en visita inesperada)*. Al igual que los productos se suelen situar en lugares donde haya más probabilidad de que los consumidores sientan ganas o necesidad de comprarlos.

- Bienes de compra. En el proceso de selección y compra el consumidor compara en términos de adecuación, calidad, precio y estilo *(ropa, muebles, mayoría de electrodomésticos)*. Distinguimos entre:
  - Bienes de compra homogéneos. Se considera similares en calidad pero no lo suficientemente distintos en precio como para justificar comparaciones de compra.
  - Bienes de compra heterogéneos. Las características y servicios del producto suelen ser más importantes que el precio. El comprador debe poseer un surtido amplio para satisfacer los distintos gustos y contar con una fuerza de ventas bien preparada para informar y aconsejar a los clientes *(ordenadores, lavadoras)*

- Bienes de especialidad. Tienen características únicas o identifican la marca (*zapatos Manolo Blahnick*). Un número suficiente de compradores está dispuesto a hacer un esfuerzo de compra especial. Sólo invierte su tiempo en encontrar a los distribuidores que les puedan ofrecer estos productos. Por eso, no es necesario estar ubicado en las grandes avenidas comerciales, el comprador te buscará y encontrara (eso sí, los compradores deben poder puedan averiguar fácilmente dónde encontrarlos).

- Bienes no buscados. Su existencia desconocida para el consumidor, o a pesar de conocerla, no suele pensar en adquirirlos (*póliza de seguro de vida, nichos en cementerios, enciclopedias*). Requieren publicad y apoyo del personal de ventas, y se corresponde con los productos que necesitan un enfoque de ventas.

H. Productos industriales en función del proceso productivo y el coste relativo

- Materiales y piezas. Bienes que integran el producto del fabricante (*bisagras utilizadas por Ford en las puertas de sus coches*). Se dividen en:
  - Materias primas. Productos agrícolas y productos naturales. Su carácter perecedero y estacional exige actividades de marketing especializado, y su carácter de producto básico hace que las actividades promocionales y publicitarias sean relativamente pequeñas. Suministro limitado.
  - Materiales manufacturados y Piezas

- Bienes de capital. Bienes duraderos que facilitan el desarrollo o la gestión del producto acabado. Se dividen en:

  - Instalaciones. Edificios y maquinaria pesada. Compras muy importantes y precedidas de un largo período de negociación.

  - Accesorios de equipamiento. Equipo industrial portátil, herramientas y equipamiento de oficina. No forman parte de los productos terminados. Vida más corta que las instalaciones, pero más larga que los suministros. En su compra es frecuente la utilización de intermediarios debido a dispersión geográfica del mercado, gran número de compradores, y pedidos pequeños. Al seleccionar vendedor lo más importante calidad, prestaciones, precio y servicios.

- Suministros y los servicios a la empresa. Bienes y servicios no duraderos que facilitan el desarrollo y la gestión de los productos terminados.

  i. Suministros. Dos clases: Artículos de mantenimiento y reparaciones, y suministros operativos. Son equivalente de bienes de conveniencia en el mercado industrial y se compran con esfuerzo mínimo de comparación. Se suelen comercializar mediante intermediarios por reducido valor unitario, numerosos clientes y dispersión geográfica. El precio y los servicios lo más importante (proveedores estandarizados y preferencia de marca no elevada) (*material de oficina, clips, escobas*)

  ii. Servicios. Servicios de mantenimiento y reparación, y servicios de asesoría empresarial. Se suelen presentar mediante contrato con pequeñas empresas o el propio fabricante.

CLASIFICACIÓN DE PRODUCTOS	
Duración y tangibilidad	Bienes de consumo no duraderos
	Bienes de consumo duraderos
	Servicios
Hábitos de compra del consumidor	Bienes de conveniencia
	Bienes de compra
	Bienes de especialidad
	Bienes no comprados
Incorporación al proceso productivo y costes	Materiales y piezas
	Bienes de capital
	Suministro y servicios a la empresa

9.2. Estrategia de diferenciación de los productos

El diseño de la estrategia de diferenciación de los productos no es siempre fácil, ya que si bien encontramos productos susceptibles de diferenciación (*automóviles*), en el que hay multitud de parámetros de diseño para diferenciarse como las versiones, características, nivel de calidad, uniformidad, duración, fiabilidad, posibilidades de reparación o estilo, hay otro tipo de productos que apenas permiten variaciones (*pollo, aspirina*), y en los que su elaboración supone ir más allá y diferenciar los productos no sólo por las características tangible sino ofreciendo una serie de servicios secundarios.

Dos automóviles, aunque sean prácticamente idénticos en los aspectos sustanciales (motor, potencia, consumo, capacidad, estética,...) pueden ser percibidos de modo muy diferente resaltando aspectos formales (marca, calidad, diseño,...) o añadidos (financiación, garantía,...) Volvo ha tratado siempre de diferenciarse por su seguridad, Pascual insiste en la mayor calidad del producto aunque sea más caro, Zara (que no hace publicidad) ofrece la moda a un precio razonable.

A continuación, se presentan las variables que habitualmente se utilizan para diferenciar los productos a través de propio producto o a través de los servicios.

1. DIFERENCIACIÓN DEL PRODUCTO

¿En qué aspectos debo desarrollar si quiero diferenciarme a través del producto?

~ **Versiones.** El tamaño, la forma o la estructura física de un producto. *Chicles de fresa, melón, menta, frambuesa, etc.*

Figura 9.3. Ejemplo de diferenciación a través de versiones

Fuente: Imágenes contenidas en web corporativa Navidul (2010)

~ **Características.** Características diferentes que complementen la función básica del producto. Una empresa puede identificar y seleccionar nuevas características encuestando a compradores recientes y calculando, a continuación, el valor para el cliente en contraposición al coste para la empresa de cada posible característica adicional. *Chicles sin azúcar y con un efecto blanqueador.*

~ **Calidad de resultados.** La mayoría de productos se establecen dentro de uno de los cuatro niveles de resultados: bajo, medio, alto, superior. La calidad es el nivel al que operan las características del producto. Las empresas no necesariamente deben diseñar los productos de la mayor calidad posible., esto depende, de cuál sea su público objetivo, su política de precios o los productos de la competencia, entre otros. En este punto, el director comercial debe ser consciente de que el nivel de calidad debe mantenerse en el tiempo y que las reducciones de calidad con el objetivo de recortar costes pueden tener consecuencias funestas. *Los vaqueros de la marca Levy´s se caracterizan por tener una calidad alta.*

~ **Nivel de conformidad.** Los compradores esperan que los productos tengan un nivel de conformidad alto, es decir que obtengan los resultados que esperan de un producto. Esto expresa que todas las unidades producidas son idénticas y cumplen con las especificaciones prometidas. Un problema con una conformidad baja es que el producto decepcionará a los compradores. *Los yogures Activia regulan el tránsito intestinal.*

~ **Duración.** Medida de vida esperada de un producto bajo condiciones naturales o forzadas. En algunos productos es un atributo muy valioso y se pagará más por él, no obstante, el precio extraordinario no debe ser excesivo. *Las lavadoras Balay son un poco más caras pero duran más que cualquier otra lavadora.*

~ **Fiabilidad.** Normalmente, los compradores pagan un precio adicional por productos más fiables. La fiabilidad es la medida de la probabilidad de que un producto no funcione correctamente o se estropee en un periodo de tiempo específico. *Los automóviles Mercedes son más fiables.*

~ **Reparabilidad.** Se refiere a la medida de la facilidad con que se puede volver a poner en funcionamiento un producto averiado o que funcione mal. La reparabilidad ideal existiría si los usuarios pudiesen reparar el producto ellos mismos con costes reducidos de tiempo y de dinero. Muchas empresas ofrecen asistencia técnica, por fax o por e-mail. *Por si se estropea tu cama hinchable te enviamos pegamento y un parche.*

~ **Estilo.** Describe la apariencia del producto y lo que transmite para el comprador. Tiene la ventaja de crear en el producto algo distintivo que es difícil de copiar. Por otra parte, un estilo fuerte no siempre equivale a buenos resultados. Marcas como Coca-Cola, Lacoste, Apple.

A medida que se intensifica la competitividad, el precio y la tecnología no es suficiente, el diseño es un factor de diferenciación y posicionamiento muy potente de los productos y servicios de una empresa, es el factor que generará a la empresa su ventaja competitiva.

El diseño es el conjunto de características que influyen en la apariencia y en las funciones de un producto a los ojos del consumidor. Es especialmente importante a la hora de fabricar y comercializar servicios minoristas, ropa, productos envasados y bienes de equipo duraderos. El diseñador debe calcular cuánto invertir en la forma, el desarrollo de prestaciones, el nivel de calidad, la uniformidad, la fiabilidad, la duración, la reparabilidad y el estilo. Desde el punto de vista de la empresa, un producto bien diseñado es todo aquel producto fácil de fabricar y distribuir. Desde el punto de vista del consumidor, un producto bien diseñado es todo aquel que resulte agradable a la vista y fácil de abrir, instalar, usar, reparar y desechar.

2. DIFERENCIACIÓN DE LOS SERVICIOS

Cuando el producto físico no se puede diferenciar con facilidad, la clave del éxito competitivo reside e añadir servicios valiosos y mejorar su calidad. Los principales factores de diferenciación son:

- **Facilidad de pedido.** Hace referencia a la facilidad con que un cliente puede realizar un pedido a la empresa de forma sencilla y ágil, por ejemplo a través de Internet o teléfono. *La ropa de Zara se puede comprar por internet.*

- **Entrega.** Modo en que el producto o servicio llega al consumidor. Incluye la velocidad, precisión y atención en el proceso de entrega. Las expectativas de entrega rápida de los consumidores de hoy en día son mucho mayores. *El tren de alta velocidad AVE entre Madrid y Sevilla trata de diferenciarse no sólo por la velocidad, sino por la puntualidad, asumiendo el compromiso de devolver el precio del viaje si el tren incurre en un retraso superior a 5 minutos.*

- **Instalación.** Trabajo que hay que realizar para conseguir que un producto sea operativo en la localización prevista. Es esencialmente importante para empresas con productos complejos. Las facilidades en la instalación son en sí mismo una verdadera fuente de ventas, especialmente cuando el público objetivo es novato en el terreno tecnológico. *El Corte Inglés puede ser un poco más caro pero te llave las compras a casa y te las instala.*

- **Formación del cliente.** Educación que reciben los empleados del cliente sobre cómo utilizar adecuada y eficientemente el producto. *Si adquieres el software estadístico SPSS, puedes asistir a los cursos de formación y tutoriales.*

- **Asesoría técnica.** Se refiere a los datos, sistemas de información y servicios de asesoría que ofrece el vendedor a los compradores.

9.3. Relaciones entre productos y marcas

Cada producto guarda relación con otros productos y lo primero que tenemos que hacer es dominar una serie de términos. Esto es, debemos saber en todo momento, que existe una Jerarquía de productos que va desde las necesidades básicas hasta el artículo o producto concreto que las satisface.

Identificamos 6 niveles:

- Familia de necesidades. La necesidad básica que subyace a la existencia de una familia de productos.

- Familia de productos. Todas las clases de productos que pueden satisfacer una necesidad básica con una eficacia razonable.

- Clase de productos o categoría de productos. El grupo de de productos de una misma familia de productos y que comparten cierta coherencia funcional.

- Línea de productos. El grupo de productos de una misma clase que están estrechamente relacionados porque desempeñan una función similar, se venden a los mismos grupos de clientes, se comercializan a través de los mismos puntos de venta o canales de distribución o tienen precios similares. Puede estar compuesta de distintas marcas o de una única marca de familia o individual que se ha extendido.

- Tipo de producto. Grupo de artículos dentro de unimisma línea que comparten una o varias formas posibles del producto.

- Artículo, referencia o variante de producto. Unidad que puede distinguirse dentro de una marca o línea de productos por su tamaño, precio, apariencia u otros atributos.

Veamos un ejemplo para entenderlo bien:

Familia de necesidades	Higiene
Familia de productos	Productos de higiene
Clase o categoría de productos	Higiene del cabello, bucal, corporal, etc.
Línea de productos	Productos higiene bucal que se venden en supermercados (Colgate pasta de dientes, enjuagues y cepillos de dientes)
Tipo de productos	Pasta de dientes de la marca Colgate (Colgate blanqueadora, dientes sensibles, etc.)
Artículo, referencia o variante de producto	Tubo de pasta de dientes distintos tamaños, pasta de dientes de sabor azul oceánico, mentolado, fresa, etc.

Figura 9.4. ¿Y esto qué es?

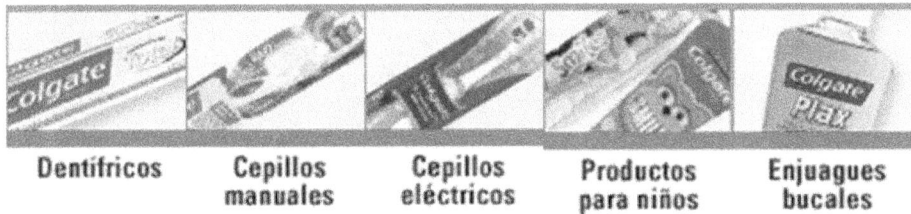

Fuente: Imágenes contenidas en web corporativa de Colgate (2011)

Una vez domine los conceptos anteriores debo analizar el mix de productos o surtido de productos que voy a comercializar, es decir, el conjunto de todos los productos y artículos que un vendedor ofrece a sus clientes y que está formado por líneas de productos diferentes. Estando determinado por:

El mix de productos de una empresa viene determinado por:

- Amplitud. Cantidad de líneas de productos diferentes que tiene la empresa. *Vende champús, pasta de dientes y gel. Su amplitud es de tres líneas.*

- Longitud. Número total de artículos del mix. *Vende 6 tipos de champús, 4 tipos de pasta de dientes y 4 tipos de gel. Su longitud es de 14*

- Profundidad. Guarda relación con cuántas variantes de cada producto se ofrecen en la línea. *Es decir, vende 4 tipos de sabores de pastas de dientes, 4 tamaños diferentes de gel, etc.*

- Consistencia. Grado en que varias líneas de productos se relacionan en el uso final, los requisitos de producción, los canales de distribución, etc. Las líneas de producto son consistentes en la medida en que todas son de bienes de consumo que se comercializan a través de los mismos canales de distribución. *¿Tiene coherencia vender gel y champú? ¿y vender champú y jamón?*

Estas 4 dimensiones permiten a la empresa aumentar su negocio de 4 formas distintas. Puede añadir nuevas líneas de productos de modo que se amplíe el mix de productos, alargar cada línea de producto, añadir más variantes de cada producto así profundizar su mis, o perseguir más consistencia entre las líneas de productos. Pero para tomar estas decisiones de producto o marcas resulta muy útil realizar un análisis de la línea de productos.

1. ANÁLISIS DE LA LÍNEA DE PRODUCTOS

Al ofrecer una línea de productos las empresas suelen desarrollar una plataforma básica y distintos módulos que se pueden ir añadiendo para satisfacer las diferentes exigencias de los clientes. Permite a la empresa ofrecer variedad reduciendo los costes de producción. Los directores de las líneas de productos necesitan conocer las ventas y los beneficios de cada artículo de la línea para poder determinar qué artículos fabricar, mantener, explotar o abandonar. Asimismo, necesitan saber el perfil del mercado de cada línea de productos.

Ventas y beneficios. Toda cartera de productos de cualquier empresa tiene productos con márgenes diferentes.

Una empresa puede clasificar sus productos en 4 categorías diferentes con niveles de margen bruto distintos con arreglo a su volumen de ventas y promoción. *Por ejemplo, los productos básicos tienen márgenes bajos porque son considerados productos básicos sin diferenciación. Los productos rutinarios se caracterizan por generar un menor volumen de ventas y ningún tipo de promoción, pero un margen algo más elevado. Los de especialidad por generar menor volumen de ventas y mucha promoción; o los de conveniencia por venderse en grandes cantidades pero con poca promoción. Pueden tener márgenes más elevados.*

No obstante, lo importante es que las empresas deberían ser conscientes de la diferencia de potencial de estos artículos a la hora de fijar un precio más elevado o de promocionarlos más intensamente, para aumentar sus ventas y sus márgenes.

Perfil del mercado. El director de línea de productos debe revisar la posición de la línea respecto de las líneas de competidores.

El análisis de la línea de productos proporciona información para 2 decisiones clave: la longitud de línea de productos y la fijación del precio del mix de productos.

2. LONGITUD DE LA LÍNEA DE PRODUCTOS

Está condicionada por los objetivos de la empresa. Algunos de estos objetivos podrían ser crear líneas de productos que induzcan a vender productos superiores en la propia línea; crear una línea de productos que facilite la venta cruzada; o crear una línea de productos para protegerse contra los altibajos de la economía

Las empresas que desean incrementar la cuota de mercado y crecer necesitarán líneas de productos más largas. Las empresas que hagan hincapié en una rentabilidad elevada adoptarán líneas más cortas que incluyan artículos seleccionados cuidadosamente.

Las líneas de productos tienden a alargarse en el tiempo. El exceso de capacidad productiva presiona al director de la línea de productos que desarrolle nuevos artículos. La fuerza de ventas y los distribuidores también presionan a la empresa para que se cree una línea de productos más completa, con objeto de satisfacer a los clientes. Pero a medida que se añaden nuevos productos también aumentan los costes (de diseño e ingeniería, de mantenimiento de inventario,…). Finalmente, la dirección debe detener el desarrollo por escasez de fondos o de capacidad productiva, el departamento de control de gestión puede solicitar un estudio de artículos que generen pérdidas. Este proceso de crecimiento seguido de un recorte masivo de los productos, puede repetirse muchas veces.

Una empresa puede alargar la longitud de su línea de 2 formas: ampliándola o completándola

A. Extensión de la línea de producto:

Tiene lugar cuando una empresa alarga su línea de productos más allá de los límites actuales. Las empresas pueden extender sus líneas en sentido descendente, ascendente o en los dos sentidos.

~ Extensión hacia abajo. Una empresa situada en una posición intermedia del mercado puede considerar introducir una línea de productos de precios más bajos por 3 razones: Detecta importantes oportunidades de crecimiento, los minoristas atraen a un número cada vez mayor de compradores en busca de artículos a buen precio; Quiere bloquear a los competidores del extremo inferior del mercado, porque de lo contrario, éstos podrían intentar atacar posiciones superiores. Si ha sido ya atacada por competidor inferior, normalmente decidirá contraatacar entrando en un segmento inferior del mercado; considera que la posición intermedia del mercado está estancándose o decayendo; o al moverse en sentido descendente la empresa se enfrenta a diversos riesgos como la canibalización. *Líneas de bajo coste: Ryanair, Easyjet*

~ Extensión hacia arriba: Para obtener un mayor crecimiento, márgenes altos, o simplemente para posicionarse como fabricantes de líneas completas. Muchos mercados han generado, sorprendente, segmentos en los niveles más altos. *El creciente interés de los consumidores por los alimentos que ofrecen beneficios para la salud y la dieta es un bien ejemplo (V&T de Nestea, zumos la Tropicana, barritas de cereales, resaltan los beneficios naturales para la salud).*

~ Extensión en los dos sentidos. Podrían considerar la posibilidad de extender su línea en ambos sentidos. *El Corte Inglés comercializa su línea de bajo precio (Aliada) y su línea de precio más elevado (EL Club del Gourmet).*

B. Relleno de la línea de productos:

Añadiendo más artículos al conjunto actual. Existen diversos motivos: conseguir beneficios adicionales; intentar satisfacer a los distribuidores que manifiestan sus quejas ante la pérdida de ventas causada por la falta de determinados productos en la línea; intentar utilizar el exceso de capacidad; tratar de ser la empresa que lidera una línea de productos completa; o tratar de ocupar los huecos del mercado para evitar competidores.

Puede resultar peligroso si se termina canibalizando a los productos de la empresa y confundiendo a los clientes. Cada uno de ellos debe poseer alguna diferencia destacable. Según la ley de Weber, los cliente son más receptivos a las diferencias relativas que a las absolutas. También deberían asegurarse de que satisfagan alguna necesidad del mercado y no sean simplemente el resultado de la satisfacción de una necesidad interna.

Que Cola Cao comercialice nuevos tipos de Cola Cao, como Cola Cao light, con fibra, etc.

3. MODERNIZACIÓN, SIGNIFICACIÓN Y PODA DE LA LÍNEA DE PRODUCTOS

En primer lugar, las líneas de producto deben modernizarse. La cuestión es si debe afectar secuencialmente a ciertos productos de una línea o a todos de golpe. La modernización paulatina permite a la empresa ver cómo los clientes y los distribuidores aceptan el estilo nuevo, y además supone un menor consumo de flujos de caja; sin embargo, permite a los competidores observar los cambios y comenzar a rediseñar sus propias líneas.

En mercados con productos que cambian rápidamente la modernización es continua.

Un aspecto importante es la fijación del calendario de las mejoras del producto con el objeto de que éstas no aparezcan demasiado pronto (perjudicarían a las ventas de las líneas actuales) ni demasiado tarde (después de la competencia).

Procter&Gamble renovó el champú y acondicionador de Pantene mediante una nueva fórmula de vitaminas y relanzaron la marca con una campaña de promoción y publicada de varios millones de dólares. El resultado es que Pantene, una marca lanzada por primera vez al mercado en la década de los 40, se convirtió en el champú y acondicionador de mayor nivel de ventas en Estados Unidos, en un sector industrial con más de 1.000 competidores.

En segundo lugar, el director de la línea de productos suele seleccionar uno o varios artículos para significar a la línea. Resaltan las características de los modelos del extremo superior de la gama con objetivo de conferir prestigio a la línea de productos. A veces, una empresa descubre que un extremo de la línea se vende bien y otro no. En estos casos, la empresa puede tratar de acelerar la demanda de los compradores más lentos, especialmente si los productos de este extremo se fabrican en una planta semiestancada por la falta de demanda. Sin embargo, podría defenderse que la empresa promocione productos que se venden bien en lugar de promocionar productos de demanda débil.

Finalmente, los directores de la línea de producto deben revisar periódicamente la línea en busca de "productos no rentables, es decir, debe podar la línea de productos. Los artículos débiles se pueden identificar mediante un análisis de ventas y de costes. También se hace cuando la empresa tiene poca capacidad de producción. Las empresas suelen acortar sus líneas de productos en períodos de alta demanda y alargarlas en períodos de baja demanda.

4. FIJACIÓN DE PRECIOS PARA GRUPOS DE PRODUCTOS

La lógica de la fijación de precios varía cuando el producto forma parte de un grupo de productos. En este caso, la empresa debe fijar un conjunto de precios que maximice los beneficios de todo el grupo de productos. La fijación de estos precios es difícil porque los diversos productos tienen interrelaciones de demanda y costes, y se enfrentan a niveles de competencia diferentes.

Podemos distinguir 6 situaciones de fijación de precios para grupos de productos:

- Líneas de productos. Normalmente, las empresas no diseñan productos aislados sino líneas completas de productos, e introducen escalones de precios para los diferentes niveles de productos. En muchas líneas del producto minorista, los vendedores utilizan unos niveles de precios muy consolidados para los diferentes productos de su línea.

- Productos adicionales. Muchas empresas ofrecen productos y servicios opcionales que se pueden comprar junto con el producto principal. Fijar el precio de estos es un asunto peliagudo, puesto que las empresas deben decidir qué artículos incluir en el precio base y cuáles ofrecer como opcionales.

- Productos cautivos. Algunos productos exigen la utilización de otros productos, es decir, productos adicionales necesarios o cautivos. Si el precio del producto adicional necesario es demasiado alto, esto puede resultar peligroso.

- En dos partes. Las empresas de servicios suelen fijar precios en dos partes, es decir, una cuota fija a la que añaden una tarifa variable por uso. Se enfrentan a un producto similar al de los productos adicionales necesarios, es decir, cuánto cobrar por el servicio básico y cuánto por el uso variable. La cuota fija debería ser lo suficientemente baja como para inducir a la contratación del servicio, pudiendo obtener beneficios a partir de las tarifas variables por uso.

- Subproductos. Si un grupo de clientes valora estos subproductos, el precio se debería fijar en función de su valor. Cualquier ingreso obtenido a partir de los subproductos servirá para reducir el precio del producto principal si la competencia ejerce presión.

- Paquetes de productos. En el caso de ser un paquete puro, la empresa vende sus productos sólo en paquetes para vincular las ventas. En el caso del paquete mixto, el vendedor ofrece sus productos tanto en paquete como por separado. Cuando se ofrece una agrupación mixta, el vendedor normalmente fija un precio inferior al de todos los elementos de la agrupación por separado. Como puede que el cliente no haya considerado adquirir todos los componentes, el ahorro en el precio del paquete debe ser lo suficientemente atractivo como para inducirles a la compra del lote completo.

5. ALIANZAS DE MARCA Y MARCA DE INGREDIENTES

A. Alianza de marca o co-branding

Normalmente, los productos se combinan con productos de otras empresas de numerosas maneras. Un fenómeno emergente es el de alianza de marcas, también denominado marcas duales o paquetes de marcas, que consiste en la combinación de 2 o más marcas existentes en un único producto y/o que se comercializan juntas de alguna manera.

Algunas de las modalidades de co-branding son:

- Marcas duales. Alianza de marcas de una misma empresa. *Nestlé comercializa simultáneamente dos de sus marcas para potenciar sus ventas, por ejemplo Nestle y Cheerios.*

- Joint venture o unión de empresas. Alianza de marcas de distintas empresas. *Por ejemplo, la unión de un empresa china y una española para la introducción y comercialización de vino en China.*

- Patrocinadores múltiples. Varias empresas se unen para promocionar un producto o un evento. *Como Nike en la carrera de San Silvestre, o Coca Cola, Banco Santander o Adidas el mundial de fútbol.*

Ventajas	Desventajas
Un producto puede posicionarse conviñcentemente en virtud de las marcas que participan	Riesgos y falta de control que puede generar la alianza en la mente de los consumidores (resultados insatisfactorios consecuencias negativas)
Generar mayores ventas a partir del público objetivo actual y abriría oportunidades adicionales con consumidores y canales nuevos	Si alguna marca ya se ha aliado previamente con otras, puede existir el riesgo de sobre-exposición que diluirá la transferencia de cualquier asociación o falta de atención.
Reducir costes de introducción del producto, puesto que se combinan 2 imágenes bien conocidas, acelerando la adopción del mismo.	
Conocer a los consumidores y cómo se dirige a otras empresas.	

Una condición necesaria es que las marcas participantes tengan un capital de marca propio, con una notoriedad de marca adecuada y una imagen de marca muy positiva. Es importante que las marcas encajen de forma lógica, de modo que maximicen las ventajas de las marcas individuales y minimicen sus desventajas.

Además se deben meditar y ejecutar cuidadosamente. Debe existir un conjunto adecuado de valores, capacidades y objetivos entre las marcas, además de un equilibrio óptimo del capital de marca. Elaborar planes detallados para legalizar contratos, llegar a acuerdos financieros y coordinar los programas de marketing.

b. Marca ingrediente

Es un caso especial de alianzas de marca. Consiste en crear capital de marca para materiales, componentes o piezas que obligatoriamente aparecen en otros productos con marca. Persiguen crear una notoriedad y una preferencia por el producto de modo que los consumidores no comprarán el producto "anfitrión" que no contenga el ingrediente. Muchos fabricantes producen componentes o materiales que forman parte de productos finales con marca, pero cuya identidad generalmente se pierde.

9.4. Decisiones de envase, etiquetado y garantías

La mayoría de los productos físicos se envasan y se etiquetan. Muchos responsables de marketing han denominado el envase (packaging) como la quinta P. Sin embargo, la mayor parte de los profesionales de marketing utilizan el envasado y el etiquetado como elementos de la estratega de producto.

1. ENVASE o PACKAGING

Es el conjunto de actividades dirigidas al diseño y la producción de contenedor o envoltorio para un producto. Desde el punto de vista del material, los envases admiten 3 niveles: envase primario (*arroz la Cigala en bolsa hermética*), envase secundario (*arroz la Cigala en caja de cartón*) y envase de transporte (*los bloques de 50 paquetes de arroz la Cigala para su transporte*).

Figura 9.5. Ejemplos de envases innovadores

Fuente: información de web corporativas de las empresas (2010)

Los envases bienes diseñados pueden crear conveniencia y valor promocional. Son un arma de diseño, sobre todo en productos alimenticios, cosméticos, productos de aseo personal y pequeños electrodomésticos. Es lo primero que encuentran los compradores acerca del producto, y es capaz tanto de alentar como de desalentar a los consumidores para que compren.

Varios factores han contribuido a la utilización creciente del envase como instrumento de marketing:

- Autoservicio. Cada vez es mayor el número de productos que se venden bajo el régimen de autoservicio. El envase eficaz debe desarrollar muchas tareas de ventas: captar la atención, describir las características del producto, inspirar confianza en los consumidores y causar una impresión general favorable.

- Aumento del bienestar de los consumidores: El aumento del bienestar económico supone que los consumidores están dispuestos a pagar algo más por la comodidad, apariencia, seguridad y prestigio que pueda proporcionar un mejor envase.

- Imagen corporativa y de marca. Contribuyen el reconocimiento instantáneo de la empresa o de la marca (*bolsas de El Corte Inglés pueden ser motivo de diferenciar y realzar el producto*)

- Oportunidad de innovación. Pueden proporcionar grandes beneficios a los consumidores y rentabilidad a los fabricantes. Las empresas incorporan a sus envases materiales y características únicas como sistemas de apertura que pueden volver a sellar. *Vinos con rosca, brick con abre fácil.*

El desarrollo del envase efectivo requiere una serie de decisiones. Desde el punto de vista tanto de la empresa como de los consumidores, el envase debe conseguir una serie de objetivos:

- Identificar la marca. *Cuando el consumidor ve una manzana en un producto tecnológico, reconoce que es un producto de Apple.*

- Trasmitir información descriptiva y persuasiva. *En los envases de zumo te informan sobre las características de un zumo 100% natural, sus propiedades antioxidantes, su composición nutricional o que debes agitarlo antes de consumirlo.*

- Facilitar el transporte y la protección del producto. *Envasado cilíndrico de Pringles para minimizar las roturas)*

- Servir para el almacenamiento en el hogar. *Latas de Coca-Cola fácilmente apilables en bandejas de frigorífico)*

- Ayudar al consumo del producto. *Tamaño pequeño de ketchup Heinz, bolsas de palomitas para microondas, latas de conservas pequeñas para consumo individual.*

Para conseguir los objetivos y satisfacer los deseos de los consumidores se deben elegir correctamente los componentes estéticos y funcionales del envase. Las consideraciones estéticas relativas al envase son el tamaño, la forma, el material, el color, el texto y los gráficos. El color se debe seleccionar con cuidado: el azul es frío y tranquilo, el rojo es activo y vivaz, el amarillo es medicinal y débil, los tonos pastel son femeninos y los oscuros masculinos. Desde un punto de vista funcional, el diseño estructural es indispensable. Por ejemplo, las innovaciones de envasado con productos alimenticios se han traducido en envases que se pueden volver a sellar tras la apertura, en precintos y en mayor facilidad de uso.

Los diversos elementos del envase deben estar en armonía. Deben ser coherentes con las decisiones sobre precio, publicidad y demás elementos del programa de marketing. Los cambios en el envasado pueden tener un impacto inmediato sobre las ventas.

Una vez diseñado el envasado es necesario probarlo:

- Test de ingeniería: asegurar que resiste en condiciones normales

- Test Visuales: asegurar que el texto es legible y los colores armoniosos

- Test de distribución: garantizar que los vendedores encuentran el envase atractivo y de fácil manejo

- Test con consumidores: cerciorarse de que la respuesta de los consumidores sea favorable.

Para la empresa Pez Candy, Inc., el contenedor de plástico con cabeza de personaje que dispensa un pequeño caramelo en forma de ladrillo es el elemento central de su estrategia de marketing.

2. ETIQUETADO

La etiqueta puede ser una simple pegatina que se adhiera al producto o un gráfico de diseño muy elaborado que forme parte del envase. Puede incluir únicamente la denominación de marca o una gran cantidad de información. *(Lacoste, Burberrys, Levi´s)*

Funciones:

- Identifican el producto o la marca

- Puede graduar el producto

- Puede describir el producto (quien lo ha fabricado, dónde, cuándo, qué contiene, cómo se debe utilizar y cómo usarlo de forma segura)

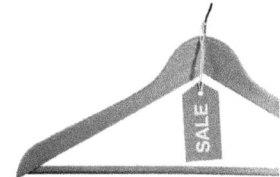

Las etiquetas a veces pasan de modo y es necesario revitalizarlas. Las empresas con etiquetas que se han convertido en iconos deben ser muy prudentes cuando inician un rediseño.

Hay un gran número de preocupaciones legales en torno al etiquetado. En España la normativa aplicable a los envases viene establecida por la Ley 11/1997 de Envases y Residuos de Envases y en la UE por la Directiva 94/62/CE relativa a los Envases y Residuos de Envases y por las modificaciones introducidas por la Directiva 2004/12/CE de 11 de febrero de 2004.

La UE ha llegado a un acuerdo sobre un Reglamento que establezca las condiciones nutricionales que deben tener los productos que utilicen etiquetas con alegaciones como "bajo en calorías", "sin azúcar", "bajo en sal" o "fuente de fibra", con el fin de mejorar la información de los consumidores. Establece "perfiles nutricionales específicos" que deben respetar los alimentos para que los fabricantes puedan indicar en los envases referencias a sus propiedades dietéticas o saludables para salud (*ej. Galletas Digestive*). En el etiquetado de los productos alimenticios se debe indicar la denominación de venta, la lista de ingredientes, la cantidad porcentual de ingredientes, la fecha de duración mínima, las condiciones especiales de uso, el nombre o la razón social y la dirección del fabricante, el embalador o un vendedor establecido en la Comunidad Europea, el lugar de origen o de procedencia y las instrucciones de uso si procede, entre otros.

3. GARANTÍAS

Todos los vendedores tienen la responsabilidad legal de cumplir las expectativas normales o razonables de los compradores. Las garantías son declaraciones formales de las expectativas del fabricante acerca del rendimiento del producto. Los productos en garantías e pueden devolver al fabricante para su reparación o sustitución, o para la devolución del dinero de compra. En España la Ley 23/2003, de 10 de julio, de Garantías en la Venta de Bienes de Consumo, adapta la legislación española a la normativa comunitaria europea. Las garantías, ya sean expresas o implícitas, son de obligado cumplimento por ley.

Se puede ofrecer una garantía total o específica.

Las garantías reducen el riesgo percibido por el comprador, puesto que sugieren que el producto tiene una elevada calidad y que la empresa y los servicios que presta son seguros. Todo esto permite a la empresa cobrar un precio más elevado que un competidor que no ofrece una garantía equivalente.

Resultan más eficaces en dos situaciones concretas:

- Cuando la empresa o el producto no son demasiado conocidos. Con una garantía de devolución del dinero los compradores tendrían más confianza en la compra del producto.

- Cuando la calidad del producto es mejor que la de la competencia. La empresa podría beneficiarse si ofreciese la garantía de unos resultados superiores, sabiendo que los competidores no pueden igualarla-

Ejemplo. Polémica por garantías de productos electrónicos. UCI denunció ante autoridades que no se cumplían ya que el tiempo de espera era larguísimo o que se tenía que pagar los honorarios de un perito para su demostración, entre otras.

Figura 9.6. ¿Qué me puedes decir de la estrategia de producto de Oreo?

Fuente: Imagen contenida en web corporativa de Oreo (2011)

Caso práctico Capítulo 9

GALLINA BLANCA LANZA NUEVO PRODUCTO CON NUEVO PRESCRIPTOR

Coincidiendo con el 10 aniversario del caldo en brick, que supuso una auténtica revolución en el mundo de la cocina, Gallina Blanca ha lanzado un nuevo producto con el nombre de Sopalista.

Como es habitual en su estrategia, este anunciante ha contado con un rostro muy popular de la pequeña pantalla para la campaña de publicidad. En este caso, el humorista y presentador de La Sexta Berto Romero es el encargado de comunicar las ventajas de Sopalista en un spot de televisión, creado por la agencia Vinizius y en el que también aparece su madre real, Carmen Tomás. La campaña se ha estrenado en enero y estará en activo hasta finales de febrero.

Sopalista, la revolución en el mundo de las sopas

¡Ya estamos de la vuelta de navidades! Después de las cenas y comilonas navideñas hace falta reestructurar nuestra dieta diaria, empezando por aligerar las cenas y aprovechar el efecto calorífico de las sopas. Además con el frío del invierno tomar algo calentito antes de ir a la cama es lo que mejor le sienta al cuerpo.

Sin embargo, con la vuelta a la rutina diaria comer bien no es tan fácil debido a la falta de tiempo con el ritmo de vida frenético que llevamos. Se acabaron las vacaciones y para muchos, el tiempo para dedicar a la cocina.

Gallina Blanca llega con una solución, Sopalista. Si todavía no lo habéis probado, ésta es la época perfecta del año. Las mejores recetas de sopas con ingredientes 100% naturales. La revolución en el mundo de las sopas.

Esta nueva referencia se presenta en tres variedades: sopa de ternera con pasta, sopa de cocido y sopa de pollo con fideos. Con ingredientes 100% naturales, sin conservantes y además, baja en grasas, contiene caldo y los ingredientes sólidos correspondientes a cada una de las tres recetas entre los que se encuentran trozos de carne o pollo, pasta, verduritas, garbanzos…. La nueva gama viene en un envase de 500 ml., cómodo y de fácil apertura que asegura el completo vaciado de los ingredientes sólidos que hay en el brick sin dificultad. El producto ha salido al mercado con un precio de lanzamiento es de 1 euro.

En España actualmente se consume sopa una media de 2,3 veces por semana. Por sus beneficios nutricionales y su composición, los expertos de la Fundación Dieta Mediterránea recomiendan incrementar su consumo de dos a cuatro veces por semana.

En paralelo a esta campaña, la marca del grupo Gallina Blanca Star (participada al 50% por la española Agrolimen y la italiana Findim) también tiene en activo una para promocionar su consomé, que consta de acciones especiales en programas de televisión y radio.

Una marca muy televisiva y con perfil en Twitter

En cuanto al mix de medios, Lesbros, director de Marketing de la empresa, señala que Gallina Blanca es una marca extremadamente televisiva, con un porcentaje que ronda el 90% del presupuesto, aunque también invierten en internet, "pero no lo usamos como un medio, sino como una aportación de servicio", y realizan muchas acciones de sampling. "A lo largo del año somos muy activos en este terreno porque estamos muy orgullosos de nuestros productos. Los estudios de investigación nos confirman que no sólo tenemos buenos productos, sino mejores que los de la competencia y estamos convencidos de que, al probar nuestros productos, convenceremos a los consumidores", argumenta. La presencia en redes sociales de la marca es todavía muy incipiente, con un perfil en Twitter. "El consumidor que está en Twitter no quiere intromisión de una marca, por eso intentamos ofrecer servicios: recetas y consejos"

A través de esta web tratamos de convertirnos en un ingrediente indispensable en todas las cocinas españolas. Por ello, en 2009 Gallina Blanca invirtió 9,7 millones de euros en publicidad convencional, según InfoAdex.

El mercado de sopas, caldos y cremas a temperatura ambiente creció un 2,9% hasta el pasado mes de octubre en volumen con respecto al mismo periodo del año anterior, según Alimarket, que recalca que el motor de este crecimiento es la marca de la distribución (marca blanca), que ha incrementado en un 18% su valor. Sin embargo, Gallina Blanca es líder del mercado de caldos y sopas con una cuota cercana al 40%, aunque la marca de la distribución está solo un par de puntos por debajo.

Fuente: Elaboración propia a partir de marketingnews.com (2011) e información de web de Gallina Blanca (2011)

PREGUNTAS:
1. Identifique los niveles de producto de Sopalista
2. En relación a los hábitos de consumo ¿cómo clasificaría este producto?
3. ¿Cuáles son las estrategias de diferenciación de Sopalista?
4. ¿Y la estrategia competitiva de Gallina Blanca con el lanzamiento de este producto?
5. ¿Podría decirme algo sobre el etiquetado y envasado de este producto?

Seleccionamos los mejores ingredientes 100% naturales.

① ②

Preparamos el caldo y le añadimos la pasta y los trocitos de verduras, carne, etc...

Luego, la esterilizamos a 122°C para asegurar su conservación.

③ 122°C ④

Y ya tenemos lista la sopa sin conservantes y en un envase hermético para que disfrutes del sabor de una buena sopa 100% Natural.

Algunas preguntas de repaso...

1. Una de las causas de la crisis económica en España fue la caída del sector inmobiliario. Muchos empresarios se habían visto atraídos por las rentabilidades de este sector, pero ahora que los precios han caído, no pueden cerrar sus negocios por los compromisos adquiridos con los consumidores y las entidades bancarios. Esta situación responde a un mercado...
   a. Con barreras de entrada bajas y de salida altas
   b. Con barreras de entrada bajas y de salida bajas
   c. Con barreras de movilidad altas y de salida bajas
   d. Con barreras de entrada altas y de movilidad altas

2. El mix de producto de la empresa "Caprabo" es_____ puesto que son bienes de consumo relacionados que se distribuyen a través de los mismos canales.
   a. Consistente
   b. Amplio
   c. Longitudinal
   d. Profundo

3. El restaurante Diverxo de Madrid ha conseguido su primera Estrella Michelín resultado de ser un discípulo aventajado de F. Adriá y ofrecer productos muy concretos a un número limitado de personas que están dispuestos a pagar más por disfrutar del arte culinario. Esta empresa es...
   a. Especialista en nichos
   b. Experta segmentando
   c. Todo lo que un consumidor desea
   d. Seguidora

4. Nocilla es la marca líder en España de cremas de cacao, con un volumen estimado en 2009 de 8.200 toneladas, seguida de Nutella (perteneciente a Ferrero). Para mantener esta posición, además de utilizar a David Bisbal para aumentar su notoriedad, ha lanzado un nuevo producto... ¡Nocilla de fresa! ¿Este lanzamiento con que estrategia de corresponde?
   a. Disolución de la marca
   b. Extensión de marca
   c. Relleno de línea
   d. Extensión de línea

5. ¿Con que tipo de producto según los hábitos de compra del consumidor corresponde un Kit-Kat?
   a. De conveniencia
   b. De especialidad
   c. Rutinario
   d. De compra

6. La estrategia de diferenciar un producto...
   a. Consiste en diseñar estrategias de comunicación que llamen la atención del consumidor
   b. Es compleja, hay productos que apenas permiten variaciones
   c. Supone comparar los productos de distintas empresas
   d. No se diferencian los productos, se diferencian los servicios

7. Uno de los factores que contribuyen a la creciente utilización del envase es...
   a. El autoservicio
   b. El aumento del bienestar de los consumidores
   c. La imagen corporativa
   d. Todas las respuestas son correctas

8. En vistas a la próxima temporada, Pepe Jeans está investigando sobre telas más resistentes para sus vaqueros .Esto forma parte del nivel...
   a. Potencial
   b. Esperado
   c. Mejorado
   d. Incremental

9. ¿Cuál de las siguientes afirmaciones es falsa?
   a. En los países en vías de desarrollo debo centrarme en desarrollar el nivel básico del producto
   b. La especialidad no es una estrategia de diferenciación
   c. La empresa que comercializa los famosísimos post-it, tradicionalmente amarillos, ha decidido lanzarse y vender post-it de todos los colores (azul, rosa, naranja, etc.), es decir, ha ampliado las variantes del productos
   d. El número de variantes de un producto se denomina amplitud.

10. Empieza la operación bikini ¡Me tengo que apuntar al gimnasio ya! Pero hay tantos gimnasios que no se a cuál apuntarme y siempre lo dejo pasar, que si tienen Pilates, taichi, spinning,... que si las ofertas o la zona. Si analizamos este sector en relación con el número de empresas, corresponde con...
    a. El oligopolio puro
    b. El oligopolio diferenciado
    c. La competencia monopolística
    d. La competencia pura

133

Capítulo 10.
Diseño y gestión de servicios

10.1. ¿Qué es un servicio?

Un servicio es cualquier actuación o cometido esencialmente intangible, sin transmisión de propiedad, que una parte puede ofrecer a otra, y cuya prestación puede ir ligada o no a productos físicos.

Los fabricantes, distribuidores y los minoristas pueden ofrecer servicios de valor añadido o simplemente ofrecer unos servicios de atención al cliente superiores para diferenciarse de los demás.

En todas las economías de los países desarrollados, el sector servicios es el que tiene mayor peso en la producción nacional, representa el 64% del PIB mundial, España 66%, Francia 71%, RU 71%.

Figura 10.1. ¿Qué es esto?

Fuente: Imágenes obtenidas de web corporativa de AirEuropa (2011)

A. LOS TIPOS DE COMBINACIONES DE SERVICIOS

Las ofertas de una empresa suelen incluir algún tipo de servicio, que pueden constituir un elemento principal o secundario dentro de la oferta total. Se pueden distinguir hasta 5 tipos de ofertas:

- Bienes exclusivamente tangibles. La oferta consiste exclusivamente en un bien tangible. El producto no va acompañado de ningún servicio. *Una camiseta, unas zapatillas, un bolso.*

- Bien tangible con algunos servicios. La oferta consiste en un bien tangible acompañado de uno o de más servicios. *Cuando compras una televisión te suelen ofrecer una garantía, una instalación, etc.*

- Híbrido. La oferta está compuesta por bienes y servicios a partes iguales. *Un ejemplo de este tipo de combinación es muy compleja porque es difícil encontrar un equilibrio entre las dos partes.*

- Servicio fundamental acompañado de bienes y servicios secundarios. La oferta está formada por un servicio principal acompañado de servicio adicional o bienes de apoyo. *Un restaurante te ofrece un servicio pero lo acompaña de una amplia carta de comida, un servicio, un ambiente, televisión, etc.*

- Servicio puro. La oferta consiste exclusivamente en un servicio. Cada vez es más difícil encontrar este tipo de servicios. Consecuencia de la gran competitividad es necesaria la introducción de servicios y bienes secundarios para diferenciar el producto y convencer al consumidor que nos compre. *Una tintorería que sólo te limpia la ropa, un zapatero que solo arregla los zapatos.*

Figura 10.2. Los tipos de combinaciones de servicios

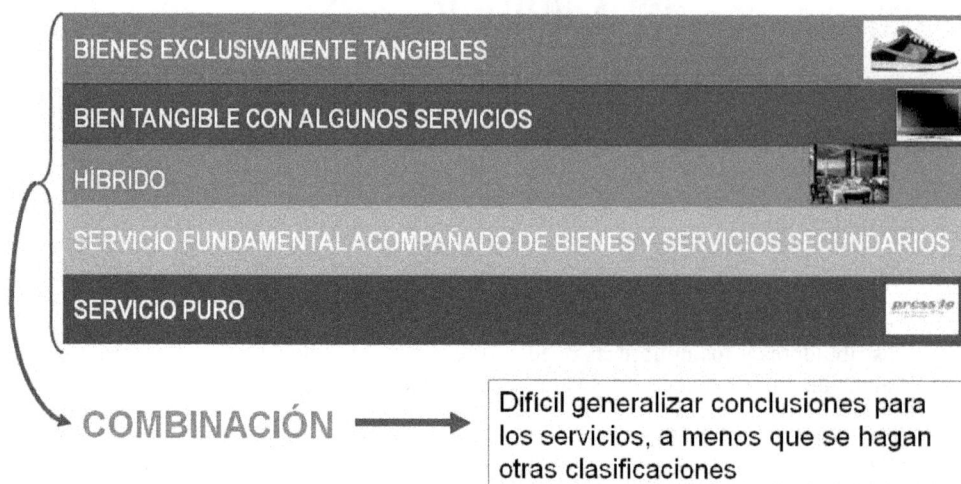

BIENES EXCLUSIVAMENTE TANGIBLES

BIEN TANGIBLE CON ALGUNOS SERVICIOS

HÍBRIDO

SERVICIO FUNDAMENTAL ACOMPAÑADO DE BIENES Y SERVICIOS SECUNDARIOS

SERVICIO PURO

COMBINACIÓN ⟶ Difícil generalizar conclusiones para los servicios, a menos que se hagan otras clasificaciones

Como consecuencia de esta combinación variable de bienes y servicios, es difícil generalizar conclusiones para los servicios, a menos que se hagan otras distinciones. A continuación mostramos una serie de diferenciadores que pueden ser útiles a estos efectos:

- En función de si están basados en soportes físicos o equipos o de si están basados en las personas. Los servicios que se basan en personas se pueden subclasificar en las características del personal que los proporciona: no cualificado, cualificado o profesional. *Por ejemplo, la tarjeta de embarque de un avión se puede adquirir en máquinas o a través del personal cualificado en los mostradores.*

- Pueden seleccionar entre diferentes procesos para prestar el servicio. *Una hamburguesa se puede adquirir en un restaurante de comida rápida, en un restaurante tradicional o en un restaurante de lujo.*

- Algunos servicios requieren la presencia del cliente *(profesor)* y otros no *(limpieza de un edificio o reparación de una tubería)*. Si la presencia del cliente es necesaria, la empresa habrá de tener en cuenta sus necesidades

- Según se presten para necesidades individuales (servicios personales) o para necesidades de la empresa (servicios empresariales). Las empresas de servicios suelen desarrollar programas de marketing diferentes para mercados de consumo e industriales

- Difieren en sus objetivos (lucrativos y no lucrativos) y en la propiedad (pública y privada). Cuando estas 2 características se cruzan dan pie a 4 tipos de organizaciones de servicios bastante diferentes.

La naturaleza del mix de servicios también influye de manera importante sobre la valoración de los consumidores acerca de la calidad de la oferta *(Es decir, cuando un cliente va a un hotel además del alojamiento, puede disfrutar de la habitación, las instalaciones, la limpieza, el desayuno, etc., y todo esto constituye el mix de servicios)*. De hecho, existen ciertos servicios cuya calidad técnica no puede juzgar el consumidor sin ni siquiera tras haberlos recibido:

- Bienes con cualidades de búsqueda. Características que el comprador puede evaluar con anterioridad a la compra. Generalmente, bienes tangibles.

- Bienes con cualidades de experiencia. Características que sólo se pueden evaluar después de su compra

- Bienes con cualidades de credibilidad. Características que el comprador encuentra difícil de valora incluso después de su uso o consumo. *Aunque vaya al dentista no sé si me ha hecho mucho o poco daño porque nunca me habían quitado una muela.*

Dado que los servicios generalmente tienen muchas cualidades de experiencia y de credibilidad, los consumidores asumen más riesgos al adquirirlos, lo que plantea que hay que tener en cuenta que los consumidores confían más en la comunicación boca-oreja que en la publicidad, confieren mucha importancia al precio, al personal y a los aspectos físicos para juzgar la calidad, son muy leales a las empresas capaces de satisfacerles y que como existen costes de cambio de proveedor, existe una gran inercia por parte del consumidor

B. LAS CARACTERÍSTICAS DISTINTIVAS DE LOS SERVICIOS

A. Intangibilidad

Al contrario que los productos físicos, los servicios no pueden experimentar a través de los sentidos antes de su adquisición *(asesoramiento legal: no es posible posesión, únicamente se puede usar).*

Para reducir la incertidumbre, los compradores buscan indicios que evidencien la calidad: sacarán conclusiones del lugar, de las personas, de la maquinaria, del material de comunicación, de los símbolos y del precio que sí que pueden ver. Por tanto, lo que deben hacer las empresas de servicios es "gestionar la evidencia", "hacer tangible lo intangible". Mientras que quienes comercializan bienes tienen que añadir ideas abstractas, quienes comercializan servicios tienen que añadir evidencias físicas e imágenes a sus ofertas abstractas.

Las empresas de servicios pueden intentar demostrar la calidad de sus servicios mediante las evidencias físicas y la presentación.

Para facilitar la "tangibilización de lo intangible", Carbone y Haecker proponen un conjunto de conceptos bajo el nombre de ingeniería de las experiencias de los clientes. En primer lugar, las empresas deben desarrollar una imagen clara y concisa de la percepción que desean transmitir a los clientes a través de su experiencia, y a continuación, diseñar un conjunto consistente de indicadores de resultados y de contexto para respaldar tal experiencia. La empresa debe detallar y agrupar los indicadores en un programa de experiencias, es decir, en una representación pictórica del conjunto de indicadores.

Por ejemplo, tangibilizar con una carpeta de diseño atractivo y práctico y práctico para contener una póliza de seguros u otros documentos relacionados con el servicio de que se trate, un catálogo vistoso descriptivo del servicio,...

Figura 10.3. Ejemplo de gestión de intangibilidad

B. Inseparabilidad

Los servicios se producen y se consumen simultáneamente. Este no es el caso de los productos físicos, que primero se fabrican, después se almacenan, posteriormente se distribuyen a través de numerosos distribuidores, y finalmente se consumen. Si el servicio lo presta una persona, ésta es parte del servicio. Dado que el cliente también puede estar presente en la prestación del servicio, la interacción cliente-suministrador es una de las características especiales del marketing de servicios *(un profesor tiene que permanecer en el aula durante la impartición de su lección).*

Existen varias estrategias para superar esta limitación: el suministrador puede aprender a trabajar con grupos más extensos; se puede trabajar más rápidamente; o se puede formar a más empleados para que presten el servicio y ganarse la confianza de los clientes

A continuación mostramos 3 medidas que las empresas de servicios pueden tomar para mejorar su control de calidad:

- Invertir en una buena selección y formación del personal. Contratar a los empleados adecuados y ofrecerles la mejor formación es esencial, independientemente de si son profesionales o trabajadores no cualificados. Lo ideal sería que los empleados demostrasen cierta competencia, una actitud cuidadosa, que fuesen receptivos, y con una buena disposición.

- Estandarizar la prestación del servicio a través de la organización. Para esto es necesario elaborar un diagrama de servicio que muestre los eventos y los procesos en diagrama de flujo, con el fin de identificar posibles fallos. La experiencia de los clientes se limita a marcar un número de teléfono, hacer su selección y realizar un pedido.

- Medir la satisfacción de los clientes. Es recomendable utilizar sistemas de sugerencias y reclamaciones, encuestas a clientes y compra comparativa. Desarrollar sistemas y bases de datos con información sobre los clientes para poder ofrecer un servicio más personalizado y a la medida.

C. Caducidad

Los servicios no se pueden almacenar. No resulta problemático cuando la demanda es estable, pero cuando la demanda fluctúa, las empresas de servicios pueden tener problemas *(si la mitad de los asientos de un avión están vacíos en un vuelo determinado, no pueden utilizarse los pasajes en otro vuelo posterior, si un hotel no se llena en invierno, no pueden utilizarse las plazas sobrantes en la temporada en la temporada de verano; si un peluquero no corta el pelo de 10 a 12 de la mañana, no podrá disponer de estas 2 horas cuando la clientela se amontone por la tarde).*

Existen diversas estrategias que pueden permitir que se dé un mayor ajuste entre la oferta y la demanda en una empresa de servicios.

Por parte de la DEMANDA	Por parte de la OFERTA:
Precio diferencial. Traslada parte de la demanda desde las horas punta hacia los periodos regulares *(tarifas electricidad, teléfono menores durante horas nocturnas. Billetes de tren más baratos en "días azules", hoteles precios más bajos en temporada baja)*	Empleados a tiempo parcial. Se puede contratar a media jornada para cubrir horas punta *(Rebajas y Navidades)*
Fomento de la demanda en horas no habituales *(ofreciendo paquetes de vacaciones, con viaje incluido y otras ventajas a precios especiales)*	Introducción de rutinas de eficiencia en horas punta *(empresas de mensajería suspenden el servicio a no abonados en momentos de sobrecarga para no dejar de atender a los clientes habituales)*
Servicios complementarios *(cajeros automáticos de los bancos realizan muchas de las operaciones que efectúa una persona y contribuyen a descongestionar las horas punta de demanda de efectivo)*	Incremento de la participación del consumidor *(empresas de transporte urgente solicitan a sus clientes que entreguen personalmente los paquetes a la agencia en lugar de esperar la recogida en su domicilio u oficina)*
Sistemas de reserva: permite controlar la demanda *(empresas de transporte, hoteles y espectáculos)*	Compartir tareas *(práctica habitual entre hospitales, que comparten laboratorios, equipos u otras instalaciones)*
	Actividades para una futura expansión *(En 2011 el Real Madrid sólo utiliza el 25% de toda la superficie de la ciudad deportiva de Valdebebas. La adquisición de más terreno responde a posibles demandas futuras).*

10.2. Estrategias de marketing para empresas de servicios

1. DIFERENCIAS EN LAS RELACIONES CON LOS CLIENTES

Las reclamaciones de los consumidores no hacen más que aumentar, a pesar de que muchas veces no llegan a ningún ser humano. En España los principales sectores objetivos de las quejas de los consumidores son los que se refieren a los servicios destacando los servicios financieros (10%), telefonía (8%).

En el pasado, las empresas de servicios estrechaban la mano de todos sus clientes a modo de bienvenida, pero hoy en día tienen tanta información acerca de ellos que son capaces de clasificar a los clientes en niveles o intervalos de rentabilidad. Así, los servicios no son malos para todos los clientes. Los que más dinero gastan reciben descuentos especiales, ofertas promocionales y una gran cantidad de servicios especiales. El resto de los clientes debe pagar precios más altos, recibir un servicio de peor calidad y, en el mejor de los casos, esperar a que un buzón de voz responda a sus preguntas.

Este paso de la democracia a la meritocracia en lo relativo a los servicios de atención al cliente responde también a la reducción de los márgenes de beneficios que ha generado la sensibilidad al precio y la deslealtad de los clientes. Las empresas que ofrecen niveles de servicio diferentes han de tener cuidado al reivindicar que ofrecen un servicio superior, puesto que los clientes que reciban un trato peor hablaran mal de la empresa y mancharán su reputación.

Lo más importante es que Internet ha conferido muchísimo poder a los clientes, que ahora pueden dar rienda suelta a su ira por la prestación de un mal servicio, o hablar maravillas de un buen servicio, y hacer circular comentarios por todo el planeta con un sólo clic del ratón.

2. EL MARKETING HOLÍSTICO PARA SERVICIOS

Dado que los encuentros de servicio son interacciones complejas y que se ven afectadas por múltiples factores, resulta crucial adoptar una perspectiva de marketing holístico. El resultado del servicio y la lealtad o deslealtad posterior de los clientes al proveedor del servicio dependerá de un sinfín de variables.

En el marketing holístico de servicios es necesario:

- Marketing externo: describe el trabajo que hace una empresa para preparar un servicio, fijar su precio, distribuirlo y promocionarlo a sus clientes.

- Marketing interno: se refiere al trabajo que hace la empresa para formar y motivar a sus empleados para que presten el servicio al cliente adecuadamente.

- Marketing interactivo: se refiere a la destreza de los empleados en su trato con los clientes. Los clientes juzgan la calidad del servicio no sólo por su calidad técnica sino también por su calidad funcional.

10.3. Gestión de la calidad de los servicios

Los clientes se forman expectativas sobre el servicio a partir de muchas fuentes de información como por ejemplo, las experiencias previas, el boca-oreja y la publicidad. Por norma general, los clientes comparan el servicio percibido con el servicio esperado. Si el servicio percibido es inferior al servicio esperado, los consumidores se decepcionarán, y si el servicio esperado alcanza o supera sus expectativas de servicio, volverán a contratar al proveedor

Las empresas de éxito añaden ventajas a sus ofertas no sólo para satisfacer a sus clientes, sino para sorprenderlos y deleitaros. Deleitar a los clientes es cuestión de superar las expectativas.

Parasuraman, Zeithaml y Berry formularon un Modelo de Calidad de Servicio que subraya los principales requisitos para entregar la calidad de servicio esperada. El modelo identifica 5 desajustes como consecuencia de una entrega no satisfactoria:

- Desajuste entre las expectativas del consumidor y la percepción de la dirección. La dirección no siempre percibe correctamente lo que los consumidores desean.

- Desajuste entre la percepción de la dirección y las especificaciones de calidad del servicio. La dirección podría percibir correctamente los deseos de los consumidores pero no establecer un nivel de calidad determinado para el servicio

- Desajuste entre las especificaciones de calidad del servicio y la prestación del servicio. El personal podría haber recibido una mala formación, no ser capaz de cumplir con el nivel de calidad o simplemente no estar dispuesto a hacerlo; o quizás podrían existir especificaciones contradictorias

- Desajuste entre la prestación del servicio y las comunicaciones externas. Las expectativas de los consumidores se ven influidas por las declaraciones realizadas por los representantes de la empresa y por su publicidad

- Desajuste entre el servicio percibido y el servicio esperado. Este desajuste tiene lugar siempre que el consumidor no percibe adecuadamente la calidad del servicio

Basándose en el modelo anterior de calidad de servicio, estos mismos investigadores identificaron los 5 principales determinantes de la calidad del servicio de mayor a menor importancia:

- Fiabilidad: capacidad de prestar el servicio prometido con consistencia y precisión

- Capacidad de respuesta: voluntad de ayudar a los clientes y de prestarles el servicio con rapidez

- Competencia: conocimiento y cortesía de los empleados, y su capacidad de transmitir confianza a los clientes

- Empatía: demostración de interés y de atención individualizada a los clientes

- Aspectos tangibles: aspecto de las instalaciones, del equipamiento, del personal y de los materiales de comunicación

En base a estos 5 factores, estos investigadores desarrollan la escala de 21 elementos denominada SERVQUAL

2. LAS MEJORES PRÁCTICAS PARA LA GESTIÓN DE LA CALIDAD DE SERVICIOS

- Concepción estratégica: las mejores empresas de servicios viven "obsesionadas con los clientes". Saben perfectamente cómo dirigirse a los clientes y cómo satisfacer sus necesidades, y han desarrollado estrategias específicas para ello.

- Compromiso de la alta dirección con la calidad: la dirección no sólo se preocupa de los resultados financieros mensuales, sino también de los resultados de calidad

- Estándares de calidad altos: es importante distinguir entre las empresas que ofrecen un servicio "simplemente bueno" y las empresas que ofrecen un "servicio óptimo", diseñado para conseguir la ausencia total de defectos. Una empresa de servicios se puede diferenciar por diseñar un sistema de entrega mucho mejor y más rápido. Existen 3 niveles de diferenciación: fiabilidad, capacidad de respuesta e innovación.

- Tecnologías de autoservicio: como ocurre con los productos, los consumidores valoran la comodidad en los servicios. Recientemente, muchas interacciones personales se han sustituido por interacciones tecnológicas. A las máquinas expendedoras tradicionales podemos añadirles los cajeros automáticos, las gasolineras de autoservicio, la compra de billete de avión a través de internet y la personalización de los productos en la red. No todas las tecnologías de autoservicio mejoran la calidad del servicio, pero sí tienen el potencial de hacer las transacciones más precisas, cómodas y rápidas. Al aplicar tecnologías de autoservicio, algunas empresas han descubierto que el obstáculo principal no es la tecnología en sí, sino cómo convencer a los clientes de que la utilicen.

- Sistemas de control de resultados: las mejores empresas de servicio auditan de forma regular los resultados de sus propios servicios y de los de la competencia. Suelen recoger la voz de los resultados del cliente (vrc) para ver qué le satisface y qué no le satisface al cliente. Utilizan diversas herramientas como son las compras comparativas, las encuestas, el cliente misterioso, los formularios de sugerencias y reclamaciones, los equipos de auditoría de servicios y las cartas al director. Los servicios se pueden valorar en función del nivel de importancia para el cliente y de los resultados para la empresa. El análisis importancia/resultados se utiliza para calificar los distintos elementos del conjunto del servicio y para determinar las acciones que deben emprenderse para mejorarlo.

- Sistemas para satisfacer las reclamaciones de los clientes: los estudios reflejan que los clientes no quedan satisfechos en el 25% de las veces, pero que sólo cercad del 5% de los clientes se queja. El 95% restante, bien cree que no vale la pena tomarse la molestia de quejarse, bien no sabe siquiera cómo o a quién presentar sus quejas. Del 5% que presenta una reclamación, únicamente el 50% recibe una solución satisfactoria; sin embargo, esto es algo crucial. De media, un cliente satisfecho relata sus buenas experiencias con un producto a 3 personas, mientras que la media para un cliente insatisfecho es de 11 personas. Si cada uno de ellos habla con otros 3 consumidores, el número de personas expuestas a comentarios negativo crecerá exponencialmente. Los clientes cuyas reclamaciones se solucionan satisfactoriamente suelen volverse más fieles que aquellos que nunca quedaron satisfechos. Toda reclamación, si se gestiona adecuadamente, es un regalo para la empresa. Las empresas que animan a sus clientes a que se quejen, y que además exhortan a sus empleados a solucionar la situación al momento, consiguen ingresos y beneficios más elevados que aquellas que no disponen de un procedimiento sistemático para abordar los fallos de servicio. Los estudios han demostrado que los clientes evalúan los incidentes y quejas en función de las soluciones que se les ofrecen, de los procedimientos empleados para llegar a tales soluciones, y de la naturaleza del tratamiento interpersonal que reciben en el proceso. Conseguir que los empleados hagan más de lo que se les pide y protejan los intereses y la imagen de la empresa ante los clientes, además de mostrar una conducta seria y con iniciativa a la hora de tratar a los clientes, es un tema esencial al gestionar las reclamaciones. Las empresas también están mejorando la calidad de sus centros de atención telefónica y de sus representantes de atención al cliente. Si se gestionan las llamadas telefónicas adecuadamente, se puede mejorar el servicio, reducir el número de reclamaciones y aumentar la fidelidad de los clientes.

- Satisfacción de los empleados y de los clientes: las mejores empresas de servicios son conscientes de que la actitud positiva de los empleados generará una mayor fidelidad por parte de los clientes. Dada la importancia de la actitud positiva de los empleados, las empresas de servicios deben atraer a los mejores. Por esta razón, no deben ofrecer sólo un simple puesto de trabajo, sino una carrera profesional a largo plazo. Deben diseñar un programa de formación sólido y ofrecer respaldo y recompensas por el trabajo bien hecho. Se pueden utilizar la intranet, los boletines internos, los recordatorios diarios y las reuniones con los empleados para reforzar una actitud centrada en el cliente.

10.4. La gestión de marcas de servicios

Algunas de las marcas más fuertes del mundo, lo son de servicios (líderes de sector financiero: Citibank, American Express, La Caixa, BSCH, BBVA). Como con cualquier marca, las marcas de servicios deben diferenciarse y desarrollar las estrategias apropiadas.

1. DIFERENCIACIÓN DE SERVICIOS

Los especialistas del marketing de servicios se quejan con frecuencia de la dificultad que conlleva diferenciar sus ofertas. La liberalización de importantes negocios del sector servicios ha llevado a una intensa competencia en precios. En la medida en que los clientes perciben los servicios como homogéneos, se preocupan menos del proveedor que del precio.

Sin embargo, las ofertas de servicios se pueden diferenciar de muchas maneras. Por ejemplo, la oferta puede incluir características innovadoras *(que además de venir en avión a Madrid te lleven a casa o al hotel)*, añadir servicios secundarios sin precedentes, primar el aspecto humano en contra del desarrollo de internet o utilizar ofertas como la venta cruzada *(hotel combiaventura)*

El desafío es que la mayoría de las ofertas y de las innovaciones se copian fácilmente. A pesar de todo, la empresa de servicios que introduzca innovaciones de forma regular obtendrá una importante sucesión de ventajas sobre la competencia.

2. DESARROLLO DE ESTRATEGIAS DE MARCA PARA SERVICIOS

Es necesario prestar atención a:

Selección de los elementos de marca

La intangibilidad de los servicios tiene implicaciones a la hora de seleccionar los elementos que definen a una marca. Puesto que las decisiones y los programas de los servicios se suelen realizar lejos del lugar de prestación del propio servicio es crucial que los clientes recuerden la marca. En estos casos, es fundamental que el nombre o la denominación de marca sea fácil de recordar *(la estrategia de Línea Directa con su teléfono rojo con ruedas y la música de los botones persigue que el consumidor recuerde a la empresa).*

Se pueden utilizar otros elementos característicos de la marca como pueden ser los logotipos, símbolos, expresión escrita y eslóganes para así aprovechar y completar el nombre de la marca para generar notoriedad e imagen de marca. Deben destinarse a hacer que el servicio y algunas de sus ventajas principales sean más tangibles, concretos y reales. Puesto que no existe ningún producto físico, las instalaciones y los equipamientos físicos de la empresa de servicios son especialmente importantes.

Establecer las dimensiones de la imagen

Las asociaciones relacionadas con la organización, como por ejemplo la percepción por parte de los consumidores de los empleados que conforman la organización y de las personas que prestan el servicio, suelen ser asociaciones de marca especialmente importantes que pueden influir, directa o indirectamente, en las valoraciones sobre la calidad del servicio. Una asociación fundamental es la que se refiere a la credibilidad de la empresa y la experiencia percibida, la formalidad y la simpatía de sus empleados.

Por todo lo anterior, las empresas de servicios deben diseñar programas de comunicación e información de marketing que muestren a los consumidores algo más que la propia información que reciben únicamente a través de la prestación del servicio. Estos programas pueden incluir comunicaciones de marketing especialmente destinadas a ayudar a la empresa a desarrollar su propia personalidad de marca.

Diseño de la estrategia de marca

También han de considerar el desarrollo de una estructura de marca y de una cartera de marcas que les permita posicionarse y dirigirse a segmentos de mercado diferentes. Por ejemplo, se pueden asignar marcas diferentes a las distintas clases de servicios, en función de la calidad y del precio. Las extensiones verticales suelen exigir estrategias de submarca en las que el nombre de la empresa se combina con un nombre de marca individual o con un modificador. *Por ejemplo, los hoteles Husa han decidido introducirse en la línea del bajo coste y han lanzado la red de hoteles Hotelango.*

5. La gestión de servicios de apoyo al producto

Los sectores productivos no son menos importantes, porque también deben ofrecer servicios a sus clientes. Los fabricantes de bienes de equipo tienen que prestar a los clientes servicios de apoyo al producto. De hecho, se están convirtiendo en un elemento crucial para la obtención de ventajas competitivas. En el mercado mundial, las empresas que fabrican buenos productos pero prestan servicios de apoyo de baja calidad se encuentran en una seria desventaja. Las empresas que ofrecen servicios de gran calidad superan en gran medida a sus competidores menos centrados en los servicios.

1. IDENTIFICACIÓN Y SATISFACCIÓN DE LAS NECESIDADES DE LOS CLIENTES

Las empresas deben definir cuidadosamente las necesidades de los clientes a la hora de diseñar un programa de servicios de apoyo. Los clientes tienen 3 preocupaciones fundamentales:

- La fiabilidad y la frecuencia de las averías. Un agricultor puede asumir que su cosechadora se avería una vez al año, pero no dos ni tres.

- El tiempo de inactividad del producto. Cuando mayor sea éste, más alto será el coste al que tendrán que hacer frente. El cliente cuenta con la formalidad del servicio de la empresa vendedora: la capacidad del vendedor para arreglar la máquina rápidamente, o al menos suministrarle un producto sustitutivo durante el período de inactividad.

- Los gastos corrientes. Cuanto se tienen que gastar regularmente en mantenimiento y reparación.

A la hora de seleccionar una empresa, los compradores consideran todos estos factores. El comprador intenta calcular el coste de ciclo de vida, es decir, el precio de compra del producto, más el coste descontado de mantenimiento y reparación menos el valor de recuperación descontado.

La importancia de la fiabilidad del producto y del cumplimiento adecuado del servicio y del mantenimiento varía. Cuando la fiabilidad es importante, los fabricantes o los que prestan el servicio pueden ofrecer garantías a fin de promover las ventas.

Para suministrar el mejor servicio de Aporo, los fabricantes deben identificar los servicios que más valoran los clientes y su importancia relativa. En el caso de maquinaria cara, los fabricantes ofrecen servicios que faciliten su uso. Asimismo, los fabricantes pueden ofrecer servicios de valor añadido. *Por ejemplo, si una empresa decide acudir a una feria comercial a IFEMA puede contratar toda una gama de servicios complementarios como azafatas, alquiler de módulos, limpieza, enchufes, lámparas, etc.*

Un fabricante tiene distintas alternativas a la hora de ofrecer y cobrar una tarifa por los servicios de valor añadido. Otra alternativa, adoptada por muchas empresas, consiste en ofrecer contratos de servicios mediante los cuales los vendedores acuerdan prestar servicios de mantenimiento y reparación durante un determinado periodo de tiempo a cambio de un precio específico. Los contratos de servicios suelen tener duraciones y deducciones diferentes, de modo que los clientes pueden elegir el nivel de servicio que desean más allá del paquete básico de servicios.

Las empresas tienen que planificar el diseño de su combinación de productos y de servicios conjuntamente. Los responsables de diseño y de control de calidad deberían formar parte del equipo de desarrollo de nuevos productos. Si se diseñan productos, se reducirá la necesidad de prestar servicios a posteriori. Las empresas añaden cada vez más facilidades modulares y desechables que facilitan el autoservicio de los clientes.

2. ESTRATEGIA DE SERVICIOS POSVENTA

La calidad de los departamentos de servicio al cliente varía considerablemente. En un extremo se encuentran los departamentos que simplemente transfieren las llamadas de los clientes a las personas o departamentos que se encargan de las acciones necesarias, pero sin un gran seguimiento. En el extremo opuesto encontramos los departamentos impacientes por recibir solicitudes, sugerencias e incluso reclamaciones de los clientes para gestionarlas con celeridad.

Cuando prestan sus servicios, la mayoría de las empresas pasan por una serie de fases. Los fabricantes normalmente comienzan con su propio departamento de servicios y reparaciones ya que pretenden mantenerse en contacto con sus equipos y con sus clientes para descubrir los problemas que puedan ir surgiendo. Además, les resulta caro preparar a otras personas, lo cual, además, lleva su tiempo; y descubren, que pueden ganar tiempo llevando los servicios de mantenimiento y reparaciones: siendo los únicos suministradores de los equipos, pueden cobrar un precio superior. De hecho, muchos fabricantes de equipos les fijan precios bajos para poder venderlos, y así, cargar un margen mayor en los repuestos y en los servicios adicionales.

Con el devenir del tiempo, los fabricantes trasladan la mayor parte de los servicios de reparación y mantenimiento a distribuidores y a concesionarios autorizados que están más cerca del cliente, que están presentes en más lugares y pueden ofrecer los servicios más rápidamente. Posteriormente surgen empresas independientes. Normalmente ofrecen costes más bajos y/o un servicio más rápido que el fabricante o el distribuidor autorizado.

El surtido de servicios al cliente es cada vez mayor y, en consecuencia los precios y los beneficios se reducen.

Caso práctico Capítulo 10:

STARBUCKS. EL MUNDO DEL CAFÉ Y ALGO MÁS

Starbucks, la mayor cadena de cafeterías del mundo, ha ganado 346,6 millones de dólares en su primer trimestre fiscal del 2011 lo que supone un incremento del 43,5% con respecto al mismo periodo del año anterior y los mejores tres meses de su historia.

La compañía estadounidense, con sede en Seattle (Washington), detalló hoy las cuentas correspondientes a su primer trimestre fiscal, que reflejaron una ganancia por acción de 45 centavos, superior a los 32 de un año antes. Además, los ingresos de la compañía aumentaron el 8,4% y se situaron en 2.950,8 millones de dólares, desde los 2.722,7 millones del primer trimestre fiscal del ejercicio anterior, en un periodo en el que la compañía se benefició de una buena respuesta de sus clientes durante la temporada de las fiestas navideñas.

El presidente y consejero delegado de Starbucks, Howard Schultz, explicó en un comunicado que la firma sigue "una tendencia hacia récords trimestrales en beneficio y márgenes que le permiten compensar el impacto de unos precios del café (como materia prima) que son inusualmente elevados".

"Starbucks logró de nuevo romper récords trimestrales mientras los clientes siguen respondiendo favorablemente a las nuevas ofertas y a las mejoras en los establecimientos", añadió el director financiero de la compañía, Troy Alstead.

Starbucks informó también que este 2011 planea abrir 500 nuevos establecimientos en todo el mundo, de los que cien estarán en Estados Unidos.

La compañía, que cumplirá 40 años el próximo marzo, quiere seguir así ganando clientes tanto dentro como fuera de Estados Unidos y una de las medidas que ha anunciado es la incorporación de un nuevo tamaño de recipientes en su variedad para las bebidas, un vaso al que ha llamado "trenta" y que tiene capacidad para 92 centilitros, lo mismo que un estómago humano (nadie podrá decir que se ha quedado lleno...).

También, coincidiendo con su 40 aniversario, Starbucks ha presentado su nueva identidad global en la que desaparece de su logo la palabra café. Esta estrategia responde a la intención de la cadena estadounidense de expandir su marca más allá del café, según informa Marketing Daily. Además el logo, donde la figura de la sirena es la gran protagonista, pasa de ser bicolor (verde y negro) a solo de color verde.

Howard Schultz, presidente de la compañía, ha dicho que es un paso muy importante en su historia y que "aunque siempre seremos una compañía de café y un distribuidor es posible que tengamos otros productos no relacionados con el café".

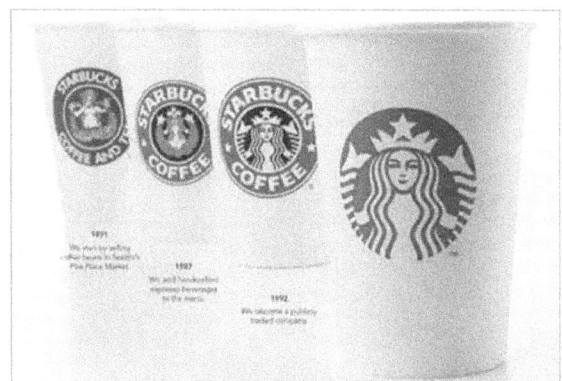

No obstante, el presidente ha hecho examen de conciencia, ha identificado sus debilidades. A través del blog Starbucks, Howard Schultz, se quejaba que los establecimientos dedicados al café habían perdido su característico olor. Este apunte es preocupante para la marca que se ha convertido en uno de los casos de marketing más estudiados como ejemplo de cómo una commodity puede ser transformada en un objeto de deseo, o de hábito, de precio Premium creando un lugar en el que se puede comprar y consumir, convirtiéndose en ese "tercer lugar" del consumidor después del hogar y el trabajo.

Schultz criticó el abuso de técnicas para aumentar el beneficio económico pero no el bienestar de los usuarios, como las máquinas automáticas (por lo que los clientes ya no ven cómo se hace el café) y el packaging (que preservan el sabor y eliminan la necesidad de moler el café en las tiendas). Tampoco se salvaron de la quema el diseño uniforme de los establecimientos, financieramente rentable pero que transmiten la idea de ser una cadena de cafés y no el cálido ambiente de un café de barrio.

En su afán por crecer Starbucks ha ido sumando innovaciones, como WiFi y dispensador de CDS y su menú ha añadido sándwiches para el desayuno. Y ahora la cadena de cafeterías ha dado un paso adelante en su estrategia de marketing móvil implantando un sistema para que los consumidores paguen a través de su teléfono inteligente (de momento iPhone o Blackberry).

Este sistema está dirigido a los miembros de su programa de fidelidad, que podrán abonar su consumición enseñando un código de barras desde la pantalla de su móvil en lugar de la tarjeta habitual de fidelidad, señala Financial Times. Desde la aplicación el usuario puede recargar su saldo y acceder a descuentos.

Brady Bewer, responsable del programa de fidelidad de la marca, ha comentado que en una de cada cinco transacciones los consumidores de Starbucks muestran su tarjeta de fidelidad, relacionada con un programa de puntos y que el sistema de pago a través del móvil ampliará la experiencia de los clientes.

Según la compañía, sus consumidores han cargado 1.500 millones de dólares en 2010 en su programa de puntos. Una tercera parte de sus clientes cuentan con un smartphone.

Fuente: Elaboración propia a partir de información de marketingnews (2011) e información de web corporativa Starbucks (2011)

PREGUNTAS:

1. ¿Cuál es la posición competitiva y la estrategia de Starbucks?
2. En función de su nivel de tangibilidad ¿qué tipo de producto o servicio comercializa Starbucks?
3. El lanzamiento del producto "trenta", ¿a qué tipo de estrategia de longitud de línea de productos responde?
4. ¿Cuáles son los niveles de su variedad "trenta"?
5. En el texto, ¿hace referencia a alguna de las características básicas de los servicios?

Algunas preguntas de repaso…

1. **Uno de los inconvenientes de la gestión de los servicios, es que el individuo no puede evaluarlos hasta después de la compra…**
   a. Sí, por eso se dice que tienen cualidades de búsqueda
   b. Sí, por eso se dice que tienen cualidades de credibilidad
   c. Sí, incluso en algunos casos no puedes evaluarlos posteriormente, por eso tienen cualidades de credibilidad y experiencia
   d. Todas las respuestas son correctas

2. **¿Sabes que sólo se está utilizando el 25% de la Ciudad Deportiva del Real Madrid en Valdebebas? ¿Por qué se le ocurriría comprar tanto terreno a Florentino?**
   a. Para ajustar la oferta y la demanda
   b. Porque así puede superar una de las características distintivas de los servicios, la caducidad
   c. Porque la compra de más terreno en los alrededores es para una futura expansión es habitual en este tipo de actividades
   d. Todas las respuestas son correctas

3. **La relación entre el personal de empresa y los clientes se denomina…**
   a. Marketing externo
   b. Marketing interno
   c. Marketing relacional
   d. Marketing interactivo

4. **Me han encargado hacer un plan de marketing a una empresa de Almería que se dedica a la importación tomates a toda Europa… En la elaboración de la última parte del plan estratégico y antes de comenzar con el plan operativo (que consiste en el desarrollo de las cuatro políticas de marketing) debo …**
   a. Analizar a mis competidores del sector y de marketing
   b. Tener en cuenta que la estructura industrial del sector, en relación con el número de competidores es de competencia pura
   c. Los tomates son difícilmente diferenciables, pero… actualmente todo se puede diferenciar… Upsss! Pero esto forma parte del marketing operativo, mejor empiezo después
   d. Todas las respuestas son correctas

5. **Eso sí, cuando haga el análisis de mis posibles competidores y analice sus objetivos debo saber que…**
   a. Dependerán de su tamaño, trayectoria, equipo directivo o situación financiera
   b. No tienen por qué perseguir el máximo beneficio
   c. Cuota de preferencia poseen
   d. La opción a y b son correctas

6. **Las empresas líderes…**
   a. Deben tener cuidado si persiguen aumentar su cuota de mercado ya que, por ejemplo, pueden provocar reacciones antimonopolio
   b. Pueden llevar a cabo una defensa de contracción, es decir, responder ante los ataques de las empresas retadoras
   c. Suelen centrarse en segmentos pequeños, con capacidad de crecimiento y rentabilidad, y que están dispuestos a pagar un sobreprecio por sus productos
   d. Llevan a cabo estrategias de adaptación de los productos.

7. **Opel, ha empezado a comercializar su nuevo modelo de automóvil con sensores de aparcamiento. Como sabes esta característica forma parte del nivel aumentado del producto…**
   a. Hay que tener cuidado, con el tiempo se convertirá en un elemento más del nivel esperado
   b. Que dices… forma parte del nivel básico del producto
   c. O también denominado nivel potencial o mejorado
   d. Ninguna de las respuestas es correcta

8. **Un ordenador es…**
   a. Un bien de especialidad
   b. Un bien de compra
   c. Un bien de conveniencia
   d. Un bien no buscado

9. **¿Cómo se denomina la escala que sirve para medir la calidad de las empresas y obtener los sellos de calidad FQM o ISO?**
   a. Escala QUALITY
   b. Escala PARASURAMAN
   c. Escala SERVQUAL
   d. Escala EQS

10. **Pepsi ha lanzado el nuevo diseño de sus latas, ahora son más alargadas y estrechas. Un cambio como éste ya ha empezado a recibir las primeras críticas ya que un buen diseño…**
    a. Llama la atención del consumidor
    b. Identifica el producto
    c. Debe reducir los costes de producción
    d. Todas las respuestas son correctas

Capítulo 11.
Estrategias de precios

11.1. ¿Qué es el precio?

El precio no es sólo un número en una etiqueta o en un producto, no es una cifra fija. El precio va mucho más allá ya que constituye un elemento estratégico para la empresa. A lo largo de la historia, los precios se han fijado a través de un proceso de negociación entre compradores y vendedores. Surgiendo a finales del siglo XIX la fijación de un precio único para todos los compradores gracias al desarrollo de la venta al por menor.

En la actualidad, Internet parece haber invertido la tendencia del precio fijo. Este nuevo canal de comunicación permite a los vendedores utilizar programas para controlar los movimientos de los consumidores en la red, así como personalizar sus ofertas y precios. Las nuevas aplicaciones on-line permiten a los compradores comparar precios simultáneamente mediante aplicaciones informáticas que representan a consumidores online, también conocidos como "shopbots".

El precio representa un factor determinante en la elección de los compradores. Más si cabe, si operamos en países en vías de desarrollo, entre los grupos con menos ingresos, y en el caso de los productos más básicos. No obstante, el precio no es el único factor sino que debemos considerarlo en compañía de otros factores, como por ejemplo, la lealtad o la calidad. Factores que han cobrado una mayor importancia en estos últimos años y que complementan al precio como un elemento fundamental que determina la cuota de mercado y su rentabilidad.

Política de marketing que debe adaptarse a las demandas de los consumidores, exigencias empresariales y circunstancias del entorno. Es habitual que los consumidores presionen a los minoristas para reduzcan sus precios y que los minoristas presionen a los fabricantes para que rebajen sus precios. El resultado es un mercado caracterizado por fuertes descuentos y promociones de ventas, que es necesario que gestionemos eficazmente para descubrir oportunidades de mercado.

EBay es una web que permite a las personas comprar y vender prácticamente cualquier cosa en todo el mundo. Actualmente puedes encontrar 120 millones de artículos en venta cada día en todo el mundo y hacer transacciones con más de 500 millones de usuarios registrados en más de 38 países. Desde su fundación en 1995 eBay no ha dejado de crecer, siendo hoy una compañía seria y sólida en el sector de Internet con más de 16.000 empleados en 38 países y que cotiza en el Nasdaq.

Figura 11.1. Operaciones realizadas en EBay

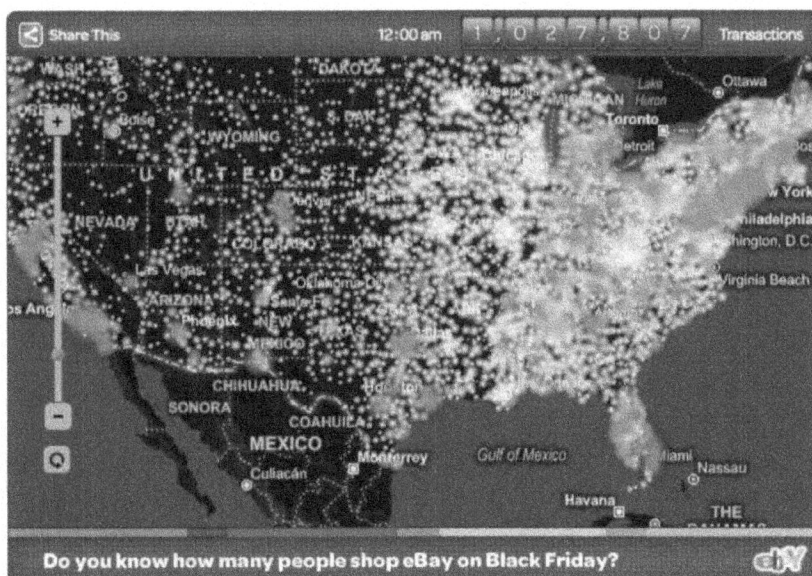

Fuente: http://planta0.wordpress.com/category/estadistica/

1. ¿CÓMO FIJAN EL PRECIO LAS EMPRESAS?

Las empresas fijan sus precios de formas diferentes en relación con su tamaño y la relevancia estratégica del precio en el sector. En las pequeñas empresas suele ser el jefe el que fija los precios. En las grandes empresas, lo fijan los responsables de los distintos departamentos y los responsables de las líneas de productos. La alta dirección determina los objetivos y las políticas de precios, y a menudo aprueba aquellos que son fijados por los niveles más bajos dentro del organigrama de gestión de la empresa. En los sectores donde el precio es un factor clave, suelen crear un departamento de fijación de precios que se encarga de establecerlos convincentemente, o de ayudar a otros en esta tarea. Este departamento depende o informa al departamento de marketing, al financiero o directamente a la alta dirección. Otras personas con influencia sobre la fijación de los precios son los directores de ventas, los directores de producción, los directores financieros y los contables.

Con frecuencia los ejecutivos manifiestan que la fijación de precios es una tarea complicada, que se vuelve más difícil cada día. Por ello, muchas empresas no son capaces de gestionar bien sus precios, y resuelven esta estrategia con estrategias erróneas como: "Calculamos nuestros costes y aplicamos los márgenes habituales del sector"; el precio no se revisa con la frecuencia necesaria para aprovechar los cambios en el mercado; se fija con independencia del resto de variables del marketing mix; o no se varía lo suficiente entre los diferentes productos, segmentos de mercado, canales de distribución y ocasiones de compra

Sin embargo, cada vez más empresas se han percatado de la relevancia del precio como una herramienta estratégica clave. Han descubierto el gran impacto que tiene el precio sobre sus resultados. Adaptan sus precios y ofertas en función del valor y de los costes de cada segmento de mercado.

En la fijación de precios debemos tener en cuenta quien fija el precio máximo y el precio mínimo, en qué lugar me sitúo entre ambos límites, y tomar decisiones de adaptación y modificación de precios. En el establecimiento de precios, el que fija el precio máximo a pagar será el consumidor y el que fija el precio mínimo son los costes, cuanto mayor sea este margen mayores opciones de posicionamiento respecto al precio tendré.

Figura 11.1. ¿Cómo se fija el precio?

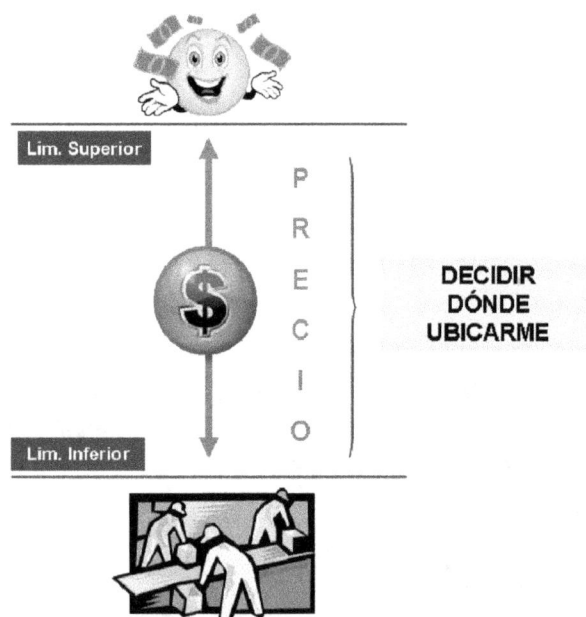

2. LA PSICOLOGÍA DE LOS CONSUMIDORES

Muchos economistas asumen que los consumidores aceptan directamente los precios tal y como se les presenta en el mercado, sin cuestionarlos. Conscientes de que los consumidores procesan activamente la información relativa al precio, y de que la interpretación en función del conocimiento acumulado en experiencias pasadas, de las comunicaciones formales (publicidad, llamada de ventas o folletos) e informales (familia, compañeros de trabajo o amigos), y de la información que encuentran en los puntos de venta o en entornos online. Las decisiones de compra se basan en cómo los consumidores perciben los precios y en el precio que ellos consideran como precio real *(por ejemplo, el precio que pago la última vez)*. Puede que consideren un umbral de precios mínimos por debajo del cual los precios indiquen la mala calidad, y otro umbral de precios máximos por encima del cual los precios estén desorbitados y parezca que no valoren el dinero.

Una de las prioridades más importantes del marketing consiste en saber cómo los consumidores forman sus percepciones en torno al precio.

A. Precios de referencia

Aunque los consumidores suelen conocer bien el intervalo en que se mueven los precios, muy pocos recuerdan con precisión el precio exacto de productos concretos. Suelen utilizar precios de referencia. Al analizar un precio determinado, los consumidores lo comparan con un marco de referencia interno (memoria) o con un marco de referencia externo *(por ejemplo, precios de la competencia)*.

Cuando los consumidores utilizan múltiples precios de referencia, siendo el precio percibido diferente del precio real *(por ejemplo, que considere que el producto deba ser más caro)*. Posibles precios de referencia de los consumidores son: "precio justo", precio habitual, precio pagado en última compra, umbral máximo de precios (precio máximo que los consumidores estarían dispuestos a pagar), umbral mínimo de precios, precio de la competencia, precio esperado para el futuro y precio normal rebajado.

B. Inferencias calidad-precio

Muchos consumidores interpretan el precio como un indicador de calidad. El uso del precio para transmitir una imagen determinada es especialmente útil para los productos relacionados con la imagen de uno mismo. Cuando existe información alternativa y fiable sobre la calidad real del producto, el precio se convierte en un indicador menos representativo de la calidad del mismo. Sin embargo, cuando no se dispone de este tipo de información, el precio se considera una señal de calidad. Algunas marcas se amparan en la escasez para transmitir una mayor calidad y justificar un precio más elevado.

C. Indicadores del precio

Las estrategias de fijación de precios alternativos también influyen sobre las percepciones de los consumidores. Muchos vendedores creen que los precios deberían terminar en número impar. Muchos consumidores consideran que un amplificador que cuesta 299 euros en lugar de 300 está en el intervalo de los 200 en lugar de en el de los 300. Los estudios han demostrado que los consumidores tienden a procesar los precios de "izquierda a derecha", en lugar de desarrollar un comportamiento de redondeo. Este tipo de estrategia es relevante siempre que exista una transición mental importante entre el precio impar y el precio redondeado más elevado. Otra explicación es que dan la sensación de mayor descuento o rebaja, lo que supone que si una empresa quiere proyectar una imagen de precios elevados, debe evitar fijar sus precios en números impares.

Los precios acabados en 0 y en 5 también son frecuentes en el mercado, los consumidores los procesan y los recuperan de la memoria con más facilidad. También se ha demostrado que los rótulos donde aparece la palabra "oferta" junto a los precios incrementan la demanda, pero sólo si no se utilizan en exceso. Una vez se supera una determinada cantidad, los indicadores adicionales de "oferta" podría hacer que redujesen las ventas.

2. Fases de fijación del precio

Las empresas tienen que fijar por primera vez un precio cuando desarrollan un producto nuevo, introducen un producto habitual en un canal de distribución diferente o en un área geográfica nueva o presentan ofertas en procesos de licitación

Los consumidores suelen clasificar las marcas dentro de la categoría en función de los intervalos de precios en los que se encuentran. En cualquier bloque de precios, existe un conjunto de precios aceptables denominado rango de aceptación de precios. Estos rangos de aceptación de precios proporcionan indicaciones a los directivos acerca de la flexibilidad y la amplitud que pueden asumir a la hora de fijar los precios para sus marcas dentro de cada bloque de precios concreto.

La empresa tiene que considerar múltiples factores a la hora de determinar sus políticas de precios. En las siguientes secciones describiremos un procedimiento para la fijación de precios en 6 pasos:

Figura 11.3. Fases de fijación del precio

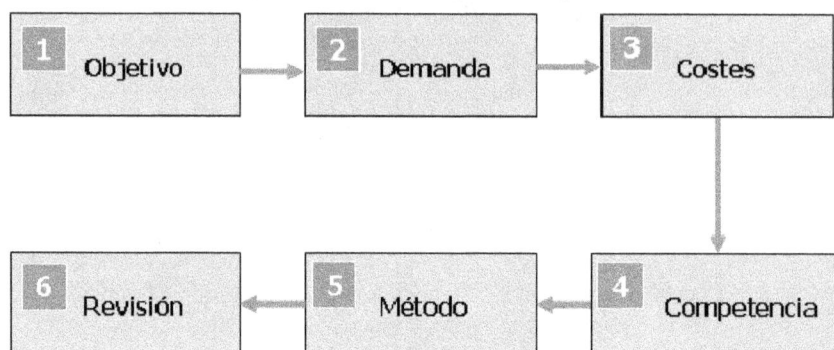

PASO 1: SELECCIÓN DE LOS OBJETIVOS DEL PRECIO

La empresa tiene que decidir dónde quiere posicionar su oferta. Cuanto más claros sean los objetivos, más fácil resultará fijar el precio para sus productos. Una empresa puede perseguir cualquiera de los 5 objetivos siguientes a través de su política de precios:

A. Supervivencia:

Si se encuentran con un exceso de capacidad, una competencia intensa, o cuando los deseos de los consumidores cambian. Mientras los precios cubran los costes variables y parte de los costes fijos, podrá seguir con su actividad. Es sólo un objetivo a corto plazo. A largo plazo, la empresa tiene que aprender cómo añadir valor a sus productos, o de lo contrario, se enfrentará a su extinción.

Este objetivo corresponde con la situación que Porter califica como mercado poco atractivo, donde la existencia de competidores poderosos sin intención de abandonar el mercado y las grandes inversiones requeridas, derivan en frecuentes guerras de precios y ataques promocionales. *Sector de las aerolíneas y telefonía.*

B. Maximización de los beneficios actualizados:

Calculan la demanda y los costes asociados con las distintas alternativas de precios y seleccionan el precio que genere un volumen máximo de beneficios, de flujos de caja, o que maximice la tasa de recuperación de la inversión. Se presupone que la empresa conoce sus funciones de demanda y costes, aunque, en realidad, estas funciones son difíciles de estimar. Al concentrarse excesivamente en el rendimiento actual. La empresa puede estar sacrificando la rentabilidad a largo plazo, ignorando los efectos de otras variables del marketing mix, las reacciones de los competidores, o las restricciones legales en materia de precios.

En este caso el objetivo no se justifica en la relación calidad-precio sino en calcular lo máximo que el consumidor está dispuesto a pagar y solicitar esta cantidad. Como se puede comprobar es un objetivo a corto plazo y con riesgo.

C. Maximización de la cuota de mercado:

Mayor volumen de ventas permitirá reducir los costes unitarios e incrementar los beneficios a largo plazo. Fijan el precio más bajo posible, dando por supuesto que el mercado es sensible a los precios. Circunstancias que favorecen la fijación de un precio bajo son: el mercado es latamente sensible al precio y un precio bajo estimula el crecimiento de mercado; los costes de producción y distribución disminuyen debido al efecto de la experiencia en la producción acumulada; y un precio bajo desanima a los competidores actuales y potenciales.

Figura 11.4. ¿Cuál es el objetivo de precios?

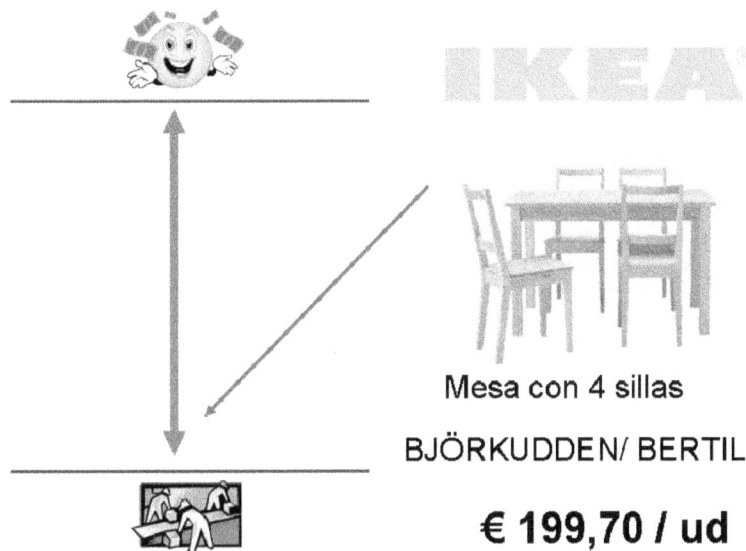

Mesa con 4 sillas

BJÖRKUDDEN/ BERTIL

€ 199,70 / ud

Fuente: Información contenida en web corporativa Ikea (2010)

D. Selección/descremación máxima del mercado:

Las empresas que introducen algún tipo de innovación en el mercado suelen fijar inicialmente unos precios elevados para seleccionar y aprovechar al máximo el mercado *(el precio de lanzamiento de una nueva televisión al principio es elevado y según va pasando el tiempo empieza a bajar)*. Tiene sentido bajo las siguientes condiciones: existe una gran demanda por parte de un número suficiente de compradores; los costes unitarios de producir un volumen reducido de unidades no son tan altos como para anular la ventaja de un precio superior; el elevado precio inicial no atrae a más competidores al mercado; y el precio elevado transmite la imagen de un producto superior.

Figura 11.5. ¿Cuál es el objetivo de precios?

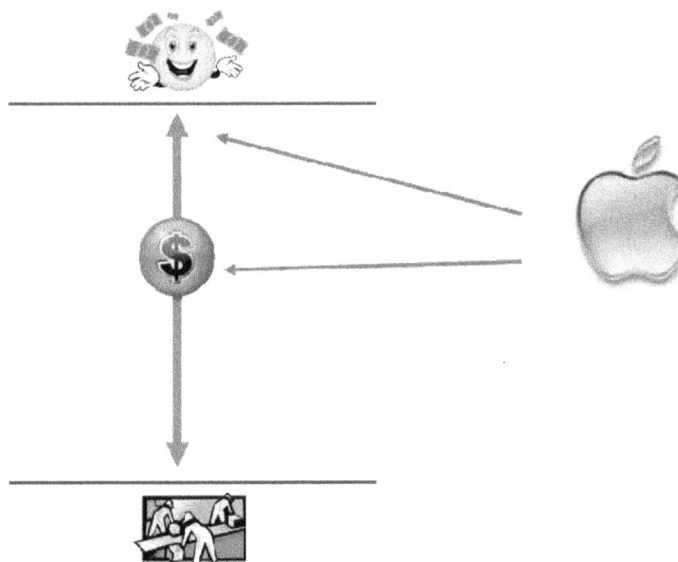

Fuente: Información contenida en web corporativa Apple (2010)

E. Liderazgo de calidad del producto:

Muchas empresas se esfuerzan por convertirse en "lujos asequibles", es decir, en productos o servicios que se caracterizan por niveles elevados de calidad percibida, elegancia y status, pero con un precio no demasiado elevado como para permitirles poder estar al alcance de los consumidores. Es decir, las grandes marcas que justifican sus precios por su calidad, innovación, etc. *Ejemplos de esta estrategia de precios son los productos de Lacoste, La Martina o Lâncome.*

F. Otros objetivos: Las entidades sin ánimo de lucro y los organismos públicos.

En este caso, los beneficios no constituyen su objetivo y, en muchos casos, no tienen libertad de fijación de precio.

PASO 2: DETERMINACIÓN DE LA DEMANDA

Cada precio que la empresa fije determinará un volumen de demanda diferente y, por tanto, tendrá un impacto distinto sobre los objetivos de marketing de la empresa. En la situación más habitual, la demanda y el precio están inversamente relacionados, de forma que cuanto mayor sea el precio, menor será la cantidad demandada. En el caso de los bienes de prestigio, la curva de demanda presenta a veces una pendiente positiva. Algunos consumidores consideran que un precio más elevado es un reflejo de un producto de mayor calidad. No obstante, si el precio es demasiado elevado, la demanda puede disminuir.

A. Sensibilidad al precio:

La curva de demanda muestra la cantidad probable de compra del mercado ante los distintos valores que toman los precios, y constituye la suma de las reacciones de un conjunto de individuos con sensibilidades diferentes ante el precio. El primer paso para poder estimar la demanda consiste en analizar los factores que determinan la sensibilidad frente al precio. Los consumidores se muestran más sensibles al precio en situaciones de compra de productos caro o que se adquieren con cierta frecuencia. Se preocupan menos por el precio en el caso de los productos baratos o que no suelen comprar habitualmente. Son menos sensibles al precio cuando éste representa una pequeña fracción del coste total que supone la compra, el uso y el mantenimiento del producto a lo largo de su vida. Un vendedor puede convencer al cliente de que ofrece un coste total de adquisición inferior (CTA).

Evidentemente, las empresas prefieren a aquellos clientes que son menos sensibles al precio. Por otro lado, Internet introduce mayores posibilidades de incrementar la sensibilidad de los consumidores frente al precio, no obstante, muchos otros compradores no se preocupan tanto por el precio.

Las empresas necesitan conocer la sensibilidad frente al precio de sus clientes reales y potenciales, y la relación que esperan obtener los compradores entre el precio y las características del producto. Si una empresa se dirige exclusivamente a los compradores más sensibles al precio, puede que acabe perdiendo dinero.

B. Métodos para estimar la función de demanda:

La mayor parte de las empresas intenta estimar de alguna forma sus funciones de demanda, para lo que se utilizan diversos métodos:

- Análisis estadísticos de los precios históricos, de las cantidades vendidas y de otros factores que pueden servir para identificar las relaciones existentes entre ellos. La definición del modelo más apropiado y el ajuste de los datos utilizando las técnicas estadísticas más adecuadas son tareas complejas que requieren un conocimiento considerable.

- Experimentos sobre precios. Probar distintos niveles de precios en un número limitado de establecimientos y ver cómo reacciona el consumidor.

- Encuestas para saber cuánto comprarían los consumidores si el precio fuese diferente. Aunque es posible que los encuestados no reflejen sus intenciones reales de compra frente a los precios más altos para disuadir así a la empresa de subir los precios (la utilización de este método no es recomendable porque nunca te dirán que están dispuestos a pagar más, todo lo contrario).

Al medir la relación entre el precio y la demanda, los investigadores tienen que tener en cuenta los diferentes factores que influyen sobre la demanda, así como la posible respuesta de los competidores. Asimismo, si la empresa realiza modificaciones en otras variables del marketing mix además de en el precio, podría resultar complicado aislar los efectos de las modificaciones del precio.

C. Elasticidad precio de la demanda:

Saber cómo responde la demanda ante las modificaciones en los precios, en qué medida es elástica la demanda respecto al precio. El no considerar la elasticidad precio puede ser un grave error. Si la demanda apenas cambia ante las variaciones de precios, diremos que es inelástica; por otro lado si cambia considerablemente, diremos que es elástica. Cuanto mayor sea la elasticidad de la demanda, mayor será el aumento de volumen resultante ante una reducción porcentual del precio.

Si el precio de un producto que se vende a 100 euros se rebaja a 90 euros (10% de reducción) u con ello consigue que las ventas pasen a 1.000 unidades diarias a 1.300 (30% de incremento) será elástica. Si el incremento en las ventas no llega al 10% (igual proporción que la disminución del precio) y éstas se sitúan por debajo de las 1.100 unidades será inelástica.

La demanda suele ser menos elástica en las siguientes situaciones: no existen sustitutivos o competidores, o bien son escasos; los compradores no perciben claramente el precio más elevado; los compradores varían lentamente sus hábitos de compra; o los compradores consideran que los precios más altos están justificados. Si la demanda es elástica, los vendedores tendrán que considerar la idea de reducir el precio.

La elasticidad precio depende de la magnitud y de la dirección de la variación producida en el precio. Puede ser insignificante si se da una pequeña modificación en el precio, o muy importante si, por el contrario, el precio varía drásticamente. La elasticidad puede diferir en el supuesto de una reducción del precio o de un incremento, y puede existir un margen o banda de indiferencia al precio en el que las modificaciones en el precio apenas tienen consecuencias, si es que las tienen.

A largo plazo puede ser distinta a la elasticidad a corto plazo. Los compradores pueden continuar comprando a un mismo proveedor tras un aumento de precios, aunque con el tiempo podrían cambiar de proveedor. En este caso, la demanda es más elástica a largo plazo que a corto plazo, aunque también podría ocurrir lo contrario, los compradores podrían abandonar a un proveedor tras el anuncio de una subida de precios, pero podrían volver a comprarle más tarde. La diferencia entre la elasticidad a corto y largo plazo supone que los vendedores no conocerán los efectos totales de las alteraciones en los precios hasta que no haya transcurrido cierto tiempo.

PASO 3: ESTIMACIÓN DE COSTES

La demanda determina el límite de los precios que puede fijar una empresa a sus productos, mientras que los costes determinan el límite inferior. Necesitan fijar un precio que cubra sus costes de producción, distribución y venta del producto, incluyendo un beneficio razonable por los esfuerzos realizados y los riesgos asumidos. Sin embargo, cuando las empresas fijan precios para cubrir costes totales no siempre obtienen rentabilidad.

A. Tipos de costes y niveles de producción:

Para fijar los precios de una forma inteligente, la dirección necesita saber cómo varían los costes para diferentes volúmenes de producción. Los costes de una empresa son de varios tipos:

- Costes fijos o de estructura. Costes que no varían con la producción o el volumen de ventas. Una empresa debe pagar todos los meses el alquiler, la calefacción, los intereses, las nóminas, etc. independientemente del volumen de producción.

- Costes variables. Costes que varían directamente con el volumen de producción. Suelen mantenerse constantes para cada unidad producida. Se denominan variables porque dependen del número de unidades fabricadas. Mano de obra, sueldos.

- Costes totales. Suma de costes fijos y variables, dado un volumen determinado de producción.

- Costes medios. Coste por unidad para un nivel de producción determinado, y se obtiene dividiendo los costes totales entre las unidades producidas.

B. Producción acumulada:

Los costes medios disminuyen a medida que se consigue una mayor experiencia a través de un aumento en la producción acumulada. La disminución del coste medio a medida que se consigue una mayor experiencia productiva se denomina curva de experiencia o curva de aprendizaje.

La fijación de precios basada en la curva de experiencia comporta algunos riesgos importantes: un precio muy agresivo puede transmitir la imagen de un producto barato; supone que los competidores son seguidores débiles con poca capacidad de reacción; y puede conducir a la empresa a la construcción de más plantas para atender a la demanda, mientras que algún competidor puede desarrollar una nueva tecnología que le permita obtener costes inferiores a los del líder, que ahora puede estar aplicando una tecnología obsoleta.

La fijación de precios según la curva de experiencia se centra, principalmente, en los costes de fabricación. Sin embargo, todos los costes son susceptibles de ser reducidos.

C. Sistema de gestión basados en la actividad:

En la actualidad, las empresas intentan adaptar sus ofertas y sus condiciones de venta a los diferentes grupos de compradores. Para calcular la rentabilidad real de distribuir a través de los distintos minoristas, el fabricante tendrá que utilizar una contabilidad de costes basada en la actividad en lugar de una contabilidad de costes estándar.

Este sistema de gestión de costes trata de identificar los costes reales asociados con cada cliente. Las empresas que no calculan estos costes correctamente no pueden estimar sus beneficios y probablemente se equivocaran con la distribución de sus actividades y recursos de marketing. La clave para utilizar la contabilidad de costes basados en la actividad de manera eficaz pasa por definir y clasificar las actividades correctamente. Una solución propuesta consiste en calcular el coste indirecto por minuto, y decidir qué parte de este coste se destina a cada actividad.

D. Objetivo en costes:

Consiste en utilizar la investigación de marketing para determinar cuáles son las nuevas funciones que se esperan de un producto y el precio al que se venderá bien. En función de su atractivo y los precios de la competencia. A continuación, se deduce del precio el margen de beneficio que se desea obtener, y se obtiene el coste objetivo que se debe alcanzar. Cada elemento de costes tiene que analizarse evaluando las diferentes opciones que permitan reducir los costes en cada función. El objetivo es conseguir que las proyecciones del coste final estén dentro del intervalo representado por los objetivos en coste. Si esto no es posible, tendría que detenerse el proceso de desarrollo del producto, puesto que no se podría comercializar según los objetivos y, por tanto, no se podrían conseguir los beneficios esperados.

PASO 4: ANÁLISIS DE COSTES, PRECIOS Y OFERTAS DE LA COMPETENCIA

La empresa debería considerar en primer lugar el precio de su competidor más cercano. Si la oferta de la empresa tiene características que no ofrece e competidor más cercano, se deberá calcular el valor para el cliente de estas características que no ofrecemos nosotros, se debería calcular su valor y descontarlo del precio de la empresa. La empresa puede decidir si cobra más, igual o menos que la competencia. Una vez que fijemos el precio, los competidores pueden reaccionar variando también sus precios.

PASO 5: SELECCIÓN DEL MÉTODO DE FIJACIÓN DE PRECIOS

Resume las 3 consideraciones más importantes sobre la fijación de precios: los costes suponen el límite mínimo para el precio; los precios de los competidores y de los productos sustitutivos sirven de punto de referencia; y las percepciones de los consumidores con relación al valor de la oferta de la empresa establecen el límite superior del precio.

Las empresas deben seleccionar un método de fijación de precios que tenga en cuenta una o más de estas consideraciones:

A. Método de fijación de precios mediante márgenes:

Consiste en añadir un margen estándar al coste del producto. Los márgenes suelen ser más altos en los productos que presentan un comportamiento estacional, en productos de especialidad, en productos con baja rotación, en productos con costes elevados de almacenamiento y manipulación y en productos con una demanda inelástica como los medicamentos con receta.

Normalmente no tiene sentido el uso de márgenes estandarizados para fijar precios. Cualquier método de fijación de precios que ignore la demanda actual, el valor percibido y la competencia no posibilitará la fijación de un precio óptimo. Sólo da buenos resultados cuando el volumen real coincide con el esperado.

A pesar de todo, está muy popularizada para los vendedores es más sencillo calcular los costes que calcular la demanda, y resuelven la fijación de precios relacionándolos con los costes, sin necesidad de hacer ajustes frecuentes a medida que cambia la demanda. Cuando todas las empresas de un mismo sector utilizan este método, los precios tienden a ser similares, por lo que la competencia en precios se minimiza. Y, finalmente, muchas personas consideran que la fijación de precios basada en los precios es más transparente, tanto para compradores como para vendedores.

Coste unitario = coste variable + (Costes fijos/Venta en unidades)
Precio de venta = Coste unitario/ [1 – rentabilidad esperada sobre las ventas]

B. Método de fijación de precios para alcanzar un alta tasa de rentabilidad (ROI):

Calcular el precio que determinará la tasa de rentabilidad de la inversión (ROI). El fabricante puede elaborar un gráfico de punto muerto o de equilibrio para saber qué pasaría con otros volúmenes de ventas.

El fabricante debe considerar diferentes precios y estimar sus efectos potenciales sobre el volumen de ventas y de beneficios, además de analizar el modo de reducir sus costes fijos y variables, porque cuanto menores sean, menor será el volumen necesario de ventas para alcanzar el punto muerto o de equilibrio.

Precio = coste unitario + (Rentabilidad deseada × capital invertido) / Unidades vendidas
Punto de equilibrio = Costes fijos / (Precio – costes variables)

C. Método de fijación de precios basada en el valor percibido:

Las empresas entregan el valor que prometen en su propuesta de valor, y los consumidores deben percibir ese mismo valor. Las empresas utilizan otros elementos del marketing mix, y los consumidores deben percibir ese mismo valor. Las empresas utilizan otros elementos del marketing mix, como la publicidad y la fuerza de ventas, para comunicar y potenciar el valor percibido en la mente de los compradores.

El valor percibido se compone de diversos elementos como la imagen, los sistemas de entrega del canal de distribución, la calidad de la garantía, los servicios de atención al cliente, la reputación del proveedor, su responsabilidad y la consideración hacia él,... Es más, cada cliente potencial, asigna una importancia diferente a cada uno de estos elementos, lo que divide a los consumidores en compradores en base el precio, compradores en base al valor y compradores fieles. Las empresas tienen que desarrollar estrategias diferentes para abordar a estos 3 grupos:

- Los compradores en base al precio, deberán ofrecerles productos básicos con pocos servicios

- Para los compradores en base al valor, deberán incluir constantemente innovaciones en su propuesta de valor y reafirmar el valor de sus ofertas de forma agresiva

- Para los compradores fieles, las empresas deben invertir en el mantenimiento de las relaciones y en "intimar" con los clientes

En ocasiones, a pesar de que una empresa afirme que ofrece un valor total superior, no todos los consumidores responden positivamente. Siempre hay un segmento de consumidores que compra en base al precio. Otros pueden imaginar que la empresa exagera la calidad de sus productos y sus servicios.

La clave consiste en entregar más valor que los competidores y demostrárselo a los compradores potenciales. Para conseguir esto, la empresa necesita fundamentalmente comprender el proceso de toma de decisiones del cliente. La empresa puede intentar determinar el valor de su oferta inicial de diversas maneras: a partir de cálculos de la dirección dentro de la empresa, a partir de la dirección dentro de la empresa, a partir del valor de otros productos similares, utilizando dinámicas de grupo, encuestas, experimentos, analizando de datos históricos y aplicando técnicas de análisis conjunto.

D. Método de fijación de precios basada en el valor:

Consiste en conseguir clientes fieles cobrando un precio relativamente bajo por una oferta de gran calidad.

No consiste simplemente en fijar precios más bajos, sino en rediseñar las operaciones de la empresa para convertirla en un fabricante de costes bajos sin sacrificar la calidad, pero con precios lo suficientemente bajos como para atraer a un gran número de clientes sensibles al valor.

Una variante importante es la fijación de un precio bajo todos los días, que se produce a nivel minorista. Eliminan la incertidumbre del precio semana tras semana, y pueden ser contrastados con el sistema de fijación de precios "altos-bajos" que aplican los competidores orientados hacia las promociones. En el sistema de precios altos-bajos, el minorita cobra precios más altos diariamente, pero aplica promociones frecuentes en las que los precios se reducen temporalmente por debajo del nivel de los precios bajos diarios. Los grandes descuentos suelen provocar una percepción de precios más bajos con el tiempo que los descuentos frecuentes pero fugaces aunque la media real sea la misma.

Algunos minoristas han llegado a basar toda su estrategia de marketing en lo que se podría denominar precios bajos diarios extremos. Hoy están cobrando una gran popularidad los bazares de "todo a un euro".

La razón principal por la que los minoritas adoptan la estrategia de precios bajos todos los días es que las ventas y las promociones continuas son muy costosas y han erosionado la confianza de los consumidores en lo que respecta a la credibilidad de los precios diarios de las estanterías de los supermercados. Los consumidores también tienen cada vez menos tiempo y menos paciencia para dedicarse a buscar las ofertas especiales en los supermercados y para recortar cupones-descuento sin embargo, es innegable que este tipo de promociones genera atractivo entre los compradores y les motiva a acudir al establecimiento. Por esta razón, la estrategia de precios bajos todos los días no es una garantía de éxito. A medida que los supermercados se enfrentan a la creciente competencia de vendedores y canales alternativos, muchos creen que la clave para atraer a un mayor número de clientes es utilizar una combinación de precios altos-bajos y de precio bajo diario, intensificando al mismo tiempo la publicidad y la promoción.

E. Método de fijación de precios basada en la competencia:

Las empresas fijan sus precios, en gran medida, teniendo en cuenta los precios de la competencia. Podría fijar un precio similar, mayor o menor que el de sus competidores.

Es bastante habitual. Cuando los costes son difíciles de calcular o la respuesta de los competidores es incierta, las empresas suelen recurrir a este método porque suele reflejar el conocimiento y la experiencia colectiva del sector.

En el mercado de ordenadores personales, por ejemplo, las reducciones de precios han sido constantes y casi todas las marcas tratan de destacar sus bajos precios. El sector financiero también ha estado sometido a continuas "guerras" de precios, ofertando hipotecas y préstamos personales a intereses cada vez más bajos. Las compañías telefónicas y aéreas también han librado continuas batallas para ofrecer unas tarifas más reducidas.

F. Método de fijación de precios mediante subastas y licitación:

Es cada vez más habitual, especialmente gracias al auge de Internet. Una de las razones tiene que ver con la posibilidad de deshacerse de excedentes de inventario o de productos usados:

- Subastas inglesas (pujas ascendientes). Un vendedor y muchos compradores

- Subastas holandesas (pujas descendentes). Un vendedor y muchos compradores (el subastante anuncia un precio elevado para un producto u va reduciéndolo hasta que alguien acepte pagar el precio), o un comprador y muchos vendedores (el comprador anuncia que quiere comprar algo, y los vendedores potenciales compiten por la venta ofreciendo el precio más bajo

- Subastas a sobre cerrado (licitación). Los aspirantes a proveedores sólo pueden entregar una oferta, sin conocer la oferta que realizan los competidores. Muchas agencias gubernamentales y empresas públicas suelen recurrir a este método para conseguir sus aprovisionamientos.

PASO 6: SELECCIÓN DEL PRECIO FINAL

Los métodos de fijación de precios reducen el conjunto de posibilidades entre las que puede elegir una empresa a la hora de determinar el precio final para sus productos. Para seleccionar el precio, la empresa debe considerar factores adicionales:

- Influencia de otras actividades de marketing. Calidad de la marca y la publicidad, en relación con la competencia.

- Políticas de precios de la empresa. Debe ser coherente con las políticas de precios de la empresa. Además, muchas empresas no se muestran reacias a aplicar penalizaciones en el precio en determinadas circunstancias (se deben aplicar con criterio para no perder clientes innecesariamente). El objetivo es garantizar que los vendedores ofrecen precios razonables a los clientes, que también resulten rentables para la empresa.

- Distribución del riesgo y las ganancias. Es posible que algunos compradores se resistan a aceptar la propuesta de precio de un vendedor debido a una percepción elevada de riesgo en la operación. El vendedor tiene la posibilidad de ofrecerse a asumir parte o la totalidad de dicho riesgo en el caso de que no entregue el valor prometido. Cada vez más empresas que prometen grandes ahorros deberían estar dispuestas a garantizar las ventajas prometidas y participar, si pueden, en los beneficios si éstos superan lo prometido.

- Impacto del precio en otros agentes (distribuidores, vendedores, competidores, gobierno). Es necesario conocer la legislación existente sobre precios. En la mayoría de los países la legislación establece que los vendedores deben fijar el precio sin concertarlos de ningún modo con los competidores: los precios pactados están prohibidos por la ley. Existen una gran cantidad de normas legales que protegen a los consumidores frente a prácticas de precios engañosas.

11.3. Adaptación del precio

La empresa no suelen fijar un precio único, sino que más bien elaboran una estructura de precios que refleja las variaciones de la demanda y de los costes para distintas zonas geográficas, de las exigencias de los diferentes segmentos, del calendario de compras, del volumen de pedidos, de la frecuencia del suministro, de las garantías, de los contratos de servicios y de otros factores. Como consecuencia de los descuentos, de los incentivos a la compra y del apoyo promocional, las empresas raramente obtienen el mismo beneficio por cada unidad de productos que venden.

1. PRECIOS GEOGRÁFICOS

Aunque habitualmente se suele pagar en dinero hay situaciones en las que la empresa debe decidir qué precios tiene que fijar para los clientes de diferentes lugares y países cuando los compradores no tienen suficientes recursos para pagar sus compras (fundamental si diseñamos estrategias de marketing internacional). Muchos compradores ofrecen otros productos a modo de pago, una práctica conocida como intercambio de mercancías.

Las empresas se ven a menudo obligadas a entrar en este sistema si quieren llevar a cabo sus negocios y adopta distintas formas.

- Trueque. Intercambio directo de bienes y/o servicios, sin dinero, y sin la participación de terceras partes. *Productos de la empresa por dietas y alojamiento en la ciudad de destino.*

- Operaciones de compensación. El vendedor recibe un porcentaje del pago en efectivo y el resto en producto. *Pago de la mitad en efectivo y el resto en servicios informáticos.*

- Acuerdo de recompra. El vendedor vende una fábrica, maquinaria o tecnología a otro país y acuerda aceptar productos fabricados con el equipo vendido como pago parcial. *Venta de maquinaria agrícola a Haití y pago en café recolectado gracias a esta maquinaria.*

- Acuerdo con contrapartida. El vendedor recibe la totalidad del pago en efectivo, pero acuerda invertir una cantidad sustancial del dinero en el país en el que realiza la venta durante un periodo de tiempo concreto. *Venta de maquinaria a Honduras con el compromiso de reinvertir en el país.*

2. DESCUENTOS E INCENTIVOS A LA COMPRA

La mayoría de las empresas modifican su precio de tarifa oficial a través de descuentos y otros incentivos con objeto de compensar a sus clientes por realizar rápidamente sus pagos, por adquirir grandes volúmenes de compra, y por realizar compras fuera de temporada:

- Descuentos efectivos. Reducción en el precio a compradores que paguen sus facturas con prontitud.

- Descuentos por cantidad. Reducción en el precio a compradores que compren grandes cantidades (el conocido como rappel).

- Descuentos funcionales (descuentos comerciales). Ofrecidos por el fabricante a miembros en el canal de distribución que lleven a cabo determinadas funciones.

- Descuentos estacionales. Reducción del precio a compradores que adquieren las mercancías o los servicios fuera de temporada. *Por ejemplo, los outlets.*

- Otras reducciones. Los abonos son pagos extra diseñados para conseguir la participación del vendedor en programas especiales.

Deben efectuarse cuidadosamente para evitar que los beneficios puedan disminuir más de lo previsto. Al convertirse en la práctica habitual de un gran número de empresas, que ofrecen tanto productos como servicios. Los vendedores, en concreto, suelen ofrecer descuentos con cierta facilidad para poder cerrar una venta. Sin embargo, se puede difundir la idea de que la política de precios de la empresa es "blanda" y así convertir los descuentos en la norma, en lugar de la excepción. Los descuentos distorsionan la percepción de valor de las ofertas de mercado.

Los fabricantes tienen que analizar con detalle y valorar las implicaciones de vender sus productos a los minoristas con descuentos elevados porque podrían acabar disminuyendo sus beneficios a largo plazo por intentar alcanzar los objetivos de ventas a corto plazo.

Las personas con rentas más altas y mayor implicación con los productos están dispuestas a pagar más por disponer de servicios y prestaciones adicionales, por una mejor atención al cliente, por una mayor calidad, por conseguir una comodidad añadida y por el valor que supone la marca. Por tanto, no es conveniente que una marca fuerte y exclusiva permita que sus precios se desplomen a través de la utilización de descuentos como medio para responder a los ataques de empresas con precios inferiores.

Los descuentos pueden ser una herramienta muy útil si la empresa puede obtener algunas concesiones a cambio.

La dirección de ventas tiene que llevar un registro de los clientes que reciben descuentos, de la cantidad descontada media, y de los vendedores concretos que utilizan los descuentos en exceso. Los altos directivos deben realizar un análisis del precio neto para conocer el "precio real" de sus ofertas.

3. PRECIOS PROMOCIONALES

Las empresas pueden utilizar varias técnicas de fijación de precios para estimular y acelerar la compra. Los precios promocionales más utilizados son:

- Reducción del precio de productos líderes. Los supermercados y los grandes almacenes suelen reducir el precio de las marcas más conocidas con la finalidad de atraer más clientes a sus establecimientos. Será rentable si los ingresos obtenidos por las ventas adicionales compensan la bajada de márgenes de los productos líderes. Los fabricantes de estos productos generalmente se oponen a que se utilicen sus marcas como reclamo, porque esta práctica puede afectar de forma negativa a su imagen de marca y provocar quejas por parte de los minoristas que mantienen el precio que normalmente tiene el producto. *Por ejemplo, la oferta sistemática de Coca Cola hace que el consumidor entienda el precio rebajado como el habitual.*

- Precios especiales en fechas señaladas. En temporadas concretas para atraer más clientes. *El día del libro o la Semana Fantástica del Corte Inglés.*

- Descuentos en efectivo. Para estimular las compras de sus productos dentro de un periodo determinado. Pueden ayudar a resolver los problemas derivados de unos elevados inventarios sin necesidad de reducir el precio normal de venta. *En países como Argentina si los pagos se efectúan en efectivo, y no con tarjeta de crédito, se suele aplicar un descuento del 10%.*

- Financiación a tipos de interés preferencial. En lugar de reducir el precio, a empresa puede ofrecer a sus clientes la posibilidad de financiar sus compras a tipo de interés preferenciales. *Por ejemplo, posibilidades de financiación de un sillón o de una cama sin interés en el plazo de un año.*

- Ampliación de los plazos de pago. Los consumidores muchas veces se preocupan menos del coste de un préstamo y más si pueden afrontar los pagos mensuales que supone. *Ampliación de la hipoteca.*

- Garantías y contratos de servicio adicionales. Añadiendo una garantía u ofreciendo un contrato de servicio de forma gratuita o a un coste más bajo.

- Descuento psicológico. Fijar un precio artificialmente alto para un producto, y después ofrecerlo mucho más bajo. En la mayoría de los países, este tipo de prácticas de descuento un tanto ilegítimas están prohibidas, de forma que, tanto las agencias gubernamentales competentes como las asociaciones interprofesionales, se encaran de luchar contra este tipo de prácticas. Son una forma legítima de promoción.

Las estrategias de promoción de precios son, en la mayoría de los casos, un juego de suma cero. Si funcionan, los competidores las imitarán y perderán su efectividad. Si no dan buen resultado, supondrán para la empresa una pérdida de dinero que podría haber sido dedicado al desarrollo de otras acciones de marketing.

4. DIFERENCIACIÓN DE PRECIOS

La discriminación de precios tiene lugar cuando una empresa vende un producto o servicio a dos o más precios diferentes en situaciones que no reflejen una diferencia proporcional en costes:

- El vendedor fija un precio diferente a cada cliente en función de la intensidad de su demanda.

- El vendedor cobra menos a los compradores que adquieren un mayor volumen.

- El vendedor cobra precios a los distintos tipos de compradores, como los siguientes casos:

  o Precios por segmentos de consumidores. *Por ejemplo, si se compran productos con el carnet joven se obtienen precios más económicos.*

  o Precios por versiones de producto. *Los productos de tamaño familiar suelen tener precios más económicos.*

  o Precios de imagen

  o Precios distintos por canal. *El mismo producto vendido en farmacias y en grandes superficies con precios diferentes.*

  o Precios distintos según la ubicación

  o Precios distintos según el momento

Los sectores de las aerolíneas y de la hostelería utilizan precios flexibles, ofreciendo descuentos limitados a los clientes que compran con antelación, precios con recargos a los clientes que compran tarde y precios especialmente baratos para los productos o servicios no vendidos justo antes de que prescriban las posibilidades de consumo.

El fenómeno de ofrecer diferentes escalas de precios a consumidores distintos y de ajustar los precios de manera dinámica está adquiriendo una enorme importancia. La mayoría de los consumidores ni siquiera se dan cuenta de la medida en que son objetivo de las estrategias de discriminación de precios.

Algunas formas de discriminación de precios son ilegales. Sin embargo, la discriminación de precios es legal si el vendedor puede demostrar que sus costes son diferentes cuando vende volúmenes diferentes o calidades distintas de un mismo producto a diferentes minoristas. Una fijación excesivamente agresiva de los precios, es decir, vender por debajo del coste con la intención de arruinar a la competencia, va contra la ley. A pesar de ser legal, las empresas que practican la discriminación pueden encontrarse con reacciones bastante hostiles.

Para que la discriminación de precios funcione se deben dar determinadas condiciones:

- el mercado debe poder segmentarse y los segmentos deben mostrar intensidades de demanda diferentes.

- a los individuos del segmento con menos ingresos no les debe ser posible revender el producto adquirido a bajo precio a individuos de otro segmento en los que el producto se vende más caro (no posibilidad de arbitraje entre distintos segmentos).

- los competidores no deben ser capaces de comercializar el producto adquirido a bajo precio en un segmento donde el precio más alto.

- el coste de segmentar el mercado no debe superar los beneficios extra resultantes de la discriminación de precios.

- no debe provocar el resentimiento y el descontento de los consumidores.

- la forma en que se desarrolle la discriminación de precios debe estar dentro de la legalidad.

11.4. Introducir y responder ante modificaciones de precios

1. REDUCCIÓN DE PRECIOS:

Las situaciones que pueden inducir a una reducción de precios son muy diversas (por ejemplo, el exceso de capacidad o un intento de dominar el mercado mediante costes más bajos) conlleva ciertos riegos como transmitir una imagen de baja calidad, de inestabilidad de la cuota de mercado o un riesgo de subsistencia

2. INCREMENTO DE PRECIOS:

Si una empresa consigue aumentar sus precios con éxito, también podrá aumentar sus beneficios de forma considerable.

Causas principales son la inflación y el exceso de demanda. La inflación de costes supone un aumento de los costes, si no va seguido de un incremento de productividad, puede acabar con los márgenes de beneficio y llevar a las empresas a que tengan que tomar periódicamente decisiones de subidas de precios. Las empresas suelen elevar sus precios por encima del incremento de los costes anticipando una subida de la tasa de inflación o posibles controles del gobierno en materia de precios (esta práctica se denomina fijación de precios anticipados). El exceso de demanda se produce cuando una empresa no puede atender a todos sus clientes puede aumentar sus precios, limitar los pedidos a una parte de los mismos, o hacer ambas cosas.

Algunas de las modalidades de aumentar el precio son:

- Adopción de una fijación de precios retarda. No fija su precio final hasta que el producto está terminado o entregado. En sectores en los que el proceso de producción es largo

- Utilización de cláusulas de revisión. Exige el pago del precio actual más la totalidad o una parte de la subida motivada por la inflación producida antes de la entrega (*ipc – alquileres*)

- Separación de bienes y servicios

- Reducción de descuentos. Comunica a la fuerza de ventas que no debe ofrecer descuentos por pronto pago ni por volúmenes de compra

La empresa debe decidir si incrementar los precios de forma repentina de una sola vez, o de manera paulatina. Normalmente, los consumidores prefieren pequeñas subidas periódicas antes que grandes subidas repentinas. Ante todo, al comunicar las subidas de precios a los clientes, la empresa debe evitar transmitir una imagen de abuso de poder. Los consumidores suelen tener buena memoria, y censurarán a aquellas empresas que incrementen los precios de forma abusiva.

Existen varias técnicas para evitar las reacciones negativas de los consumidores cuando se producen aumentos en los precios. Actuar con transparencia, informando a los consumidores con antelación. Una subida de precios menos perceptibles al principio. Los contratos o las ofertas para proyectos a largo plazo deberían incluir cláusulas de revisión.

Aunque existe libertad para modificar los precios hay determinados precios que no se pueden modificar como los de energía eléctrica tarifas postales, agua, transporte público y otros servicios públicos.

3. REACCIONES ANTE MODIFICIACIONES DE PRECIOS

¿Cómo reaccionan los consumidores? No siempre como esperamos…	
Reducción de precios	El producto está a punto de reemplazarse por un modelo nuevo
	El producto tiene algún defecto y no se vende bien
	La empresa atraviesa problemas financieros
	El precio se reducirá aún más
	La calidad ha disminuido
Aumento de precios	Producto es atractivo
	Tiene un valor añadido muy bueno
¿Cómo reaccionan los competidores?	
Reaccionan cuando…	Número de empresas competidores es reducido
	El producto es homogéneo
	Los compradores disponen de mucha información
	Son ofertas de un valor añadido superior (esto supone un problema)
Como prever sus reacciones…	Suponer que reaccionará los cambios de precios conjuntos
	Tratará cada modificación como un desafío y reaccionará de acuerdo a sus intereses particulares en cada momento
	Si el objetivo del competidor se centra en el mantenimiento de la cuota de mercado, probablemente igualará la variación introducida en los precios
	Si está más dirigido hacia la maximización de los beneficios, podrá reaccionar aumentando el presupuesto en publicidad o en calidad del producto.
Como interpretan las reducciones…	Trata de arrebatarle el mercado
	Trata de incrementar las ventas por sus pocas ventas
	Quiere que todo el sector reduzca los precios para estimular la demanda total
¿Cómo reaccionan los líderes?	
Reducción de precios (difiere en cada situación y el tipo de producto)	Mantiene el precio y añade valor. Podría ser más barato que operar con márgenes más bajos.
	Reducir el precio. Podría reducir su precio hasta el nivel del competidor, debido a que sus costes se reducen con el volumen de producción, puede perder cuota de mercado puesto que el mercado es sensible al precio, o porque es difícil recuperar la cuota de mercado una vez que se ha perdido (reducirá los beneficios a corto plazo).
	Aumentar el precio y mejorar la calidad. Para neutralizar la marca del atacante.
	Lanzar una línea de productos baratos *(estrategia que utilizó el Corte Inglés para competir con las marcas de distribuir con el lanzamiento de Aliada)*

En los mercados que se caracterizan por una gran homogeneidad del producto, la empresa deberá encontrar la manera de potenciar la calidad y la propuesta de valor de sus productos. Si esto no es posible, tendrá que igualar la reducción, si el competidor aumenta sus precios en un mercado de productos homogéneos, otras empresas podrían no igualar la subida a menos que ésta beneficie a la totalidad del sector, en este caso, el líder deberá reconsiderar la decisión de la subida y volver a bajar los precios. n mercados con productos no homogéneos, tendrá más posibilidades de actuación en materia de precio.

Caso práctico Capítulo 11

LA PULSERA DE MODA ENTRE FUTBOLISTAS ARRASA EN LA TIENDA

Para algunas personas ha sido un gran invento que les está repercutiendo de forma positiva en su estado de salud, para otras es algo que no vale para nada, y para otras es directamente un timo. En cualquier caso, están de moda y se están vendiendo como rosquillas. Son las Power Balance, unas pulseras de silicona o neopreno que, supuestamente, ayudan a mantener el equilibrio y dan una sensación de bienestar general. Tienen un holograma que, en teoría, contrarresta las radiaciones negativas de los teléfonos móviles o las antenas de televisión, entre otras. Sus distribuidores en Málaga, Gonzalo Pérez y Ernesto Mira, aseguran que hay estudios en la Universidad de Stanford (EEUU) que avalarían las virtudes de la pulsera, que se fabrica en EEUU, aunque reconocen que "no hay nada oficial, sino los testimonios favorables que nos dan las personas que nos llaman".

La pulsera, que tiene un precio de venta al público de 35 euros, se empezó a hacer famosa el año pasado después de que se les haya visto puesta a personajes famosos como Cristiano Ronaldo, Zidane, Guti, Rubens Barrichello, Fernando Alonso o Shaquille O'Neal. "Se lanzó para deportistas de élite pero al final se han abierto varios mercados nuevos. Además de los deportistas hay personas que las han comprado sólo porque está de moda y otras de la tercera edad a las que les han hablado de los efectos beneficiosos para la salud", explica Mira.

En cualquier caso, las Power Balance se ven por todos sitios. Mira y Pérez aseguran que ya las distribuyen en 170 tiendas por toda Andalucía oriental, su ámbito de influencia, "y no sólo de deporte sino también en joyerías, perfumerías, farmacias, etcétera". Su objetivo es llevar la pulsera a otros 200 puntos de venta más a lo largo de este año aunque, como señala Pérez, "la demanda está creciendo tres veces más rápido que la producción por lo que muchas veces nos quedamos sin mercancía". De hecho, según los distribuidores, "ha sido el producto estrella de esta pasada Navidad ya que vendimos 12.000 pulseras en Málaga, Granada, Jaén, Córdoba y Almería, y vamos duplicando ventas cada mes". "En plena crisis hay muchas tiendas a las que les ha salvado vender la pulsera. Una muy conocida de Málaga vendió 1.500 en sólo un mes", continúa Mira. Aunque ya se venden pulseras de todos los colores y adaptadas a hombres y mujeres, este verano empezarán a comercializar el mismo sistema en un collar y las pulseras de neopreno, que serán presentadas en la Fiesta Power Balance, "Disfruta el verano con equilibrio".

Mira y Pérez señalan que conocieron estas pulseras a través de un amigo común e intentaron hacerse con su distribución, si bien los dos proceden de campos distintos. Mira montó una empresa de césped artificial y Pérez ultima un portal en internet para hacer reservas en campos de golf.

¿Realidad o timo?, se preguntan en internet. Dependerá de cada persona. A los que les haga algún bien, mejor para ellos, y a los que no, al menos saben que van a la última. Cuestión de gustos.

Fuente: Adaptado de información de Malagahoy.es (2010)

PREGUNTAS:
1. Identifique las estrategias de diferenciación de la pulsera Power Balance.
2. ¿Cuáles son los niveles de producto?
3. ¿Cuál es el objetivo de precios que persiguen?
4. ¿Cuáles son las líneas de productos Power Balace?

Algunas preguntas de repaso...

1. **Entre los errores que las empresas cometen con frecuencia en lo que concierne a la fijación de precios, se encuentran:**
   a. La fijación de precios que se centra demasiado en los costes
   b. Los precios que no se revisan con suficiente frecuencia como para reflejar los cambios del mercado
   c. La fijación de precios que no tiene en cuenta el resto de los elementos del marketing mix
   d. Todas las anteriores

2. **La estrategia de tangibilizar el servicio supone...**
   a. Desarrollar un soporte físico para el servicio o asociarle un objeto tangible
   b. Distribuir el servicio en exclusiva
   c. Fijar un precio único al servicio
   d. Promocionar el servicio de forma intensiva

3. **El concepto de producto en el marketing propone...**
   a. Está centrado en los atributos o características del producto
   b. Está centrado en las necesidades del consumidor
   c. Exige una definición de los objetivos a largo plazo
   d. Considera sólo los aspectos tangibles del producto

4. **Si la demanda cambia mucho ante una ligera variación en el precio, se puede decir que es:**
   a. Débil
   b. Inelástica
   c. Sólida
   d. Elástica

5. **Diferenciar por calidad del servicio supone....**
   a. Fijar precios más elevados que los de la competencia
   b. Adaptar los precios a las variaciones de la inflación
   c. Patentar innovaciones realizadas en el servicio
   d. Ofrecer, como mínimo, fiabilidad, competencia y cortesía en la prestación del servicio

6. **Los productos industriales que de ningún modo forman parte del producto terminado son:**
   a. Los suministros y servicios
   b. El equipamiento accesorio
   c. Las instalaciones
   d. Los materiales manufacturados y piezas

7. **El modelo de los servicios de calidad indica que cuando los clientes juzgan la calidad de un servicio, están comparando el servicio _____ con el servicio_____.**
   a. Prestado; esperado
   b. Insistente; ideal
   c. Percibido; esperado
   d. Prestado; percibido

8. **Una empresa tiene que considerar muchos factores cuando quiere establecer su política de precios. ¿Cuál de los siguientes debe ser siempre el primer paso para establecer el procedimiento de fijación de precios de la empresa?**
   a. La estimación de costes
   b. La estimación de la demanda
   c. La selección de los objetivos del precio
   d. El análisis de los costes y de los precios de la competencia

9. **¿Cuál de los siguientes objetivos persiguen las empresas que fijan los precios más bajos posibles?**
   a. La supervivencia
   b. Maximizar los beneficios actuales
   c. El liderazgo en la cuota de mercado
   d. Un aumento específico de la cuota de mercado

10. **Los productos comprados por individuos y organizaciones para ser utilizados en otro proceso productivo o en el ámbito de los negocios se denominan:**
    a. Productos empresariales
    b. Productos de conveniencia
    c. Productos de consumo
    d. Productos industriales

Capítulo 12.
Diseño y gestión de los canales de distribución

12.1. ¿Qué es un canal de distribución?

La mayoría de fabricantes no vende sus productos directamente a los usuarios finales, sino que entre ellos existe una serie de intermediarios que realizan funciones diversas. Estos intermediarios constituyen un canal de marketing (también denominado canal de distribución o canal comercial). Los canales de marketing son conjuntos de organizaciones interdependientes que participan en el proceso de poner a disposición de los consumidores un producto o servicio para su uso o consumo. Existen una serie de trayectorias que siguen los productos y los servicios tras su producción, y que culminan en la compra y uso por parte del usuario final.

La obtención de acceso a las tiendas de distribución no tiene por qué resultar fácil. Por ejemplo, en el sector de productos de alimentos para los consumidores, muchas marcas coexisten luchando entre sí para obtener las mejores posiciones en los estantes del supermercado.

Existen distintos tipos de intermediarios:

- Comerciantes. Son intermediarios, como mayoristas o minoristas, que compran los productos. Al hacerse con la propiedad y revender la mercancía, asumen los riesgos de la distribución.

- Agentes. Son intermediarios, como los comisionistas, representantes de los fabricantes o a los agentes de ventas, que buscan clientes y pueden negociar en representación del fabricante, pero no compran los productos. En función del sector, la comisión que cobran por esta red de contactos puede oscilar entre un 10% y un 50%

- Proveedores o facilitadores de servicios. Son intermediarios, como las empresas de transporte, almacenistas, banco, o agencias de publicidad, que colaboran en el proceso de distribución pero ni adquieren la propiedad de los bienes ni negocian su compraventa. Sólo cobran una tarifa por los servicios prestados.

Figura 12.1. ¿Qué me podría decir de la distribución de Nespresso?

Fuente: Imágenes obtenidas de web corporativa de Nespresso (2011)

1. ¿SON IMPORTANTES LOS CANALES DE DISTRIBUCIÓN?

Las decisiones sobre el sistema de canales de marketing (el número de canales que la empresa va a utilizar) son de las más críticas a las que se enfrenta una empresa ya que los márgenes pueden oscilar hasta en un 50%, además del coste de oportunidad y la posibilidad de crear mercados.

Su elección afectará a las demás decisiones de marketing, ya que el precio depende de si utilizan boutiques exclusivas o medios de distribución masivos. Son decisiones a largo plazo ya que los pactos de distribución no pueden romperse cuando se quiera.

Al tratar con intermediarios, la empresa debe decidir cuánto esfuerzo dedicará a un marketing de "empujar" o a un marketing de "tirar". La estrategia de "empujar" (o estrategia push) supone que el fabricante utiliza su fuerza de ventas y la promoción comercial para inducir a los intermediarios a ofrecer, promocionar y vender el producto a los consumidores finales. Una estrategia de "tirar" (o estrategia de pull) supone que el fabricante utiliza la publicidad y la promoción para persuadir a los consumidores a que soliciten el producto a los intermediaros, induciéndoles así a realizar pedidos.

Figura 12.2. Estrategia *pull* y *push*

ESTRATEGIA PULL

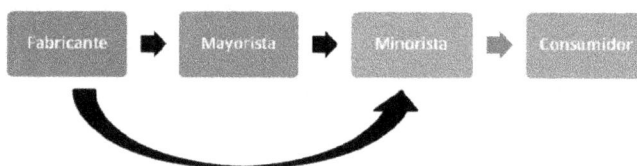

ESTRATEGIA PUSH

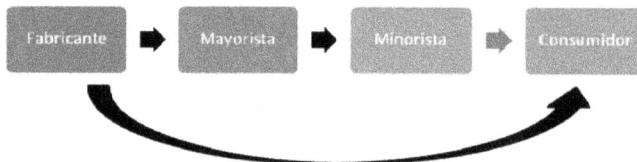

2. ¿CÓMO SE DESARROLLAN LOS CANALES?

Una nueva empresa suele empezar realizando operaciones de venta local en un mercado limitado, utilizando los intermediarios existentes (el número es limitado, unos pocos agentes de ventas del fabricante, algunos mayoristas, varios minoristas consolidados, unas cuantas empresas de transporte y unos pocos almacenes). Decidir cuál es el mejor canal no debería ser un problema, el problema podría consistir en convencer a los intermediarios de que acepten los productos de la empresa.

Si la nueva empresa tiene éxito, puede expandirse a nuevos mercados y utilizar canales diferentes en los demás mercados. En mercados pequeños, podría vender directamente a minoristas, mientras que en mercados grandes la empresa vendería a través de distribuidores. En consecuencia, el sistema del canal de distribución evoluciona en función de las oportunidades y de las condiciones locales.

Los diferentes consumidores presentan necesidades distintas a lo largo del proceso de compra. Nunes y Céspedes argumentan que en multitud de mercados, los compradores se pueden clasificar en las cuatro categorías siguientes:

- Compradores habituales. siempre compran en los mismos establecimientos y del mismo modo.

- Buscadores de las mejores ofertas. Saben cuáles son sus necesidades y "navegan" mucho por los canales antes de comprar al precio más barato posible.

- Compradores amantes de la variedad. Recopilan información de numerosos canales, aprovechan los servicios de contacto humano y después compran en su canal favorito, independientemente del precio.

- Compradores con altos niveles de implicación. Reúnen información de todos los canales, compran en el más barato, pero aprovechan los servicios al cliente de los canales con contacto humano.

El mismo consumidor podría decidir emplear canales diferentes para fines distintos a la hora de realizar una compra. Un consumidor podría decidir ojear un catálogo antes de ir al punto de venta o probar el coche en un concesionario antes de adquirirlo a través de Internet. También pueden buscar canales diferentes en función del tipo de artículos de que se trate.

3. EVOLUCIÓN DESDE UNA CADENA DE SUMINISTRO A UNA RED DE GENERACIÓN DE VALOR

La perspectiva de la cadena de suministro de una empresa considera los mercados como lugares de destino y equivale a una visión lineal de flujo. Sin embargo, la empresa debería pensar primero en el mercado objetivo y a continuación diseñar la cadena de suministro hacia atrás, partiendo del público objetivo. Esta estrategia se ha denominado como planificación de la cadena de demanda.

Desde una perspectiva aún más amplia, la empresa se sitúa en el centro de una red de generación de valor, es decir, de un sistema de alianzas y colaboraciones que crea la empresa para generar, mejorar y entregar sus ofertas. Se incluyen los proveedores de la empresa y los proveedores de sus proveedores, sus clientes inmediatos y sus clientes finales. La red de generación de valor incluye relaciones valiosas con terceros, como investigaciones académicos y organismos de acreditación.

La planificación de la cadena de demanda tiene una serie de ventajas:

- Puede calcular dónde se genera más dinero (hacia arriba o hacia abajo), en caso de que quiera llevar a cabo una integración vertical en sentido ascendente o descendente.

- Puede identificar las posibles interrupciones a lo largo de toda la cadena de suministro que pueden generar cambios repentinos de costes, precios o suministros.

- Puede recurrir a Internet para conseguir comunicaciones, transacciones y pagos con sus colaboradores comerciales que reduzcan costes, aceleren el flujo de información y aumenten la precisión. Con la llegada de Internet, las empresas están entablando más relaciones de mayor complejidad con otras empresas.

Figura 12.3. Evolución del diseño del canal de distribución

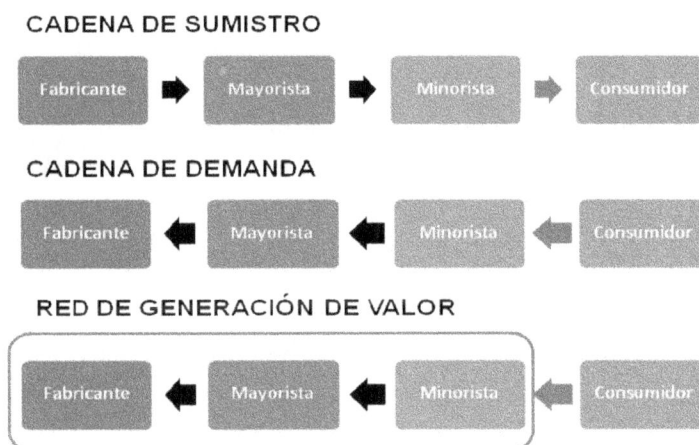

12.2. La función de los canales de distribución

Para los fabricantes, recurrir a intermediarios presenta diversas ventajas:

- Muchos fabricantes carecen de los recursos financieros necesarios para entrar directamente en el mercado.

- Con frecuencia, los fabricantes que establecen sus propios canales pueden obtener una mayor rentabilidad aumentando la inversión en su actividad principal.

- En algunos casos, sobre todo en productos de consumo masivo, el marketing directo simplemente no es factible.

Los intermediarios suelen ser más eficientes a la hora de poner los productos a disposición del público objetivo, y de facilitar su acceso a los mismos. Gracias a sus contactos, experiencia, especialización y escala de operaciones, los intermediarios suelen ofrecer a las empresas mucho más de lo que podrán conseguir por sí solas.

Figura 12.4. Número de contactos sin y con canal de distribución

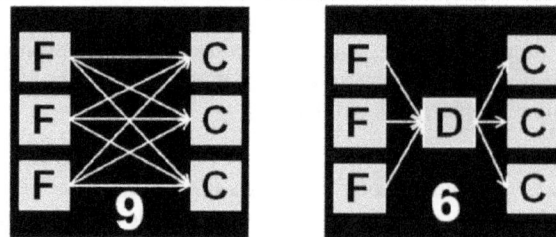

Fuente: Elaboración propia a partir de Kotler (2006)

1. FUNCIONES DE LOS CANALES DE MARKETING:

Un canal de marketing se encarga de trasladar los bienes desde los fabricantes hasta los consumidores, solucionando las dificultades temporales, espaciales y de posesión que separan los bienes y los servicios de aquellos que los necesitan o los desean. Los miembros de marketing realizan una serie de funciones clave:

- Recopilar información sobre clientes actuales y potenciales, de los competidores, y demás agentes y fuerzas del entorno de marketing.

- Desarrollar y diseminar comunicaciones persuasivas para estimular las ventas. *Por ejemplo, a través de la Semana Fantástica el Corte Inglés atrae consumidores que pueden adquirir nuestros productos.*

Figura 12.5. Ejemplo de estrategia de comunicación de un comerciante

Fuente: Imagen de web corporativa de El Corte Inglés (2011)

- Lograr acuerdos sobre el precio y demás condiciones para que se pueda efectuar la transmisión de la propiedad o posesión.

- Hacer pedidos a los fabricantes.

- Conseguir los fondos con que financiar inventarios en los diferentes niveles del canal de distribución. *Por ejemplo, Ikea emite tarjetas de crédito para que sus clientes puedan acceder a financiación sin intereses y poder aplazar los pagos.*

- Asumir los riesgos vinculados con desarrollar el trabajo en el canal.

- Facilitar el almacenamiento sucesivo y el movimiento de los productos físicos.

- Ofrecer a los compradores facilidades de domiciliación de pago a través de bancos u otras instituciones financieras.

- Supervisar la transferencia de la propiedad actual desde una persona u organización a otra.

2. NIVELES DEL CANAL

El fabricante y el consumidor final forman parte de cualquier canal. Para designar la longitud de un canal se utiliza el número de niveles de intermediarios:

Figura 12.6. Longitud del canal de distribución

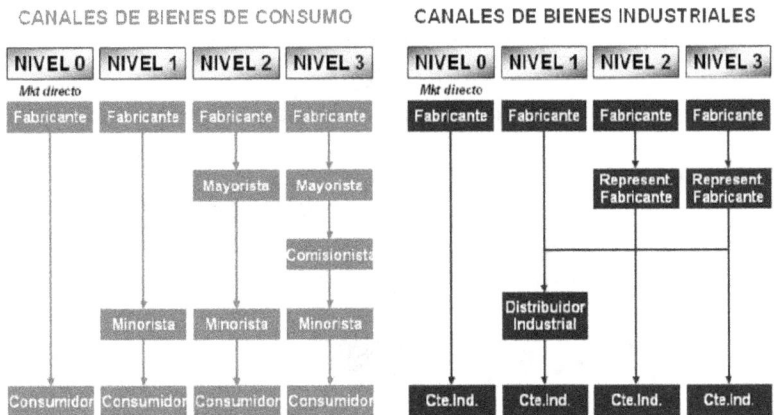

Fuente: Elaboración propia partir de Kotler (2006)

Los canales generalmente describen un movimiento hacia delante de los productos, desde el origen hasta el usuario final. Sin embargo, se puede hablar de canales de flujo inverso. Éstos son especialmente importantes para reutilizar productos o envases; restaurar productos y revenderlos; reciclar productos; y deshacerse de productos y envases

3 LOS CANALES EN EL SECTOR SERVICIOS

Los canales de marketing no se limitan a la distribución de bienes físicos. Los fabricantes de servicios e ideas también se encuentran con el problema de cómo poner sus servicios a disposición del público objetivo y de cómo facilitar su acceso a los mismos. *Muchos servicios, como los viajes, alojamiento, los medios publicitarios, el entretenimiento y los seguros, se venden por medio de agentes, por ejemplo, los buscadores como Rumbo, Edreams, Atrápalo o Voyageprive.*

A medida que se desarrollan Internet y otras tecnologías, las empresas de servicios cómo los bancos, las aseguradoras, las agencias de viajes y los intermediarios bursátiles están recurriendo a canales de distribución nuevos.

12.3. Decisiones sobre el diseño y la gestión del canal

1. DECISIONES SOBRE EL DISEÑO DEL CANAL

Para diseñar un canal de marketing es necesario analizar las necesidades de los consumidores, fijar los objetivos de canal, identificar las principales alternativas de canal y evaluarlas.

A. Análisis del nivel de servicios deseado por los clientes:

Para diseñar el canal de marketing se debe conocer el nivel de servicios deseados por el público objetivo. Los canales producen cinco niveles de servicio:

- Tamaño del lote de compra. El número de unidades que el canal de marketing permite adquirir a un cliente medio en cada acto de compra.

- Tiempo de espera y de entrega. El tiempo medio que los clientes del canal esperan para recibir las mercancías.

- Conveniencia espacial. El grado de facilidad de compra del producto que ofrece el canal a los consumidores.

- Variedad de productos. La amplitud del surtido que proporciona el canal de marketing.

- Servicios de apoyo. Se refiere a los servicios adicionales (crédito, entrega, instalación, reparaciones) que ofrece el canal. Cuanto mayor sea el nivel de servicios prestados, mayor será el valor proporcionado por el canal.

Figura 12.7. Análisis del nivel de servicios deseado por los clientes

B. El establecimiento de los objetos de canal y sus limitaciones:

Los objetivos del canal se deben establecer en función del nivel de servicios ofrecidos. Una planificación efectiva del canal exige que el fabricante determine a qué segmentos del mercado va a atender y cuáles son los mejores canales en cada caso.

Los objetivos de canal varían con las características del producto. Los productos perecederos requieren una comercialización más directa. Los productos de gran tamaño, como por ejemplo el material de construcción, requieren canales que minimicen las distancias de transporte y la cantidad de manipulación necesaria. Los productos no estandarizados, tales como la maquinaria producida por encargo o determinados productos especializados, se venden directamente a través de la fuerza de ventas de la empresa. Los productos que necesitan servicios de instalación o mantenimiento como, por ejemplo, servicios de calefacción o refrigeración, los vende generalmente la propia empresa o distribuidores franquiciados. Los productos que tienen un valor unitario, como los generadores y las turbinas, se suelen vender a través de la fuerza de ventas de la empresa más que a través de intermediarios.

El diseño del canal debe adaptarse tanto al entorno general de la empresa como a la legislación española.

C. Identificación de alternativas principales:

Las empresas pueden elegir entre una gran variedad de canales para llegar a sus clientes. Cada canal tiene fortalezas exclusivas, al igual que debilidades.

El problema es que la mayor parte de las empresas utilizan un mix de canales.

Una alternativa de canal se compone de tres elementos:

- Tipos de intermediarios. La empresa necesita identificar los tipos de intermediarios disponibles para el desarrollo de su canal. Deberían buscar canales de marketing innovadores. En ocasiones, elige un canal poco convencional, debido a la dificultad o al coste de operar con el canal dominante. La ventaja radica en que la empresa tendrá menos competencia durante la fase inicial de operación con el canal.

- Número de intermediarios. Las empresas han de decidir el número de intermediarios que van a utilizar en cada nivel del canal. Existen tres estrategias posibles:

o La distribución exclusiva. Limitar de forma importante el número de intermediarios. Se utiliza cuando el fabricante desea mantener el control sobre el nivel del servicio y de los outputs ofrecidos por los intermediarios. A menudo va acompañada de un acuerdo de colaboración exclusiva. *Las grandes marcas, como Dolce & Gabbana, recurren a esta estrategia para mantener su prestigio.*

o Distribución selectiva. Utilizar más de un intermediario pero no de todos los que desean distribuir un producto en particular. Esta técnica es frecuente entre empresas consolidadas y empresas nuevas que buscan distribuidores. La empresa no tiene que repartir sus esfuerzos entre muchos puntos de venta, sino que puede conseguir una cobertura de mercado apropiada con más control y menos costes que a través de la distribución intensiva. *Ciertos cosméticos se pueden adquirir a través de droguerías y farmacias, pero no establecimientos de gran distribución.*

o Distribución intensiva. Distribución de bienes y servicios a través de tantos puntos de venta como sea posible. Esta estrategia es frecuente para artículos como cigarrillos, jabón, aperitivos y chicles, debido a que se tienen que emplazar en lugares cómodos para los consumidores. Esta estrategia puede servir a corto plazo, pero suele deteriorar los resultados a largo plazo. La distribución intensiva aumenta la disponibilidad del producto o servicio, pero puede generar una competencia intensiva entre minoristas. *Los refrescos pueden adquirirlos en multitud de canales de distribución, establecimientos de alimentación, cafeterías, máquinas expendedoras, etc.*

- Condiciones y responsabilidades de los miembros del canal. El fabricante debe determinar los derechos y obligaciones de los miembros que participan en el canal. Cada uno debe recibir un trato respetuoso y la oportunidad de ser rentable. Los elementos principales del "mix de relaciones comerciales" son las políticas de precios, las condiciones de venta, los derechos territoriales y los servicios específicos que tiene que prestar cada parte.

D. Evaluación de las alternativas principales: cada alternativa de canal debe evaluarse de acuerdo con criterios económicos, de control y de adaptación.

- Criterios económicos. Cada alternativa de canal generará un nivel diferente de ventas y costes. Cuando los vendedores descubren un canal cómodo y de bajo de coste, intentan hacer que sus clientes lo utilicen. La empresa puede recompensar a los clientes por hacerlo.

- Criterios de control y adaptación. Para desarrollar un canal, los miembros deben comprometerse durante un periodo de tiempo específico. Sin embargo, estos compromisos dan lugar, de forma inevitable, a un descenso en la capacidad del fabricante de responder a los cambios del mercado.

2. DECISIONES SOBRE LA GESTIÓN DEL CANAL

Una vez que la empresa ha elegido una alternativa de canal, debe seleccionar a los intermediarios individuales, formarlos, motivarlos y evaluarlos. Los acuerdos sobre el canal se pueden modificar con el tiempo.

A. La selección de los miembros del canal:

Las empresas deben seleccionar cuidadosamente a los miembros del canal. Para facilitar la selección de los miembros del canal, los fabricantes deberían determinar qué características distinguen a los mejores intermediarios. Deberían evaluar los años de actividad en el sector, otras líneas de productos que distribuyan, el historial de crecimiento y beneficios registrados, la capacidad financiera, la disposición a cooperar y la reputación de sus servicios. Desde el enfoque marketing, las empresas necesitan planificar e implementar programas cuidadosos programas de formación para sus intermediarios.

B. La motivación de los miembros del canal:

Las empresas deberían considerar a sus intermediarios de igual modo que a sus usuarios finales. Para animar a los miembros del canal a que den lo mejor de sí mismos, primero hay que entender sus necesidades y deseos. La empresa debería ofrecer programas de formación, de estudios de mercado y otros programas de desarrollo de capacidades para que los intermediarios realicen mejor su trabajo.

El poder del canal se podría definir como la capacidad de modificar la conducta de los miembros del canal de modo que tomen medidas que no habrían tomado de otro modo. Los fabricantes pueden recurrir a los siguientes tipos de poder para conseguir la cooperación de los intermediarios:

- Poder coercitivo. El fabricante amenaza con retirar recursos o poner fin a la relación si el intermediario no coopera.

- Poder de recompensa. El fabricante ofrece a los intermediarios un beneficio extra por realizar funciones o tomar medidas concretas.

- Poder legítimo. El fabricante pide al intermediario una conducta garantizada por el contrato de colaboración entre ellos.

- Poder experto. El fabricante posee conocimientos especiales que el intermediario valora.

- Poder de referencia. El fabricante es tan respetado que los intermediarios se enorgullece de trabajar con él.

La mayoría de los fabricantes consideran que obtener la cooperación de los intermediarios plantea un gran desafío. Con frecuencia se utilizan motivadores positivos como márgenes más altos, ventas especiales, primas, colaboración en publicidad conjunta, entrega de expositores y concursos de ventas. En ocasiones aplican sanciones negativas como amenazas de reducción de márgenes, ralentización del suministro o el fin de la relación comercial.

C. Evaluación de los miembros del canal:

Los fabricantes deben evaluar periódicamente los resultados de los intermediarios utilizando para ello indicadores como el volumen de ventas conseguido, el nivel medio de existencias, el tiempo de entrega a los clientes, el tratamiento de bienes deteriorados o perdidos, y la cooperación en programas promocionales y de formación.

D. Modificación de los acuerdos del canal:

Los fabricantes deberían revisar periódicamente sus acuerdos de canal y modificarlos cuando éste no funcione según lo previsto, cambios en los hábitos de los consumidores, el mercado se expanda, aparezcan nuevos competidores, emerjan canales de distribución innovadores, o cuando el producto entre en una fase más madura de su ciclo de vida. No existe ningún canal de marketing en el que se pueda confiar a lo largo de todo el ciclo de vida del producto.

12.4. Sistemas de integración del canal

1. SISTEMAS VERTICALES DE MARKETING

Uno de los avances más recientes y significativos de los canales de distribución es el auge de sistemas verticales de marketing. Un canal de distribución convencional está formado por un fabricante independiente, uno o varios mayoristas, y uno o varios minoristas. Cada uno de los miembros del canal es una empresa independiente que persigue maximizar sus propios beneficios, aunque este objetivo reduzca la rentabilidad del sistema en su conjunto. Ningún miembro del canal tiene un control completo o sustancial sobre los demás.

Un sistema de distribución vertical (SDV), por el contrario, está formado por el fabricante, uno o varios mayoristas, y uno o varios minoristas que actúan como un único sistema unificado. Uno de los miembros del canal, el capitán del canal, es propietario de los otros, franquiciador de los demás, o tiene tanto poder que todos los demás cooperan. El capitán del canal puede ser el fabricante, el mayorista, o el minorista.

Con los SDV se consiguen economía de escala por tamaño, poder de negociación y se evita el duplicado de servicios.

- Sistema de distribución vertical corporativo. Este sistema combina las fases sucesivas de producción y distribución en una única propiedad. *Empresas como Nike (calzado y ropas deportivos), Swatch (relojes), Starbucks son propietarias de puntos de venta detallista*

- Sistema de distribución vertical administrado. Un sistema de distribución vertical administrado coordina las fases sucesivas de producción y distribución a través del tamaño y del poder de uno de los miembros del canal. Los fabricantes de una marca dominante pueden asegurarse una cooperación comercial y un fuerte apoyo por parte de los minoristas. *Por ejemplo, dada la fuerza de sus marcas y sus cuantiosos presupuestos de marketing, algunas cadenas de tiendas permiten que Kraft decida cuáles productos se colocan en cuáles estantes, no sólo los de Kraft, sino también los de sus competidores.*

- Sistemas de distribución vertical contractual. Está formado por empresas independientes de diferentes niveles de producción y distribución que integran sus programas sobre una base contractual para obtener más economías y/o impacto sobre las ventas del que podría conseguir por sí solas. Existen tres tipos:

    o Cadenas voluntarias patrocinadas por el mayorista. Los mayoristas organizan cadenas voluntarias de minoristas independientes para ayudarles a competir con las grandes cadenas. El mayorista desarrolla programa en el cual los minoristas individuales estandarizan sus prácticas de venta y consiguen economías en sus compras que permiten al grupo competir efectivamente con organizaciones formadas con grandes cadenas. *IFA, SPAR.*

    o Cooperativas de minoristas. Los minoristas toman la iniciativa de organizarse como forma jurídica de empresa al objeto de realizar compras en grandes volúmenes, y en algunos casos, algunas producciones. Los miembros concentran sus compras a través de la cooperativa y planifican sus campañas publicitarias conjuntamente. Los beneficios se distribuyen entre los miembros en proporción a sus compras. Los minoristas que no son miembros también pueden comprar a través de la cooperativa, pero no participan de sus beneficios. *Cooperativas de productores de aceite de oliva (almazaras), Eroski, cooperativas construcción.*

    o Franquicias. Un miembro del canal, llamado el franquiciador, puede unir varias fases sucesivas del proceso de producción-distribución. *Prenatal, Marco Aldany, Cañas y Tapas, 100 montaditos, Press to.*

2. SISTEMAS HORIZONTALES DE DISTRIBUCIÓN

Se trata de coordinar el mismo nivel de distribución en los diferentes canales. Trabajando de forma conjunta se logra reducir notablemente la posibilidad de conflictos de canal.

3. SISTEMAS DE DISTRIBUCIÓN MULTICANAL

Sistemas de distribución multicanal: El sistema de distribución multicanal tiene lugar cuando una empresa utiliza dos o más canales de comercialización para llegar hasta uno o más segmentos de consumidores. Las empresas que actúan a través de múltiples canales de distribución obtienen tres ventajas muy importantes. En primer lugar, obtienen una cobertura de mercado mucho mayor; en segundo lugar, el coste del canal es menor; la tercera ventaja es una venta personalizada, contratando personal técnico de ventas para vender equipos complejos. Los nuevos canales suelen crear conflictos y generar problemas de control. Asimismo, puede ocurrir que dos o más canales acaben compitiendo entre sí por los mismos clientes. Por último, los canales nuevos también pueden ser más independientes y dificultar la cooperación.

Figura 12.8. Sistemas de integración del canal

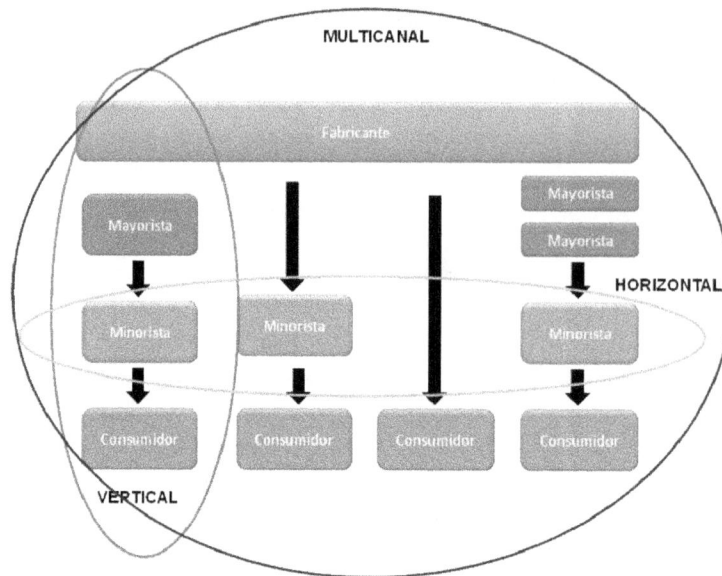

i

12.5. Cómo gestionar la cooperación y los conflictos en los canales

Independientemente de lo bien diseñados y dirigidos que estén los canales, aparecerán conflictos, por la sencilla razón de que los intereses individuales de las empresas no siempre coinciden. Se dice que existe un conflicto en el canal cuando un miembro, a través de sus actos, impide a otro conseguir sus objetivos. La coordinación del canal consiste en que todos los miembros del canal se unan para conseguir los objetivos del canal en lugar de los objetivos personales propios, que suelen ser incompatibles entre sí.

Los conflictos que pueden darse son de tres tipos:

- El conflicto en el canal vertical se da entre diferentes niveles de un mismo canal.

- El conflicto en el canal horizontal se produce cuando surge un problema entre miembros del mismo nivel dentro del canal.

- El conflicto multicanal ocurre cuando un fabricante ha establecido dos o más canales para vender a un mismo mercado. Estos conflictos suelen ser especialmente intensos cuando los miembros de un canal obtienen un precio más bajo (por un volumen de compra mayor) o trabajan con un margen inferior.

Es importante detectar las causas que provocan los conflictos de canal. Una causa principal es la incompatibilidad de objetivos, también pueden surgir por diferencias de percepción. El fabricante puede ser optimista sobre la evolución económica a corto plazo y querer que sus distribuidores aumenten el nivel de existencias, mientras que éstos pueden mostrarse pesimistas.

Las causas más frecuencias de conflicto son...
Incompatibilidad de objetivos
No definición clara de derechos y obligaciones
Límites territoriales
Financiación de las ventas
Diferencias de la percepción (optimismo/pesimismo)
Dependencia de los intermediarios respecto a los fabricantes

A medida que las empresas añaden canales para aumentar las ventas, corren el riesgo de crear conflictos en el canal. Existen diversos mecanismos para gestionar los conflictos de manera eficaz:

Tipo de conflicto	Mecanismo de resolución
Conflicto leve	Adopción de una jerarquización de objetivos (suele ocurrir cuando se enfrenta a una amenaza externa)
	Intercambio de personas entre dos o más niveles de canal
	Cooptación. Esfuerzo mediante el que una empresa trata de conseguir el apoyo de los líderes de la otra organización mediante su inclusión como asesores, consejeros u otros. La organización que inicia el acuerdo tendrá que comprometer sus políticas y planes para conseguir el apoyo
	Participación conjunta en asociaciones comerciales
Conflicto grave o crónico	Diplomacia. Cada parte envía a una persona o grupo a encontrarse con sus contrarios con objeto de resolver el conflicto.
	Mediación. Utilizar a un tercero neutral, que actúa como conciliador de los intereses de las partes.
	Arbitraje. Las dos partes se muestran de acuerdo en presentar sus argumentos a una persona o parte y en aceptar la decisión final que se tome.
Conflicto irresoluble	Acciones legales

Cuando en el comienzo de la Liga española de fútbol se produce un problema en la determinación y reconocimiento de los derechos de retransmisión de los partidos entre Audiovisual y Mediapro, La Liga de Fútbol Profesional decide mediar entre ambos para solucionar el problema."

Finalmente, debemos considerar un par de acciones poco éticas y un tanto ilegales que se utilizan a veces en los canales. Los más comunes son:

- Intermediación exclusiva. El vendedor sólo permite a determinados establecimientos comercializar sus productos y exige a los intermediarios que no comercialicen productos de la competencia. Ambas partes se benefician de los acuerdos exclusivos: el vendedor consigue puntos de venta más fieles y dependientes, y los intermediarios una fuente constante de productos especiales y un apoyo más firme. Estos acuerdos son legales siempre que no disminuyan el nivel de competencia ni tiendan a crear monopolios, y siempre que ambas partes suscriban tales acuerdos de manera voluntaria. Suele incluir acuerdos territoriales exclusivos.

- Acuerdos vinculantes. Los fabricantes de una marca conocida venden a los intermediarios, pero sólo si adquieren una parte importante de la línea de productos o su totalidad. No necesariamente son ilegales, pero sí violan la Ley si su propósito es disminuir sustancialmente la libre competencia.

12.5. Minoristas, mayoristas y logística

En primer lugar, la distribución minorista o detallista incluye todas las actividades que tengan que ver con la venta de bienes o servicios directamente al consumidor final para su uso personal, no empresarial. Al tratar directamente con el consumidor final los cambios en los hábitos de los consumidores y las tendencias del entorno les afectan en mayor medida. Las tendencias que están afectando especialmente a los minoristas y que debemos considerar son:

- Nuevos formatos y combinaciones de venta minorista. *Por ejemplo, panaderías con cafetería o librerías con cafetería*

- Aumento de la competencia intertipo, es decir, distintos tipos de establecimientos compiten por mismo tipo de artículos

- Aumento de los minoristas sin establecimiento. A pesar de esta tendencia a los consumidores les gusta visitar los establecimientos, por ello, aunque es necesario estar en la red el número de minoristas con establecimiento supera el 90%.

- Crecimiento de los minoristas de gran dimensión

- Declive de los minoristas que atienden a segmentos de mercado intermedio. Cada vez más se compite por precios bajos y precios altos.

- Incremento de la inversión en tecnología (sobretodo Internet)

- Presencia internacional de los principales minoristas

En segundo lugar, la distribución mayorista incluye todas las actividades relacionadas con la venta de bienes y servicio dirigidas a aquellos que las compran para volverlos a vender (minoristas) o utilizar en sus empresas (clientes industriales). No se incluyen ni fabricantes ni agricultores, ni minoristas.

Los mayoristas se diferencian de los minoristas en que prestan menos atención a la promoción, el ambiente, y a la localización, puesto que sus clientes son empresas en lugar de consumidores finales; las transacciones al por mayor suelen ser de mayor importe que los intercambios a nivel minorista, y los mayoristas normalmente cubren un área comercial más amplia que los minoristas; y el gobierno regula de manera diferente a mayoristas y minoristas en los aspectos legales y fiscales

¿Cuándo recurrimos a los mayoristas? Cuando son más eficaces en alguna de las siguientes funciones:

- Venta y promoción. Ayuda a llegar a muchos clientes de tamaño reducido y a un coste relativamente bajo. Tienen más contactos y los compradores suelen confiar más en ellos que en los fabricantes, que les pueden resultar más distantes.

- Compra y formación del surtido de productos. Pueden seleccionar artículos y formar surtidos que se ajusten a las necesidades de sus clientes, ahorrándoles a éstos mucho trabajo

- Fragmentación de grandes cantidades. Consiguen ahorros para sus clientes comprando en grandes lotes y después fragmentan en cantidades más pequeñas

- Almacenamiento. Almacenan sus propias existencias por lo que reducen costes de inventario y riesgos de proveedores y clientes

- Transporte. Suelen ofrecer entregas más rápidas, porque están cerca de ellos

- Financiación. Financian a sus clientes mediante concesión de créditos, y también a sus proveedores realizando pedidos con gran antelación y pagando sus facturas puntualmente

- Asunción de riesgo. Al adquirir en propiedad las existencias y soportan los costes de robo, deterioro y obsolescencia

- Información del mercado. Sobre actividades de competidores, productos nuevos o variaciones de precios

- Servicios de gestión y asesoría. Formando dependientes, ayudándoles en distribución y exposición en la tienda, e implementando sistemas de contabilidad y de control de inventarios. Formación y asistencia técnica.

En tercer lugar, debemos saber que la logística consiste en planificar la infraestructura necesaria para satisfacer la demanda, implementarla y controlar los flujos físicos de los materiales y de los productos finales desde su origen hasta los lugares de uso, con el fin de satisfacer las necesidades de los consumidores a cambio de un beneficio.

La planificación logística de mercado se desarrolla en 4 fases:

1. Decidir la propuesta de valor que ofrece la empresa a sus clientes

2. Decidir el mejor diseño de canal y la mejor estrategia de red para llegar a los clientes

3. Desarrollar una excelencia de operaciones con previsión de ventas, gestión de almacenes, gestión del transporte y gestión de materiales

4. Aplicar la solución que incluya los mejores sistemas de información, la mejor maquinaria y las mejores políticas y procedimientos

12.6. ¿Qué es una marca privada o de distribuidor?

Una marca privada, de distribuidor, marca blanca o marca del propio establecimiento, es toda aquella marca que desarrollan mayoristas o minoristas (*Body Shop, Hacendado, Aliada*). Estas marcas han demostrado ser más rentables ya que buscan fabricantes con exceso de capacidad productiva para que produzcan sus marcas a bajo coste, y los costes de I+D, distribución física o promoción son mucho menores. Pueden cobrar pecios más bajos. Del mismo modo, las marcas blancas sirven para diferenciarse de los competidores: muchos consumidores desarrollan preferencias por las marcas de la enseña del establecimiento en determinadas categorías.

Figura 12.9. Ejemplo de marca privada de El Corte Inglés: Veckia

Fuente: Imagen contenida en web corporativa de El Corte Inglés (2011)

Caso práctico Capítulo 12

¿OTRO CAFÉ NESPRESSO? SARA LEE Y CASINO LANZAN CÁPSULAS MÁS BARATAS

Nuevas cápsulas para el café pero, una vez más, no son de Nespresso. El grupo francés alimenticio Casino ha declarado en Francia una nueva guerra a la filial del grupo suizo Nestlé, pionera en este sistema de preparado de bebidas calientes. Tras conocerse la noticia de que, Sara Lee, fabricante de marcas como Sanex o Ambipur, ha retado el liderazgo de Nespresso en el mundo del café anunciando el lanzamiento de una línea de cápsulas llamada L´OR que será compatible con las cafeteras de Nestlé, el grupo Casino se ha unido y también lanzará el próximo mes de mayo en Francia otras cápsulas que podrán utilizarse en las máquinas de Nespresso. De esta manera, la marca comercial perteneciente al Grupo Nestlé podría verse seriamente afectada.

Sin embargo, la competencia que representarán el grupo francés y Sara Lee de momento no preocupa a Nestlé. Así lo ha asegurado Vicent Termote, director general de Nespresso Iberia, quien ha afirmado que esperarán a ver las consecuencias de los lanzamientos, y que están seguros de que sus clientes no cambiarán tan fácilmente de marca. Seguro de la autenticidad, calidad, sabor y aroma de sus productos, Termote reconoce saber que el éxito del café Nespresso "atrae a nuevos competidores", pero que están "dispuestos a competir" con ellos.

A pesar de que las nuevas cápsulas se declaran más baratas y se venderán en supermercados, de momento sólo se podrán comprar en Francia, por lo que "no vamos a hacer conjeturas sobre un sistema que aún no ha entrado en el mercado español", aseguró Termote. De momento no se ha comprobado ni la calidad ni la compatibilidad con las cafeteras del grupo Nestlé. "La calidad del café que tenemos es única, y es muy difícil de copiar", insistió el director de Nespresso. "Nos encontramos en una situación de ventaja porque hoy día ya nos enfrentamos a la competencia" y el 70 por ciento de los consumidores prefieren Nespresso "a ciegas". Los hábitos han cambiado, se prefiere este nuevo sistema de cafeteras más limpias y que potencian el sabor del café, orientadas para los amantes del café.

Finalmente, en contra de las críticas de reciclaje hacia Nespresso, el director del grupo ha asegurado que el aluminio que utilizan "es la mejor forma de conservar la calidad del café" y es 100 por cien reciclable. Además de haber "redefinido el mundo del café" nuestro sistema es un "éxito sostenible".

Calificada como la marca de Nestlé que más rápido crece, Nespresso aporta actualmente el 20% del crecimiento de las ventas del grupo. Las cifras de resultados anunciadas el pasado 29 de marzo refuerzan esta afirmación. Con respecto al ejercicio anterior, Nespresso alcanzó en 2009 un crecimiento de más del 22%, y calificó de "excelentes" estos resultados en un año "extremadamente difícil" por la situación de crisis mundial.

La empresa, que mantiene una media de crecimiento del 30% desde una década, ha elevado hasta 190 su número de puntos de venta. Además, los socios del club Nespresso ya superan los siete millones. Con respecto al ejercicio, Nespresso espera sobrepasar su objetivo de 3.000 millones de francos suizos en ventas. Además, tiene previsto ampliar su red de ventas abriendo más de 30 nuevas tiendas, ocho de ellas en el mercado español.

Los productos de Nespresso están basados en un sistema de cápsulas individuales que contienen café molido y máquinas específicas para producir esta bebida a partir del contenido de la cápsula. A pesar de que las cafeteras están disponibles en tiendas, las cápsulas se encuentran bajo un sistema de patente cerrado y sólo pueden ser fabricadas por Nestlé. De esta forma, los precios están fijados, por lo que el café es más caro, aunque Nespresso presume de ofrecer café gourmet y 100 por cien natural. En Europa cada cápsula cuesta en torno a los 0,33 euros. Sólo se pueden adquirir cápsulas en tiendas especializadas de la marca, vía telefónica o a través de Internet. Las cápsulas contienen un porcentaje entre 5,5 y 7 gramos de café y hay 16 variedades en el mercado.

Fuente: El economista, 8 de abril de 2010.

PREGUNTAS:

5. ¿Cuál es su estrategia en relación con el número de distribuidores de Nespresso?

6. ¿podría señalar si utiliza algún sistema de integración del canal?

7. ¿Cuál es la estrategia de precios?

8. Señale cuál es la posición y estrategia competitiva de Nespresso, Sara Lee y Casino

Algunas preguntas de repaso...

1. La introducción de aspectos nuevos en una categoría de productos existente bajo el mismo nombre de marca se denomina...
   e. Disolución de la marca
   f. Extensión de marca
   g. Relleno de línea
   h. Extensión de línea

2. Una de las políticas de marketing que hay que gestionar es la distribución (Place en inglés). En este punto debo diseñar y gestionar mis relaciones con otras empresas que participarán en el proceso de facilitar al consumidor los productos demandados. Una de las decisiones es decidir la longitud del canal. Generalmente, cuanto menor sea su longitud menor será el aumento de precio y más rápido llegará al consumidor. Entonces... ¿Por qué se recurre a los mayoristas? Porque son más eficaces en...
   a. La fabricación de los productos
   b. El contacto con los clientes
   c. La fragmentación de grandes cantidades
   d. El diseño de sus establecimientos

3. Algunas empresas, como los bares "100 Montaditos", fijan los precios más bajos posibles porque pretenden ser _____.
   a. Líderes en calidad de producto
   b. Líderes en cuota de mercado
   c. Líderes en calidad de clientes
   d. Líderes en maximización de los beneficios

4. Bimbo comercializa sus snacks en numerosos puntos de venta, para que el consumidor tenga hambre o un antojo los adquiera fácilmente. La estrategia de distribución adoptada por la compañía es...
   a. Distribución predilecta
   b. Distribución intensiva
   c. Distribución exclusiva
   d. Distribución preferencial

5. Los productores de aceite de oliva se agrupan en organizaciones minoristas. Esto hace que los precios sean pactadas y sea una forma de integración de canal...
   a. Vertical corporativa
   b. Horizontal administrada
   c. Horizontal pactada
   d. Vertical contractual

6. Este sábado fui a comer al mismo restaurante de siempre ya que "Más vale malo conocido que bueno por conocer". Si por algo se caracterizan los servicios es porque...
   a. Suelen ser bienes con cualidades de búsqueda
   b. Los consumidores confían más en la publicidad que en lo que les cuentan sus amigos
   c. Se confiere mucha importancia al precio, al personal y a la decoración
   d. Ninguna es correctas

7. ¿Cuál de las siguientes afirmaciones es falsa?
   a. La dimensión horizontal de un canal de distribución se refiere al conjunto de niveles de un canal
   b. Cortefield es un ejemplo de servicio minorista
   c. Los comerciantes adquieren la propiedad de los productos
   d. Un agricultor es un fabricante

8. Al fijar el precio de un producto se tiene que estimar la función de demanda, para ello hay diversos métodos ¿Cuál es el que no utilizarías por sus resultados poco fiables?
   a. Los experimentos sobre precios
   b. Las encuestas
   c. El análisis estadístico de precios históricos
   d. Ninguna me convence

9. ¿Cuál es la longitud del canal de distribución de "La tienda en casa", que se dedica a la venta de una serie de productos a través de la televisión, es decir, marketing directo?
   a. Canal de nivel uno
   b. Canal de nivel dos
   c. Canal de nivel cero
   d. Canal de nivel tres

10. Elena ha decidido gastar su paga extra en comprarse un vestido para la boda de su mejor amiga. Para ello, recorrerá las tiendas de las grandes firmas y no escatimará esfuerzos en encontrar el vestido más maravilloso del mundo. Esto hace referencia a la adquisición de un producto de...
    a. Búsqueda
    b. Especialidad
    c. Conveniencia
    d. Marca

Capítulo 13.
Diseño de un plan de comunicación

13.1. La función de las comunicaciones de marketing

Las comunicaciones de marketing son el medio por el cual una empresa informa, persuade y recuerda a los consumidores, directa o indirectamente, los productos y marcas que vende. A través del desarrollo de la política de comunicación se posibilita el diálogo y la creación de relaciones con los consumidores.

La comunicación desempeñan numerosas funciones para los consumidores ya que pueden recibir información de la empresa sobre cómo y por qué se utiliza un producto, quién suele utilizarlo, dónde y cuándo *(por ejemplo, Fairy el milagro antigrasa, a través de la su comunicación te informa que con una gota de este jabón puedes limpiar toda una vajilla).* Pueden descubrir quién fabrica el producto y qué significa la marca y la empresa (*Telefónica a través del "compromiso telefónica" trata de transmitir unos valores organizativos, o Bankia trata de conectar con las emociones de los clientes*). Los consumidores pueden recibir un incentivo o recompensa por probar o utilizar el producto *(a través de promociones como paga uno y llévate dos).* Permiten vincular sus marcas a personas, lugares, eventos, marcas, experiencias, sentimientos y cosas (*Lôreal utiliza a estrellas para promocionar los productos*). Y pueden contribuir al capital de marca fijando la marca en la memoria y transmitiendo una imagen de marca.

Aunque la publicidad suele ser un elemento central del programa de comunicación debemos saber que no es el único. En la gestión de la estrategia de comunicación de la empresa podemos optar por seis tipos de comunicaciones principales:

- Publicidad. Comunicación no personal y pagada para representar y promocionar ideas, bienes y servicios de una empresa identificada. A través de la televisión, radio, revistas o publicidad exterior.

- Promoción de ventas. Conjunto de incentivos a corto plazo para fomentar la prueba o la compra de un producto o servicio. Bonos descuento, promociones 2*1 o sorteos.

- Eventos y experiencias. Conjunto de actividades y programas patrocinados por la empresa diseñados para crear interacciones especiales o diariamente con la marca.

- Relaciones públicas. Conjunto de programas diseñados para promover o proteger la imagen de la empresa o de sus productos.

- Marketing directo. Utilización del correo postal, teléfono, fax, correo electrónico o Internet para comunicar directamente o solicitar respuesta o diálogo con determinados clientes actuales o potenciales.

- Venta personal. Interacción cara a cara con uno o más compradores potenciales con el fin de hacer una presentación, responder a preguntas y conseguir pedidos.

La comunicación de la empresa va más allá de estas plataformas específicas. El estilo y el precio del producto, la forma y color del envase, los modales y la forma de vestir del vendedor, la decoración del establecimiento, los artículos de papelería de la empresa comunican algo a los compradores. Todo contacto con la marca aporta una sensación que puede reforzar o debilitar la opinión que tiene el cliente de la empresa

Estas actividades de comunicación contribuyen al capital de marca creando notoriedad de marca, vinculando las asociaciones adecuadas a la imagen de la marca en la memoria de los consumidores, generando sentimientos o juicios positivos sobre la marca y favoreciendo la creación de una conexión consumidor-marca más fuerte. A partir del fortalecimiento del capital marca de la empresa podremos transmitir un mensaje consistente y conseguir un posicionamiento estratégico.

Las plataformas típicas de comunicación:

Publicidad	Promoción de ventas	Relaciones públicas	Venta personal	Marketing Directo
Impresión y radiodifusión	Concursos, juegos, sorteos, loterías	Prensa	Presentaciones de venta	Catálogos
Embalaje	Vales de descuento y regalos	Conferencias	Encuentros	"Mailings"
Inserciones en el embalaje	Muestras gratis	Seminarios	Programas de incentivos	Telemarketing
Dibujos animados	Feria de muestras	Informes anuales	Muestras gratuitas	Compra electrónica
Folletos y revistas domésticas	Exposiciones	Obras de caridad	Feria de muestras	Compra por televisión
Pósters y panfletos	Demostraciones	Patrocinio		Correo por fax
Directorios	Retornos	Publicaciones		Correo electrónico
Reimpresión de anuncios	Rebajas	Relaciones sociales		Buzón de voz
Vallas publicitarias	Financiaciones a bajo coste	Grupos de presión		
Escaparates	Encuentros	Relaciones con los medios		
Material en puntos de venta	Ayudas al vendedor	Revista de empresa		
Material audiovisual	Programas de continuidad	Acontecimientos		
Símbolos y logotipos	Acuerdos con el distribuidor			

13.2. Los modelos de procesamiento de la información

Los profesionales del marketing deberían comprender los elementos fundamentales de una comunicación eficaz. Existen dos opciones que son especialmente útiles a este respecto: el macromodelo del proceso de comunicación y el micromodelo. Veamos cada uno de estos modelos.

1. **Macromodelo del proceso de comunicación**

Figura 13.1. Macromodelo del proceso de comunicación

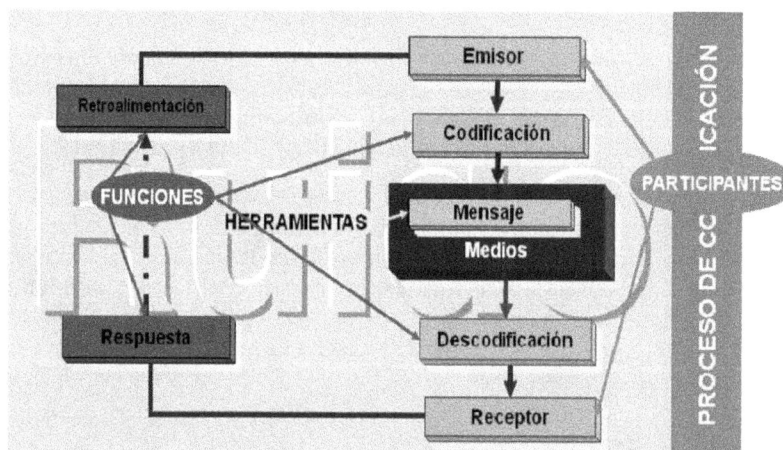

Fuente: Elaboración propia a partir de Kotler (2006)

Es un macromodelo con 9 elementos:

- Participantes principales de la comunicación: emisor y receptor

- Principales herramientas de comunicación: mensaje y canal o medio de comunicación

- Funciones principales: codificación, descodificación, respuesta y retroalimentación

- Ruido o interferencias: cualquier distorsión aleatoria o mensaje de la competencia que pueda interferir con la comunicación que pretenda transmitir la empresa (sobre todo unos conceptos que ya conocemos: la atención, percepción y distorsión selectiva, si no te acuerdas acude al capítulo 4).

Contempla los factores fundamentales de una comunicación eficaz y, así, los emisores deben conocer cuál es el público objetivo al que desean llegar y qué respuesta esperan obtener. Deben codificar sus mensajes de forma que el público objetivo los pueda descodificar adecuadamente. Deben desarrollar canales de retroalimentación que les permita controlar las respuestas de los consumidores. Cuanta mayor coincidencia existe entre el campo de experiencia del emisor y el receptor, más eficaz será el mensaje.

2. Micromodelo de respuesta de los consumidores

Figura 13.2. Micromodelo del proceso de comunicación

FASES	Modelo AIDA	Mod. Jerarquia De Efectos	Mod. Innovación -Adopción	Modelo COMUNICACIÓN
FASE COGNOSCITIVA	ATENCIÓN	TOMA de CONCIENCIA ↓ CTO-INTERÉS	TOMA de CONCIENCIA	EXPOSICIÓN ↓ RECEPCIÓN ↓ RESP.COGNITIVA
FASE AFECTIVA	INTERÉS ↓ DESEO	GUSTO EVALUAC. ↓ PREFERENCIA ↓ CONVICCIÓN	INTERÉS ↓ EVALUACIÓN	ACTITUD ↓ INTENCIÓN
FASE DE COMPORTAM.	ACCIÓN	COMPRA	PRUEBA ↓ ADAPTACIÓN	CONDUCTA

Fuente: Elaboración propia a partir de Kotler (2006)

Se concentra en las respuestas específicas que éstas originan en los consumidores. Se considera que el comprador atraviesa una fase cognitiva, otra afectiva y otra conductual, por este orden. Si el responsable de marketing es capaz de identificar la secuencia correcta en cada caso la planificación de las comunicaciones se verá muy favorecida Para aumentar las probabilidades de éxito de las campañas de comunicación los profesionales de marketing deben intentar aumentar la probabilidad de que cada fase tenga lugar. Por ejemplo, en el caso de una campaña publicitaria debe asegurarse de que el consumidor adecuado se vea expuesto al mensaje apropiado en el lugar preciso y en el momento justo.

Finalmente, para el éxito de la campaña el anuncio debe llamar la atención del consumidor sin distraerle del mensaje principal; refleje el nivel de conocimiento del consumidor sobre el producto y la marca; posicione la marca correctamente en lo relativo a los puntos de diferencia y de paridad deseables y reales; motive a los consumidores a considerar la compra de la marca; y cree unas asociaciones de marca fuertes con todos los efectos de las comunicaciones almacenadas de modo que puedan impactar cuando los consumidores consideren realizan una compra.

13.3. Pasos para desarrollar un plan de comunicación

Figura 13.3. Fases de desarrollo de una comunicación efectiva

FASE 1. IDENTIFICACIÓN DEL PÚBLICO OBJETIVO

El proceso debe comenzar con una idea clara de quién conforma el público objetivo: compradores potenciales de los productos de la empresa, usuarios actuales, decisores, influidores. Determinará las decisiones sobre qué decir, cómo, cuándo, dónde y a quién.

Se puede perfilar de acuerdo a cualquiera de los segmentos de mercado. Normalmente es útil definir el público objetivo en función del uso y de la lealtad ya que la estrategia de comunicación será diferente según estos. Para determinar el perfil del público objetivo en lo que respecta al conocimiento de marca, se puede realizar un análisis de la imagen.

Uno de los aspectos más importantes del análisis del público objetivo consiste en la valoración de la imagen actual de la empresa, sus productos y sus competidores. La imagen es el conjunto de creencias, ideas e impresiones que tiene una persona respecto a un objeto. Las actitudes y las acciones de las personas hacia un objeto están muy condicionadas por la imagen que se tiene del mismo.

El primer paso consiste en estimar el conocimiento que tiene el público objetivo sobre el objeto en cuestión, utilizando la escala de notoriedad (nunca he oído hablar de él, me suena algo, lo conozco un poco, lo conozco bastante bien, lo conozco muy bien) o de actitudes (muy desfavorable, algo desfavorable, indiferente, algo favorable, muy favorable).

FASE 2. DEFINICIÓN DE LOS OBJETIVOS DE COMUNICACIÓN

Rossiter y Percy identificaron 4 posibles objetivos:

- Necesidad de la categoría. Convertir una categoría de producto o servicio en una categoría necesaria para eliminar o satisfacer la percepción de una discrepancia entre un estado motivacional actual y un estado emocional deseado (productos nuevos)

- Notoriedad de la marca. Capacidad para identificar (reconocer o recordar) la marca dentro de su categoría con un nivel suficiente para proceder a la compra. Normalmente es más fácil que los consumidores reconozcan la marca que la recuerden

- Actitud frente a la marca. Evaluación positiva o negativa de la marca respecto a la percepción de su capacidad de satisfacer una necesidad específica

- Intención de compra de la marca. Auto-indicaciones para adquirir la marca o tomar medidas relativas a la misma (cupones).

Las comunicaciones más efectivas suelen ser capaces de conseguir varios objetivos. *Por ejemplo, Línea Directa anuncia que con una llamada telefónica o a través de Internet el cliente puede reducir en un 30% el seguro de su coche o su moto, combinando así los objetivos de actitud frente a la marca y de intención de compra.*

FASE 3. DISEÑAR LAS COMUNICACIONES

Para formular un mensaje capaz de conseguir la respuesta deseada por los consumidores, será necesario solucionar tres problemas:

a. ¿Qué decir? Contenido del mensaje

La empresa ha de trabajar en la búsqueda de reclamos, temas o ideas que fortalecen el posicionamiento de la marca y que contribuyen a establecer factores de diferenciación y de similitud. Algunos podrían estar relacionados con los resultados del producto (calidad, economía, valor de la marca), mientras que otros podrían ser consideraciones más extrínsecas (una marca moderna, popular, o tradicional).

b. ¿Cómo decirlo? Estructura del mensaje

Efectividad de los mensajes depende de cómo se expresa y del propio contenido. Una comunicación poco efectiva podría no estar utilizando el contenido adecuado o no estar expresando el contenido adecuado. Las estrategias creativas son los procesos mediante los cuales los profesionales del marketing plasman lo que quieren transmitir en una comunicación concreta. Estas estrategias se pueden clasificar en:

- Reclamos informativos. Se centran en los atributos o en las ventajas del producto o servicio. Por ejemplo, en publicidad los anuncios de solución de problemas *(Frenadol acaba rápidamente con los síntomas del resfriado)*, de demostraciones de productos, de comparación de productos *(Minute Maid contra Don Simon)* y testimonios de personas desconocidas o de famosos apoyan un producto *(Pique promocionando Mango).*

- Reclamos transformativos. Se centran en una ventaja o en una imagen no relacionada con el producto, quieren llegar hasta aquellas emociones que motivan la compra *(Clairol, Herbal Esencies).*se usa con frecuencia por el duro entorno mediático actual que implica una baja implicación del consumidor, mucho anuncio competitivo y confusión en la programación.

Los comunicadores utilizan reclamos negativos como el miedo, el sentimiento de culta y la vergüenza para incitar a las personas a hacer cosas o para que dejen de hacerlas. También utilizan reclamos emocionales positivos como el amor, el orgullo, la alegría.

c. ¿Quién debe decirlo? Fuente del mensaje

Muchas comunicaciones no utilizan más fuentes que la de su propia empresa, otras recurren a personas conocidas o desconocidas. Los mensajes transmitidos por fuentes atractivas o populares pueden conseguir mayor atención y recuerdo, por eso los publicistas utilizan a personas célebres en sus anuncios pero nunca renunciar a la credibilidad de los personajes *(Freixenet).*

Si una persona tienen una actitud negativa o positiva tanto sobre la fuente como sobre el mensaje, se dice que existe un estado de congruencia, que implica que los comunicadores pueden utilizar su buena imagen para reducir algunos sentimientos negativos hacia la marca, peor en el proceso pueden perder popularidad entre la audiencia.

Figura 13.4. ¿Cuál es la el contenido, la estructura y la fuente de los anuncios de Frenadol?

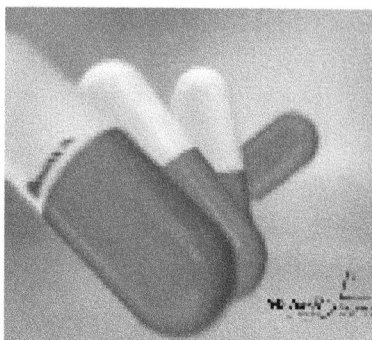

Fuente: Imagen contenida en web corporativa de Frenadol (2010)

FASE 4. SELECCIÓN DE LOS CANALES DE COMUNICACIÓN

El comunicador debe seleccionar los canales más eficientes para transmitir su mensaje, pero esta tarea cada vez es más difícil porque los canales de comunicación están más fragmentados y masificados. Los canales de comunicación se pueden dividir en:

A. Canales personales de comunicación

Suponen la comunicación directa entre dos o más personas, cara a cara, una persona a una audiencia, por teléfono o por correo. Su efectividad procede de las posibilidades de personalizar la presentación y la retroalimentación. Los canales que podemos utilizar son los canales comerciales (personal de ventas de una empresa contacta con los compradores en el mercado objetivo), canal de expertos (personas independientes y experimentadas que hacen declaraciones que afectan al público objetivo), canal social (vecinos, amigos, familiares y asociados que hablan con los compradores del público objetivo)

Desempeña una función especialmente crucial en la comercialización de productos caros, implican riesgos o de compra poco frecuente y en productos sugieren algo sobre el estatus del usuario o sobre su gusto

Las empresas pueden estimular la influencia de los canales personales para que estos trabajen a su favor: identificando a los individuos y a empresas con influencia y dedicarles tiempo y esfuerzo; creando líderes de opinión que promuevan el producto, suministrándoles el mismo de forma atractiva; trabajando con influidores sociales (*por ejemplo, deportistas de élite*), utilizando personas con influencia y credibilidad en anuncios testimoniales, desarrollando publicidad que tenga un alto "valor de conversación" y fuentes de referencia de boca en boca para generar negocio (*animar a que recomienden productos*), estableciendo un foro electrónico, y recurriendo a estrategias de marketing on-line (sobre todo con la utilización de redes sociales).

Figura 13.5. Ejemplo de canal de comunicación personal: Testimonios

Fuente: Imagen contenida en web corporativa de Easyjet (2011)

B. Canales de comunicación no personales

Son comunicaciones que se dirigen a más de una persona e incluyen:

- Medios de comunicación masiva: medios impresos (periódicos y revistas), hablados (radio y tv), de redes (teléfonos, satélite), electrónicos (web, redes sociales) y otros medios de exhibición (vallas, señales, posters)

- Promociones de ventas: para consumidores, distribuidores, fuerzas de ventas y empresas

- Eventos y experiencias: acontecimientos deportivos, artísticos, ocio, causas sociales, etc.

- Relaciones públicas: comunicaciones internas(dirigidas a los empleados de la empresa) o externas (dirigidas a los consumidores, empresas, gobierno, medios de comunicación)

A pesar de que la comunicación personal suele ser más eficaz que la comunicación masiva, los medios de comunicación de masas pueden ser la mejor forma de estimular la comunicación personal.

FASE 5. DETERMINAR EL PRESUPUESTO TOTAL DE COMUNICACIÓN DE MARKETING.

Esta es una decisión sumamente compleja ya que es difícil confirmar en que aspectos tiene éxito nuestra estrategia de comunicación. Los métodos más utilizados para determinar el presupuesto:

- Método de lo asequible. Es un presupuesto incierto que dificulta planificación a largo plazo.

- Método del porcentaje sobre ventas. Varía en función de lo que se pueda permitir la empresa. Considera las ventas determinante de la comunicación y no al revés. Dificulta planificación a largo plazo porque se considera que no tiene base lógica.

- Método de la paridad competitiva. No existe ningún razonamiento para creer que la competencia sabe mejor que nosotros cuánto deberíamos gastar en publicidad.

- Método según objetivos y tareas. Desarrollado por expertos de marketing que debe explicar a la dirección de la empresa la hipótesis sobre el gasto presupuestario en relación con los niveles de exposición, la tasa de pruebas del producto y el uso regular del mismo.

FASE 6. LA DECISIÓN DEL MIX DE COMUNICACIÓN

Las empresas deben asignar el presupuesto de comunicaciones de marketing entre las 6 herramientas de comunicación principales: publicidad, promoción de ventas, relaciones públicas, eventos y experiencias, fuerza de ventas y marketing directo.

Dentro del mismo sector las empresas pueden diferir considerablemente al elegir los canales y medios de comunicación. Siempre buscan la manera de incrementar su eficiencia, sustituyendo unas herramientas promocionales por otras. Veamos las principales ventajas de las diferentes herramientas de comunicación

Publicidad	Capacidad de penetración
	Expresividad amplificada
	Impersonalidad
Promoción	Comunicación
	Incentivo
	Invitación
Relaciones públicas	Gran credibilidad
	Capacidad para captar desprevenidos
	Dramatización
Eventos y relaciones públicas	Relevancia
	Implicación
	Potencial implícito
Marketing directo	Personalizado
	Inmediato
	Interactivo
Venta personal	Interacción personal
	Relaciones
	Respuesta

En el diseño del mix de comunicación no sólo me debo fijar en las ventas de unas herramientas respecto a otras sino que tengo que considerar tres aspectos fundamentales que afectan a su diseño:

- Tipo de mercado para el producto. En los mercados de consumidores se tiende a gastar más en promoción de ventas y en publicidad, mientras que en los industriales invierten más en la venta personal (productos más caros, complejos y pocos vendedores).

- Etapa de disposición del comprador (fase de conocimiento, comprensión, convicción, pedido y repetición)

  - Etapa del ciclo de vida del producto. En la etapa de introducción se suele utilizar publicidad, eventos y experiencias y relaciones públicas. En la etapa de crecimiento el boca-oreja. Y en la etapa de madurez se duele recurrir a la publicidad, eventos y experiencia y promoción de ventas.

FASE 7. MEDICIÓN DE LOS RESULTADOS DE COMUNICACIÓN.

Para medir el impacto de la comunicación en el público objetivo se pregunta a una muestra de miembros de la audiencia objetivo si recuerdan o reconocen el mensaje y cuál es su actitud actual respecto al producto y a la empresa.

FASE 8. LA GESTIÓN DE LAS COMUNICACIONES INTEGRADAS DE MARKETING

Es necesario combinar las herramientas de comunicación para proporcionar claridad, consistencia y el máximo impacto a las comunicaciones a través de la integración uniforme de los mensajes. Si se despliegan diferentes medios en un periodo de tiempo definido, se puede aumentar tanto el alcance como el impacto del mensaje.

Caso práctico Capítulo 13

Coca-Cola resucita la marca de gaseosa Schuss para competir con La Casera

Coca-Cola resucita la marca de gaseosa Schuss para competir con La Casera. Y si no hay Casera nos vamos. Bueno, todos no. Coca-Cola está dispuesta a quedarse, beberse las claras, el tinto de verano y competir cara a cara con La Casera. El gigante norteamericano de los refrescos lanzará al mercado en los próximos días una nueva marca -la gaseosa Schuss-, para competir con la enseña de Schweppes. "El grupo adquirió esta enseña, de origen vasco, a comienzos de los años setenta, pero no se estaba utilizando. La idea es rescatarla ahora, para intentar dinamizar el mercado", asegura un portavoz de Coca-Cola.

Las gaseosas representan aproximadamente el 7,5% del mercado total de los refrescos, pero el consumo está prácticamente estancado en los 300.000 litros anuales. El líder absoluto es La Casera, propiedad del grupo Schweppes, con una participación de casi el 60%, quedando el resto en manos de la marca blanca.

En España, en los años cincuenta había aproximadamente 3.000 marcas de gaseosas. "Había un componente muy local; donde había un manantial, prácticamente había una enseña. Era la base del refresco en España", aseguran en Coca-Cola. El mercado, sin embargo, se fue concentrando y La Casera se quedó prácticamente sola. Hace unos años, fue el grupo Leche Pascual el que intentó su desembarco en el sector, a través de la marca PMI, pero nunca ha llegado a tener una participación significativa.

Coca-Cola asegura que "estamos en un año en el que hay que hacer esfuerzos en el ámbito de comunicación, pero intentando sacar productos que el consumidor identifique, como las gaseosas, para que el esfuerzo no sea tan grande".

El objetivo de la compañía estadounidense es revitalizar este mercado y hacerse un hueco en el mismo debido a que los consumidores demandan este producto. Aunque en los dos últimos años ha experimentado un ligero crecimiento, el consumo de gaseosas está estancado desde hace tiempo. El líder mundial de los refrescos lanzará el producto tanto para las tiendas como para la hostelería. En España, es muy popular el consumo de gaseosa con vino, el 80% de los españoles no renuncia a su tinto de verano, bebiéndose la mitad del total en bares y restaurantes.

Coca-Cola ha intensificado en los últimos años el lanzamiento de nuevos productos, desembarcando en mercados donde sus principales competidores en el sector de los refrescos tenían un dominio absoluto. Así, lanzó, por ejemplo, el bitter Mare Rosso o la tónica Nordic Mist. En el primer caso, el liderazgo era para Pepsi con Bitter Kas y en el segundo para Schweppes.

Lejos de amilanarse frente a la recesión económica, el gigante ha anunciado además a nivel internacional que este año aumentará su presupuesto publicitario. En España, según los datos de Infoadex, su inversión se elevó el pasado ejercicio a 47,5 millones, con lo que se consolida como el segundo anunciante de la industria alimentaria, tan sólo superada por Danone, con 67,5 millones de presupuesto.

Pese a todo, el presidente en España de Coca-Cola, Marcos de Quinto, ha admitido recientemente una caída del volumen de las ventas del 1,7% durante el año pasado. Este descenso, sin embargo, sólo se ha producido en volumen, ya que la facturación se ha incrementado, debido al efecto de subida de precios. De Quinto reconoció que esta caída obedece, fundamentalmente, a la bajada del consumo en el mercado de la hostelería. En conjunto, los ingresos de bares y restaurantes están cayendo una media del 12%, según los datos de la Federación Española de Hostelería (Fehr). Coca-Cola intentará ahora revitalizar las ventas.

Fuente: Adaptado de El Economista (2009)

PREGUNTAS:

1) Identificando la posición competitiva de Coca-Cola

2) ¿Qué tipo de distribución adopta Coca-Cola en función de los distribuidores?

3) Estrategias de diferenciación de la nueva marca de Coca-Cola Schuss

4) ¿Utiliza alguna herramienta de comunicación? ¿qué herramientas utilizarías?

Algunas preguntas de repaso...

1. **A la hora de diseñar un canal de comunicación puedo considerar dos tipos de modelos: el micromodelo de comunicación y el macromodelo de comunicación. Considerando el segundo modelo debo tener en cuenta que la atención selectiva influye en este proceso de comunicación porque es...**
   a. Función
   b. Herramienta
   c. Ruido
   d. Participante

2. **Una de las tendencias del mercado detallista es...**
   a. El aumento de la competencia supertipo
   b. El crecimiento de minoristas de pequeñas dimensiones
   c. El declive de los minoristas dirigidos a segmentos intermedios
   d. El crecimiento de minoristas con establecimiento

3. **El mix de producto de la empresa "Caprabo" es_____ puesto que son bienes de consumo relacionados que se distribuyen a través de los mismos canales.**
   e. Consistente
   f. Amplio
   g. Longitudinal
   h. Profundo

4. **Una de las causas de la crisis económica en España fue la caída del sector inmobiliario. Muchos empresarios se habían visto atraídos por las rentabilidades de este sector, pero ahora que los precios han caído, no pueden cerrar sus negocios por los compromisos adquiridos con los consumidores y las entidades bancarios. Esta situación responde a un mercado...**
   e. Con barreras de entrada bajas y de salida altas
   f. Con barreras de entrada bajas y de salida bajas
   g. Con barreras de movilidad altas y de salida bajas
   h. Con barreras de entrada altas y de movilidad altas

5. **Los envases de masa de pizza Buitonni (propiedad de Nestlé) contienen recetas de pizzas que puedes hacer. Si Buitonni es la líder del mercado, ¿Qué persigue con esta estrategia?**
   a. Expandir la demanda de mercado
   b. Defender la cuota de mercado

   c. Atacar a las empresas retadoras
   d. Ser innovadora

6. **Grandes comerciantes minoristas y mayoristas crean sus propias marcas mediante un contrato de producción para los fabricantes que estén interesados. Estas marcas se conocen con el nombre de _____.**
   a. Marca del fabricante
   b. Marca del distribuidor
   c. Marca franquiciada
   d. Marca genérica

7. **Si decido utilizar la publicidad como herramienta de comunicación me puedo justificar en una de las ventajas de la publicidad es que...**
   a. Permite ofrecer incentivos a los consumidores para atraerlos
   b. Permite implicar a los individuos
   c. Es una herramienta inmediata e interactiva
   d. Tiene gran capacidad de penetración

8. **Esta noche voy al concierto de Mika y tengo la entrada desde hace un mes. Esta estrategia comercial se debe a la gestión eficaz de la característica _____ de los servicios.**
   a. Caducidad
   b. Inseparabilidad
   c. Productividad
   d. Intangibilidad

9. **Al fijar el precio de un producto pasamos por varias fases, primero seleccionamos el objetivo que deseamos, después... Oye... no me acuerdo de la cuarta fase, échame una mano...**
   a. Es la selección de mi público objetivo!
   b. Es el método de fijación de precio!
   c. Es el análisis de la política de precios de los competidores!
   d. Es la estimación de los costes!

10. **COPYRED me ha contratado para realizar su plan de comunicación. Ahora estoy diseñando el mix de comunicación por lo que debo considerar...**
    a. Que solo puedo utilizar una herramienta de comunicación
    b. El ciclo de vida de la economía
    c. El tipo de mercado del producto
    d. La etapa del ciclo de vida del comprador

Capítulo 14.

¿Cómo se elabora un plan de negocios?

Prof. Dr. Camilo Prado Román

Prof. Dr. Francisco Díez Martín

Universidad Rey Juan Carlos

14.1. INTRODUCCIÓN

El Plan de Empresa es un documento que describe y analiza una propuesta de negocio con el objetivo de poder evaluarla y tomar una decisión al respecto. La Dirección General de Política de la Pequeña y Mediana Empresa[1], lo define como un "documento interactivo que identifica, describe y analiza una oportunidad de negocio, examina la viabilidad técnica, económica y financiera de la misma, y desarrolla todos los procedimientos y estrategias necesarias para convertir la citada oportunidad de negocio en un proyecto empresarial concreto".

Por lo tanto un Plan de Empresa será el análisis previsional de los distintos subsistemas que conforman la empresa: marketing, producción y operaciones, recursos humanos, dirección, inversiones, económico y financiero, y jurídico-legal.

El plan de empresa está compuesto por la suma del plan del negocio, plan comercial, plan de recursos humanos, plan de producción y operaciones, plan económico-financiero, plan jurídico-legal y el plan de contingencias. Además deberá ir acompañado por el resumen ejecutivo.

El Plan de empresa abarcará todas las áreas de la actividad empresarial. Es una herramienta imprescindible a la hora de crear una empresa, como para gestionar una empresa en funcionamiento. La elaboración de un Plan de Empresa tiene dos objetivos principales:

- El primero, servir al promotor de una oportunidad de negocio de una herramienta de estudio sobre todas las áreas de la empresa, con el fin de estudiar la viabilidad del Proyecto.

- El segundo, servir al emprendedor como carta de presentación y del proyecto ante otros (inversores, entidades financieras, instituciones, etc.)

Para la elaboración de un Plan de Empresa la información y la redacción del mismo debe ser clara, breve, veraz y comprobable exige una serie de recomendaciones mínimas que afectan a aspectos formales. Existe libertad para la elaboración del mismo. Debe recoger información actualizada y todas las áreas de la actividad empresarial.

PLAN DE EMPRESA:
Resumen ejecutivo
Plan de negocio
Plan de marketing
Plan de recursos humanos
Plan de producción y operaciones
Plan económico-financiero
Plan jurídico-legal
Plan de contingencias

---

[1] La Dirección General de Política de la Pequeña y Mediana Empresa, depende de la Secretaría General de Industria, del Ministerio de Industria, Turismo y Comercio. http://www.ipyme.org/es-ES/Herramientasemprendedor/Paginas/Plandeempresa.aspx (Última visita en Abril de 2011).

RESUMEN EJECUTIVO

El resumen ejecutivo es la tarjeta de presentación del proyecto. Este resumen debe ser personalizado y no debe ocupar más de un folio (como mucho dos). Debe contener los puntos clave del plan de empresa (Emprendedores.es, 2009), estos son:

- La oportunidad de negocio o el por qué del proyecto.
- La propuesta de valor, lo que ofreces, tu valor añadido.
- Las características del mercado al que te diriges y tu público elegido.
- Equipo directivo y los recursos básicos a utilizar.
- Inversión necesaria, tiempo necesario para recuperar la inversión y los retornos esperados.

PLAN DE NEGOCIO

El Plan de negocio es la justificación y la identificación del proyecto. Deberá estar formado por los siguientes puntos:

- Descripción de los promotores del proyecto: presentación, cargo que van a ocupar y la experiencia tanto académica como profesional.
- Breve descripción del proyecto y de la empresa, esto es, qué es la empresa, nombre de la empresa, cuales son los objetivos de la empresa y sus principales características, donde se incluyen las del bien o servicio ofertado.
- Descripción de la idea de negocio: En qué consiste la propuesta de valor, que se va a aportar al mercado.

PLAN DE MARKETING

El plan de marketing es un punto fundamental del plan ya que analiza las necesidades de los consumidores y se encarga de analizar la viabilidad comercial del proyecto. Para ello deberá:

- Marketing estratégico: Estudiar la situación actual y las perspectivas del sector: clientes potenciales, competidores, proveedores y distribuidores. Y realizar un análisis DAFO: estudio de la situación competitiva de la empresa en su mercado (situación externa) y de las características internas (situación interna) de la misma, para determinar sus debilidades, oportunidades, fortalezas y amenazas.
- Marketing operativo (marketing-mix): características del producto, estrategia de precios, de comunicación y de distribución.

Este plan deberá contener información sobre quién es el público objetivo, estudio del precio del bien o servicio ofertado y establecer el precio de venta, quién es la competencia, previsión de ventas, cómo se va a distribuir y como se va a comunicar el bien o servicio ofertado.

PLAN DE RECURSOS HUMANOS

El plan de recursos humanos debe contener información sobre el resto de personal necesario para hacer viable el proyecto, las necesidades de personal. Para ello deberá:

- Elaborar el organigrama: descripción de los puestos y número de personas necesarias.
- Descripción de las tareas, funciones y proceso de selección
- Condiciones laborales: salarios, situación jurídica, tipos de contrato.

PLAN DE PRODUCCIÓN Y OPERACIONES

En este punto se explicará el desarrollo logístico del proyecto. Es un punto con información sensible, por lo que se explicarán aquellos puntos que puedan ser públicos sin revelar el know-how. Deberá estudiarse:

- La localización.

- Descripción del proceso productivo del bien o servicio: cómo se va hacer o como se va a prestar el servicio.

- Infraestructuras necesarias: obras necesarias, calendario de inversiones y equipamiento, es decir, material e instalaciones necesarias para llevar a cabo el negocio.

- Costes de operación: materias primas necesarias e identificar el coste, relación con los proveedores.

PLAN ECONÓMICO-FINANCIERO

El plan económico financiero analizará la viabilidad económica y financiera del proyecto. En este punto se estudiará:

- La inversión inicial necesaria y que vendrá determinada por los planes de marketing, producción y recursos humanos. Donde se identificarán las inversiones en activo corriente (circulante): inmuebles, instalaciones, patentes, aplicaciones informáticas, etc.; y en activo no corriente (fijo): deudas, existencias, etc.

- La financiación: fondos propios, financiación ajena a largo plazo (prestamos, leasing, etc.), subvenciones y en pasivo corriente o a corto plazo, etc.

- Los estados financieros previsionales: la cuenta de resultados para tres o cinco años, ingresos previstos, costes fijos y variables, y el balance.

- El análisis de la rentabilidad del proyecto.

- El análisis del riesgo: punto muerto, y escenarios, optimista y pesimista.

PLAN DE CONTINGENCIAS

El plan de contingencias tiene como objetivo principal anticiparse a los escenarios menos favorables y sus consecuencias. Determina los principales riesgos que pueden aparecer durante la puesta en marcha y desarrollo de la oportunidad de negocio. Tendrá que estructurar las medidas técnicas, humanas y organizativas necesarias para garantizar la viabilidad del negocio y garantizar la continuidad de las operaciones. Deberá hacer hincapié en tres aspectos fundamentales:

- Analizar los escenarios favorables y los menos favorables.

- Conocer las consecuencias que se derivan de uno y otro.

- Identificar las mediadas a adoptar por la organización.

PLAN JURÍDICO-LEGAL

El plan jurídico-legal es el estudio administrativo-legal del proyecto. Es fundamental cuando el proyecto implica la creación de una empresa. Debe incluir:

- La forma jurídica adecuada.

- Las obligaciones fiscales.

- Los trámites para la constitución y puesta en marcha.

ESQUEMA PARA ELABORAR UN PLAN DE EMPRESA:

Resumen ejecutivo

Plan de negocio

    Descripción de los promotores

    Breve descripción del proyecto y de la empresa

    Descripción de la idea de negocio

Plan de marketing

    Plan de Marketing Estratégico:

        Análisis del sector y competidores

        Análisis de los consumidores

        Análisis de proveedores y distribuidores

        Análisis DAFO

        Estrategia de segmentación, definición del público objetivo y posicionamiento

    Plan de Marketing Operativo (Marketing-mix):

        Estrategia de producto

        Estrategia de precios

        Estrategia de comunicación

        Estrategia de distribución

Plan de recursos humanos

    Analizar las necesidades de personal

Plan de producción y operaciones

    Localización

    Descripción del proceso productivo

    Infraestructuras necesarias

    Costes de operación

Plan económico-financiero

    La inversión inicial

    La financiación

    Los estados financieros previsionales

    La rentabilidad del proyecto

    El análisis del riesgo

Plan de contingencias

    Analizar los escenarios

    Conocer las consecuencias derivadas de ellos

    Identificar las mediadas a adoptar

Plan jurídico-legal

    Forma jurídica adecuada

    Obligaciones fiscales

    Trámites en la constitución y puesta en marcha

LISTA DE COMPROBACIÓN

La lista de comprobación o checklist, recoge la información (primaria y de resultados) que debe estar presente en un plan de empresa. Sirve como esquema y reflexión, además de documento de control.

Tabla 14.1. Ejemplo de lista de comprobación

Nº Item	PLAN DE EMPRESA	✅	Comentario
	I. PLAN DE NEGOCIO		
	I.1. Descripción de los promotores		
1	Descripción de la sociedad		
2	Currículum de los promotores		
3	Antecedentes profesionales de los promotores		
	I.2. Breve descripción del proyecto		
4	Descripción del proyecto		
	I.3. Objetivos del proyecto		
5	Objetivos específicos del proyecto		
6	Encaje con otras actividades de los promotores		
	II. PLAN DE MARKETING		
	II.1. Marketing operativo		
7	Definición del producto/mercado objetivo		
8	Evolución histórica del sector		
9	Expectativas a corto y medio plazo del sector		
10	Estudio de mercado, preferencias del consumidor, etc.		
11	Número y localización de competidores		
12	Concentración del mercado		
13	Condiciones de oferta de competidores		
14	Análisis de posibles productos sustitutivos		
15	Disponibilidad y variedad de oferentes		
16	Condiciones de compra		
17	Costes de aprovisionamiento		
18	Canales de distribución susceptibles de utilización		
19	Características de la distribución		
20	Poder de negociación de los distribuidores		
21	Amenazas del entorno/sector		
22	Oportunidades del entorno/sector		
23	Debilidades derivadas del diseño de negocio		
24	Fortalezas derivadas del diseño de negocio		
25	Identificación de segmentos atractivos		
26	Determinación de a cuántos segmentos se va atender		
27	Diseño de estrategia diferenciada / indiferenciada		
28	Fijación de estrategia de posicionamiento y diferenciación		

	II.2. Plan de Marketing Operativo (Marketing-Mix)		
	II.2.1. Estrategia de producto		
29	Necesidades que satisface el producto / servicio		
30	Características del producto (técnicas, calidad)		
31	Protección del producto frente a imitadores		
32	Posicionamiento del producto frente a la competencia		
	II.2.2. Estrategia de precios		
33	Especificación de los precios de la gama ofertada		
34	Condiciones de venta (plazos, descuentos)		
35	Posicionamiento del precio frente a la competencia		
	II.2.3. Estrategia de comunicación		
36	Estrategia de comunicación		
37	Coste de la estrategia de comunicación		
38	Posicionamiento de la promoción frente a la competencia		
	II.2.4. Estrategia de distribución		
39	Canales de distribución seleccionados		
40	Coste y organización de la distribución		
41	Posicionamiento de la distribución frente a la competencia		
	III PLAN DE RECURSOS HUMANOS		
	III.1. Analizar las necesidades de personal		
42	Descripción de los puestos		
43	Número de trabajadores		
44	Remuneración por trabajador		
45	Disponibilidad de los recursos humanos necesarios		
	IV PLAN DE PRODUCCIÓN Y OPERACIONES		
	IV.1. Localización		
46	Ubicación de la sociedad y las instalaciones		
47	Justificación de la ubicación elegida (ventajas)		
	IV.2 Descripción del proceso productivo		
48	Descripción detallada del proceso productivo		
49	Características de la tecnología utilizada		
50	Justificación de opción tecnológica elegida		
	IV.3 Infraestructuras necesarias		
51	Adecuación entre capacidad instalada y demanda prevista		
52	Detalle de inversiones		
53	Calendario de inversiones iniciales		
54	Coste de los distintos elementos		
55	Detalle de los equipos necesarios y encaje en el proceso		
56	Justificación de los equipos seleccionados		
57	Coste y duración prevista del equipamiento		
58	Necesidades de reposición		

	IV.4 Costes de operación		
59	Detalle de los costes de fabricación		
60	Justificación de los costes esperados		
61	Relación volumen / coste		
	V. PLAN ECONÓMICO-FINANCIERO		
	V.1 La inversión inicial		
62	Cuantía total de inversiones		
63	Calendario de amortización de inversiones		
64	Cronología de pagos de la inversión		
65	Gastos de establecimiento		
66	Clientes		
67	Existencias		
68	Tesorería		
69	Proveedores		
	V.2 La financiación		
70	Estructura Financiera		
71	Condiciones de financiación		
72	Coste de capital medio ponderado		
	V.3. Los estados financieros previsionales		
73	Ingresos primer año de actividad		
74	Desglose por áreas de negocio/tipo de producto		
75	Evolución prevista de la cifra de ventas		
76	Consideración de la inflación		
77	Detalle y justificación de costes fijos operativos		
78	Costes de estructura, comerciales y administrativos		
79	Consideración de la inflación		
80	Detalle y justificación de costes variables operativos		
81	Costes variables comerciales y administrativos		
82	Consideración de la inflación		
83	Balance de apertura del negocio		
84	Balances previsionales para el horizonte temporal		
85	Tesorería mensual (primer año de actividad)		
	V.4. La rentabilidad del proyecto.		
86	Determinación de los flujos de caja		
87	Cálculo de indicadores de rentabilidad		
	V.5. Análisis del riesgo.		
88	Cálculo del punto muerto general		
89	Cálculo del punto muerto por actividades		
90	Holgura de la capacidad instalada versus punto muerto		
91	Realización de escenarios optimista y pesimista		
92	Adecuación de las variables seleccionadas		

93	Indicadores de rentabilidad en cada escenario		
	VI. PLAN JURÍDICO-LEGAL		
94	Trámites de constitución y primer establecimiento		
95	Cumplimiento de la normativa (ej. medioambiental)		
96	Obstáculos legales a la actividad		
97	Diseño del sistema de gestión administrativa		
98	Costes asociados a la gestión administrativa		
	V. PLAN DE CONTINGENCIAS		
99	Previsión del escenario más desfavorable		
100	Medidas a adoptar en esta situación		
	CONCLUSIONES		
101	Viabilidad a medio largo plazo del proyecto		
102	Viabilidad a corto plazo del proyecto		
103	Potencial de crecimiento del negocio		
104	Soluciones planteadas ante posibles problemas percibidos		
105	Propuesta abierta o cerrada		

Fuente: Adaptado de Redondo y Rodríguez (2003)

Referencias bibliográficas

ESTEBAN, A; GARCIA, J.; NARROS, M. J.; OLARTE, C.; REINARES, E. y SACO, M. (2008). Principios de Marketing. Editorial Esic.

GONZÁLEZ, E., ALÉN, E. (2005). *Casos de dirección de marketing*. Editorial Pearson y Prentice-Hall.

JOBBER, D., FAY, J. (2007). *Fundamentos de Marketing*. Editorial McGraw-Hill.

KOTLER, P. (2006). *Dirección de Marketing*. Prentice-Hall, Madrid (12ª Edición)

KOTLER, P., ARMSTRONG, G. (2008). *Principios de Marketing*. Editorial Pearson y Prentice-Hall.

KOTLER, P., ARMSTRONG, G., SAUNDERS, J., WONG, V.; MIQUEL, S.;BIGNE,E. y CAMARA, D. (2006). Introducción al Marketing. 2ª edición . Pearson y Prentice-Hall.

MARTÍN ARMARIO, E., (1997), "Marketing", Ariel, Barcelona

REDONDO, J.A. y RODRÍGUEZ, A. (2003). *Elaboración y análisis de planes de empresa*. Tórculo Edicións, Santiago de Compostela.

SANTESMASES, M., MERINO, M. J., SANCHEZ, J. Y PINTADO, T. (2009). *Fundamentos de Marketing*. Editorial Pirámide.

TORRES, J. y RAJADELL, M. Coordinadores (2010). Business Plan: metodología Euncet. Fundació Cultural Privada Caixa Terrassa, Barcelon

DIRECCIONES WEB CITADAS Y DE INTERÉS
www.emprendedores.es/
www.eleconomista.es
www.elpais.es
www.elmundo.es
www.daemonquest.es
www.malagahoy.es
www.marketingnews.es
www.puromarketing.com
www.marketingdirecto.com
Asociación Española de Anunciantes: http://www.aeap.org
AAP (Asociación para el Autocontrol de la Publicidad): http://www.aap.es
Asociación Española de Usuarios de la Comunicación (AUC): http://www.auc.es
Asociación de Agencias de Marketing Directo e Interactivo (AGEMDI) www.agemdi.org
Asociación Española de Marketing Relacional. www.aemr.es
Federación Española de Comercio Electrónico y Marketing Directo (FECEMD) www.fecemd.org
Asociación Española de Marketing Promocional. www.aemp.es
Dirección 11 Asociación para la Investigación de los Medios de Comunicación (AIMC) www.aimc.es
AEDEMO (Asociación Española de Estudios de Mercado y Opinión). www.aedemo.es
Dirección General de Política de la Pequeña y Mediana Empresa: http://www.ipyme.org/es-ES/Paginas/Home.aspx
Portal de emprendedores de la Comunidad de Madrid: www.madrid.org/cs/Satellite?c=Page&cid=1120203321095&pagename=Emprendedores%2FEMPR_Comun%2FEMPR_AreaEmprendedorTemplate

IMÁGENES
Los autores manifiestan que los ejemplos sobre las empresas siguientes son ficticios y recogidos de las Web corporativas de las empresas con la simple intención de facilitar el aprendizaje de los alumnos.

Nespresso; El Corte Inglés; Frenadol; Easyjet; Ikea; Mango; Milán; Driveyourstyle; Coca Cola; Zara; H & M; Frigo; Pepsi; Fritolay; Fanta; Inditex; Chupachups; Cola Cao; Real Madrid; Universidad Rey Juan; Carlos; BBVA; Beefeater; Central Lechera Asturiana; Unilever; Nocilla; Apple; Navidul; Colgate; Oreo; Gallina Blanca; Air Europa; Starbucks; EBay; Power Balance; Frenadol; El Ganso.